Franz Schaffer

Angewandte Stadtgeographie

Projektstudie Augsburg

FORSCHUNGEN ZUR DEUTSCHEN LANDESKUNDE

Herausgegeben von den Mitgliedern des Zentralausschusses für deutsche Landeskunde e. V. durch Gerold Richter

FORSCHUNGEN ZUR DEUTSCHEN LANDESKUNDE

Band 226

Franz Schaffer

Angewandte Stadtgeographie

Projektstudie Augsburg

1986

Zentralausschuß für deutsche Landeskunde, Selbstverlag, 5500 Trier

Zuschriften, die die Forschungen zur deutschen Landeskunde betreffen, sind zu richten an:

Prof. Dr. G. Richter, Zentralausschuß für deutsche Landeskunde,
Universität Trier, Postfach 3825, D-5500 Trier

Schriftleitung: Manfred J. Müller

Anschrift des Verfassers:
Prof. Dr. Franz Schaffer
Lehrstuhl für Sozial- und Wirtschaftsgeographie
Universität Augsburg
Universitätsstraße 10
D-8900 Augsburg

ISBN
3-88143-027-X

Fotosatz: Satz & Text, Inh.: Hedwig M. Kapp, Trier, Telefon (0651) 36605
Reproduktion und Druck: Paulinus-Druckerei GmbH, Fleischstraße, Trier

VORWORT

Fachintern wird der Beitrag der Geographie für die Praxis sehr unterschiedlich beurteilt. Abweichend zu den zahlreich vorhandenen Lehrbüchern der Allgemeinen Stadtgeographie, gibt es über die rasch anwachsenden Aufgaben einer Angewandten Stadtgeographie keine zusammenfassenden Darstellungen. Im Kern zielt die angewandte Forschung weniger auf die Ableitung einer allgemeinen Kräftelehre. Im Mittelpunkt stehen Gestaltungsentwürfe, die den Lebensbedingungen der Menschen von heute, aber auch der kulturellen Identität — beispielsweise der zweitausendjährigen Tradition einer Stadt wie Augsburg — gerecht werden sollen.
Hierin vereinigen sich die Anliegen einer praxisbezogenen Stadtgeographie mit den modernen Zielen der geographisch-landeskundlichen Forschung. Im Sinne dieser Akzentsetzung werden in der Projektstudie Ergebnisse und methodische Erfahrungen einer praxisbegleitenden Forschung vorgestellt. Es handelt sich meist um längerfristig angelegte, weitgehend empirische Untersuchungen, die für konkrete Projekte der Stadtentwicklung von Augsburg in Auftrag gegeben worden sind. In Verbindung mit wissenschaftstheoretischen Überlegungen zum Anwendungsbezug konnte als Resultat ein Diskussionsvorschlag zur Konzeption einer Angewandten Stadtgeographie abgeleitet werden. Umwelt-, Theorie- und Praxisbezug der Forschungsmethodik sind in der nachfolgenden Skizze zusammengefaßt und auf einer gesonderten Faltbeilage im Anhang näher erläutert worden.
Dem Zentralausschuß für deutsche Landeskunde danke ich für die Anregung dieser Projektstudie und ihre Aufnahme in die Reihe der Forschungen zur deutschen Landeskunde. Der Bauverwaltung und dem Referat für Stadtentwicklung, Verkehrsplanung und Wirtschaftsförderung der Stadt Augsburg danke ich für die gute Zusammenarbeit, welche die Entstehung dieser ersten Stadtgeographie von Augsburg sehr gefördert hat. Dem Leiter des Amtes für Stadtentwicklung und Statistik, Herrn Kurt Forner und seinem Mitarbeiter, Herrn Baudirektor Gernot Illner, darf ich für die Freigabe und Drucklegung der Karte zur Bestandsaufnahme der Stadtgestalt von Augsburg freundlich danken. Bei der Sichtung der Materialien über die einzelnen Stadtteile von Augsburg war mir Fräulein Dipl.-Geogr. Karin Thieme sehr behilflich. Die Reinzeichnungen der Karten und Abbildungen übernahmen Herr Herbert Kühn, Planungstechniker und Herr Dipl.-Desg. Hartmuth Basan. Für die Reinschrift des Manuskripts danke ich Frau Brigitte Ganser.

Augsburg, im Mai 1986

Franz Schaffer

Konzeption der Angewandten Stadtgeographie*

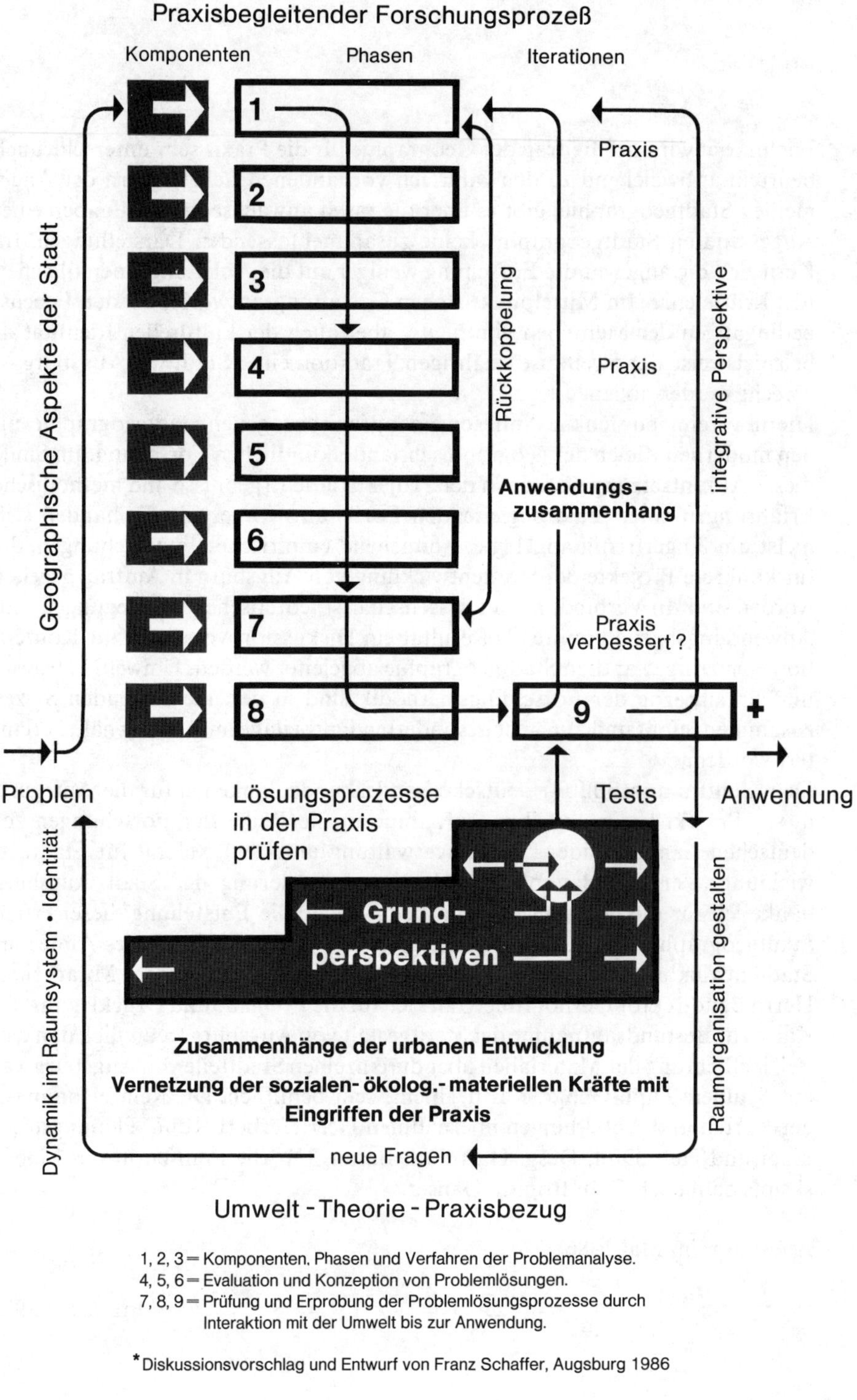

1, 2, 3 = Komponenten, Phasen und Verfahren der Problemanalyse.
4, 5, 6 = Evaluation und Konzeption von Problemlösungen.
7, 8, 9 = Prüfung und Erprobung der Problemlösungsprozesse durch Interaktion mit der Umwelt bis zur Anwendung.

*Diskussionsvorschlag und Entwurf von Franz Schaffer, Augsburg 1986

INHALTSVERZEICHNIS

VERZEICHNIS DER KARTEN

VERZEICHNIS DER ABBILDUNGEN

VERZEICHNIS DER TABELLEN

VERZEICHNIS DER BEILAGEN IM ANHANG

* Die Faltkarte wurde von den Referaten 3 und 8 der Stadtverwaltung Augsburg zum Abdruck freigegeben. Herrn Bürgermeister Arthur Fergg und Herrn Friedrich-Hermann Stab, Berufsmäßiger Stadtrat, sei dafür freundlich gedankt. Die Autoren der Karte sind Dr. Astrid Debold-v. Kritter, Mechthild Berger und Gernot Illner.

1. DIE KONZEPTION DER PROJEKTSTUDIE

1.1 FRAGESTELLUNG

Aus Anlaß einer stolzen 2000jährigen Geschichtstradition konnten 1985 in Augsburg über das ganze Jahr hinweg vielseitige kulturelle Aktivitäten, Ausstellungen und Bürgerfeste veranstaltet werden. Eine stattliche Reihe von Publikationen hat vor allem die Vergangenheit der Stadt von der Römerzeit bis zur Gegenwart dargestellt und die Fachliteratur auf der Grundlage neuer Forschungsergebnisse ergänzt. Charakteristische soziale und wirtschaftliche Entwicklungen, welche die heutigen Lebensbedingungen der Stadt ebenso prägen, traten im Blickfeld der Öffentlichkeit dabei eher etwas in den Hintergrund.
Mit den Feierlichkeiten sind in Augsburg aber auch Bürgertraditionen und überregionale Ausstrahlungskräfte vielfach neu aktiviert worden. Die Aufmerksamkeit der Medien und neugewonnene Kontakte, die weit über die Stadtgrenzen hinausreichen, haben im Jubiläumsjahr zu einem überwältigenden Zustrom von Gästen und verbunden damit auch zu einem Imagegewinn für die Stadt geführt. Es ist deutlich geworden, in welchem Maße gewachsenes Bürgerbewußtsein und Kräfte der Stadtidentität zusätzliche Impluse für die kommunale und regionale Entwicklung einer Stadt auslösen können.
Die vorliegende Studie unternimmt den Versuch, vor allem jene raumwirksamen Kräfte aufzuzeigen, welche die Stadtentwicklung von Augsburg heute und in naher Zukunft besonders beeinflussen. In den behandelten Themen werden der Anwendungsbezug und die Umsetzbarkeit der Aussagen für Maßnahmen der kommunalen Umweltgestaltung besonders betont. Zur Beantwortung dieser Fragen sind im Rahmen einer kürzeren Darstellung aber bestimmte Schwerpunkte zu setzen. Grundprinzipien von Stadtgestalt und Denkmalschutz, die neuere Entwicklung der Siedlungsstrukturen von der Industrialisierung bis zur Gegenwart, Raumstrukturen und Veränderungstendenzen in Wirtschaft, Arbeitsmarkt, Bevölkerung und Wohnungswesen sowie typische Konkurrenzverhältnisse der Stadt gegenüber der Region sowie zu benachbarten Oberzentren stehen im Mittelpunkt der Betrachtung. Diese Problemkreise werden von der Bürgerschaft und ihren politischen Gruppierungen vielfach sehr unterschiedlich bewertet. Gerade deshalb sind die angesprochenen Themen in das Blickfeld von anwendungsorientierten Forschungsprojekten gerückt worden.
Ganz allgemein kann man die Raumorganisation urbaner Entwicklungen in den Mittelpunkt von stadtgeographischen Betrachtungen stellen. Vom Maßstab her gesehen sind dabei drei verschiedene aber miteinander verbundene Ebenen zu berücksichtigen: Entwicklungen am Standort, Ausstrahlungen der Stadt in die Region sowie Fern- und Wechselwirkungen, die darüber hinaus führen. Für die Projektstudie Augsburg wurden entsprechend dieser Gliederung drei Gruppen und Aspekte von praxisbezogenen Fragen behandelt, nämlich:

Aspekte der kommunalen Entwicklung

- Welche Kräfte und Prozesse haben die seit Jahrhunderten gewachsene Unverwechselbarkeit und Identität der Stadt gestaltet?
- Welche prägenden Strukturen sind bei Entwicklungsmaßnahmen in der Augsburger Altstadt heute besonders zu beachten?
- Welche Nutzungen können in das historisch gewachsene Raumgefüge eingegliedert werden und für neue Lebenskräfte sorgen, ohne mit den Traditionen der Stadtgestalt in Konflikt zu geraten?
- Welche neuen Anpassungs- und Umstrukturierungsvorgänge in den Bereichen Wirtschaft, Bevölkerung und Wohnungswesen haben die konzeptionellen Veränderungen in der Stadtentwicklung verursacht?
- Wie weit ist dieser Strukturwandel vorangeschritten oder für bestimmte Bereiche sogar abgeschlossen?
- Kann bereits heute von einer neuen Dynamik Augsburgs als Industriestandort mit entsprechenden positiven Rückwirkungen auf den Arbeitsmarkt gesprochen werden?

Aspekte der regionalen Dynamik

- Wie wirken sich die Industrialisierungs- und Urbanisierungsvorgänge des 19. und 20. Jahrhunderts auf die Struktur und Wachstumsrichtungen im Raume Augsburg aus?
- Welche Faktoren beeinflussen heute das Heimatbewußtsein in den Wohngebieten von Stadt und Umland?
- Warum sollte die Planung die Vernetzung der täglichen Lebensbeziehungen zwischen Stadt und Region genauer kennen?
- Muß die Innenstadt im bisherigen Maße als „Parkhaus der Region" fungieren?
- Warum gehört die Revitalisierung der Altstadt heute zu den wichtigsten Maßnahmen der Strukturverbesserung in Augsburg?
- Warum wird die Neuordnung des Nahverkehrs zur wichtigsten Aufgabe der Regionalplanung im Großraum Augsburg?

Aspekte der Stadt für die Landesentwicklung

- Wie weit reichen die Ausstrahlungskräfte der Stadt und welche Impulse führen hier zu einer Steigerung der Attraktivität?
- Werden die Wachstumsanreize, die aus dem Städtesystem München-Augsburg stammen, konsequent von den zuständigen Stellen genutzt?
- Kann Augsburg seine Funktion, als regionalpolitisches Zentrum für Bayerisch-Schwaben zu wirken, heute im gewünschten Umfang erfüllen?
- Welche Anforderungen erwachsen aus dieser Aufgabe im Rahmen der Landesentwicklung für den Freistaat Bayern?
- Mit welchen raumbedeutsamen Maßnahmen schließlich kann die Entwicklung Augsburgs in der Stadt, in ihrer Region und darüber hinaus bis zu einem bestimmten Grad gesteuert und gestaltet werden?

1.2 ANWENDUNGSBEZUG

Im Rahmen dieser Fragestellung ist die Auswahl der Beispiele, Karten und Abbildungen so getroffen worden, daß wichtige Phasen von Kontinuität und Wandel in der Raumorganisation der Stadt auch aus dem Zusammenhang der Geschichte Augsburgs gesehen werden können. Die Ergebnisse resultieren jedoch weitgehend aus empirischen Untersuchungen, die gezielt zur Lösung konkreter Probleme der Stadtentwicklung von heute durchgeführt werden konnten. Die Beratung der Politik für schwierige Aufgaben der Beeinflussung urbaner Entwicklungsprozesse bildet ein wichtiges Anliegen der angewandten Stadtforschung (HRUSCHKA 1985). Der Beitrag der Geographie zur Lösung von konkreten Problemen der Praxis wird aus fachinternen Überlegungen heraus jedoch meist sehr unterschiedlich beurteilt (MONHEIM 1980, 1984; GANSER 1971).

KÜHN (1970) kennzeichnet speziell die Rolle der Angewandten Geographie als normative Zweckwissenschaft, die ihre Forschungs- und Lehraufgaben aus den Bedürfnissen des praktischen Lebens empfängt und dabei von Wertauffassungen ausgeht bzw. Wertsetzungen anstrebt. RHODE-JÜCHTERN (1975) konzipiert den Politikbezug weniger aus der Orientierung an den Leitungsaufgaben der Politikführung, als an den Lebenssituationen der Betroffenen. Insbesondere die handlungs- und anwendungsbezogene Sozialgeographie müsse im Zusammenhang mit der „politischen Planung" gesehen werden. SEDLACEK (1982) hebt vor allem die „politische Aufgabe" einer Angewandten Geographie hervor. Er versteht „Politik" als „Institution gemeinsamer Willensbildung", die Beteiligte und Betroffene einzubeziehen habe. Nach SANT (1982) geht es der Angewandten Geographie um das Erreichen bestimmter Ziele und Zwecke in raumbedeutsamen Lebensentscheidungen. HARE (1976) und CHISHOLM (1976) betonen in dieser Beziehung vor allem die Gestaltungs- und Lenkungsaufgaben. Die meisten dieser Vorstellungen werden vom Gedanken des Ausgleichs von räumlichen Disparitäten bestimmt. Meist führt jede Bemühung um Anwendung zu charakteristischen Wechselwirkungen zwischen der Öffentlichkeit und der Wissenschaft. Dafür gibt es nach HÄGERSTRAND (1976) eine ganz einfache Erklärung. Der Geograph, wie viele Kommunalwissenschaftler auch, habe es meist mit Gebietskörperschaften und Verwaltungsinstitutionen und weniger mit privaten Personen zu tun. Daraus erwachse die Verpflichtung, die Wertpositionen gegenüber den behandelten sozialen Aspekten, welche die Bevölkerung insgesamt betreffen, auch der Öffentlichkeit gegenüber darzustellen. FRAZIER (1982) konzipiert die Angewandte Forschung aus der Aufgabenausweitung der Geographie im allgemeinen. Wie bei anderen Angewandten Wissenschaften sei die Zielsetzung nachfrageorientiert, auf den Benutzer ausgerichtet und handlungsbezogen. Durch die Aufnahme von charakteristischen Bewertungsschritten und Phasen der praktischen Umsetzung der Gestaltungskonzepte unterscheidet sich die Angewandte Geographie deutlich von der Grundlagenforschung. Diese wenigen Anmerkungen zum Praxisbezug der geographischen Forschung machen nur allzu deutlich, daß eine allgemeine Übereinstimmung über die Aufgaben und Ziele einer Angewandten Geographie durchaus nicht gegeben ist. Auch auf internationaler Ebene, beispielsweise aus den verschiedenen Sitzungsprotokollen der Kommission für Angewandte Geographie der IGU, ist dazu wenig Aufschlußreiches zu erfahren (SANT 1982).

Im folgenden wird über rein inhaltliche Ziele hinaus der Versuch unternommen, am Beispiel praxisbezogener Projektstudien die Methodik des geographischen Forschungsprozesses darzustellen. Dies kann jedoch nicht ohne Diskussion und Klärung von zwei richtungweisenden allgemeinen Grundbegriffen, nämlich „Anwendungszusammenhang“ und „Praxis“, geschehen. Für die Forschungsmethodik der Angewandten Sozialgeographie konnte dazu kürzlich ein Diskussionsvorschlag unterbreitet werden, der in der nachfolgenden Schemaskizze wiedergegeben ist (vgl. Abb. 1). Angewandte Sozialgeographie wird danach als ein praxisbegleitender Forschungsprozeß verstanden, der die Gestaltung zweckorientierter Raumorganisation zum Ziele hat (SCHAFFER 1982, 1986).

In diesem Forschungsprozeß lassen sich drei größere, aufeinander aufbauende Abschnitte mit ganz bestimmten Komponenten, Phasen und Verfahren unterscheiden:

— Problemanalyse der räumlichen Strukturen und Prozesse (1 — 2 — 3).
— Bewertung und Konzeption von Problemlösungen (4 — 5 — 6).
— Prüfung und Erprobung der Gestaltungskonzepte durch Interaktion mit der Umwelt bis zur Anwendung (7 — 8 — 9).

Der Forschungsprozeß beginnt und endet in der „Praxis“, wobei der „Anwendungszusammenhang“ Fragestellung und Ziel der Untersuchungen in entscheidender Weise bestimmt.

Nach dem deduktiven Erklärungsansatz der Grundlagenforschung im engeren physikalisch-naturwissenschaftlichen Sinne sind Handlungsweisungen für die Anwendung im Bereich der Technik nur dann vertretbar, wenn erklärungsfähige Hypothesen vorliegen und eigene Wertungen des Forschers der Praxis gegenüber vermieden werden. Wenn es nach diesem Wissenschaftsbild überhaupt eine angewandte Forschung gibt, dann bedeutet sie Anwendung von Erklärungen der Grundlagenwissenschaften für Zwecke der Technik. Dieser Anwendungsbezug ist grundlagenwissenschaftlich eher problemlos, da er sich nicht auf eigenständige Komponenten im Forschungsprozeß stützen kann (ULRICH 1984; FRAZIER 1982).

Ein weiterführender Anwendungsbegriff im Bereich der Sozial- und Wirtschaftswissenschaften muß jedoch wissenschaftstheoretisch und forschungsmethodisch begründet werden. Nur so können spezifische Entstehungszusammenhänge von Problemen, Begründungszusammenhänge in der Methodik und der Anwendungszusammenhang der Erkenntnisse in ihrer Eigenständigkeit entsprechend gerechtfertigt werden. Mit anderen Worten, es sind die Perspektiven einer Theorie der Anwendung aufzuzeigen (NEEF 1967; HARTKE 1970; ULRICH 1984).

Mit „Praxis“ ist menschliches Handeln, weiter gefaßt, soziales Verhalten gemeint. Menschliches Verhalten vollzieht sich immer im Rahmen sozialer, biologischer und naturräumlicher Systeme. Der „Anwendungszusammenhang“ kann als Interaktion, Vernetzung von sozialen, ökologischen und materiellen Kräften und Prozessen verstanden werden, die vom praktisch handelnden Men-

Abbildung 1

Konzeption der Angewandten Sozialgeographie*

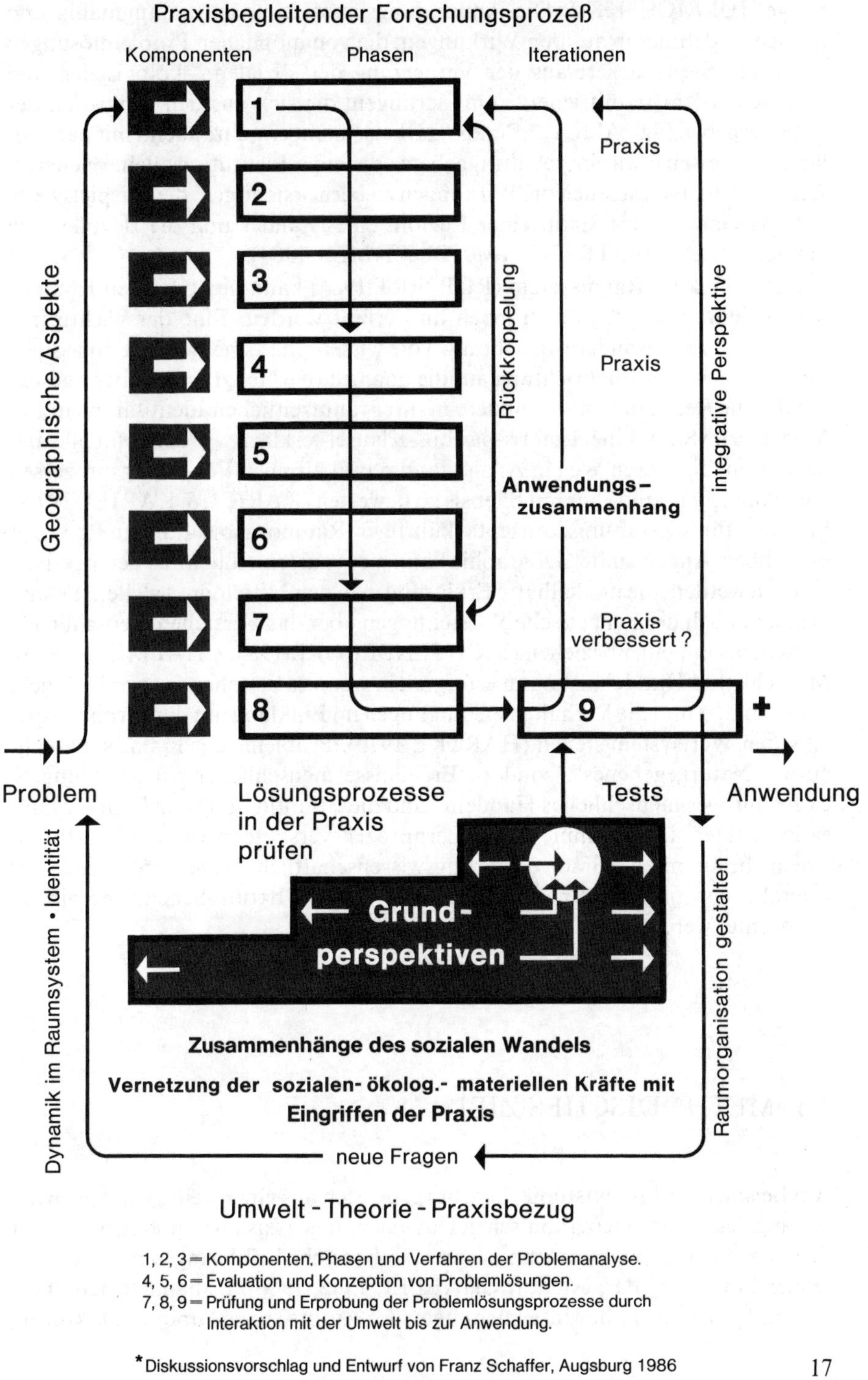

1, 2, 3 = Komponenten, Phasen und Verfahren der Problemanalyse.
4, 5, 6 = Evaluation und Konzeption von Problemlösungen.
7, 8, 9 = Prüfung und Erprobung der Problemlösungsprozesse durch Interaktion mit der Umwelt bis zur Anwendung.

*Diskussionsvorschlag und Entwurf von Franz Schaffer, Augsburg 1986

schen wahrgenommen und bewertet werden (NEEF 1967; BIRCH 1977). Hierbei sind zwei Hauptaspekte von „Praxis“ und „Anwendung“ zu berücksichtigen: Die Komplexität des Kräftespiels und die Ausweitung des Wirkungszusammenhanges (ULRICH 1984). Die Anwendungsperspektive ist umfangmäßig und zeitlich zu definieren aus den Wirkungen, die von möglichen Problemlösungen ausgehen. Sie resultiert aus der Vernetzung der sozialen, ökologischen und materiellen Kräfte mit jenen Veränderungen, die sich aus den Eingriffen der Praxis ergeben (vgl. Abb. 1). „Praxis“ darf also nicht einschränkend mit partikulären Interessen etwa eines Auftraggebers oder einer Institution alleine gleichgesetzt werden. Es sind auch die Wirkungen zu berücksichtigen, die beispielsweise auf das Ganze einer Stadt, einer Region, eines Landes und die Bevölkerung ausgehen (HÄGERSTRAND 1970; BUTTIMER 1984).
Die Dynamik im Raumsystem (RUPPERT 1984) kann nicht in allen Komponenten rein analytisch beschrieben und erfaßt werden. Eine der wichtigsten Fragen ist die besondere Beachtung von wissenschaftsmethodisch zulässigen Reduktionen. Mit Blickrichtung auf die quantitative Geographie dürfen gesellschaftliche Realitäten, insbesondere in ihrer raumzeitlichen Identität, nicht mit Modellen im Sinne einer Ceteris-paribus-Klausel „erklärt“ werden. Modelle und Verfahren, die diesen Weg in Analogie zu physikalischen Forschungsprozessen nachvollziehen, sind eher mit Skepsis zu bewerten (KARIEL & KARIEL 1972). Sie sind für Gestaltungskonzepte künftiger Raumorganisation nur bedingt brauchbar. Angewandte Geographie kann nicht ausschließlich aus Perspektiven gesehen werden, die modellhafte Erklärungen in den Mittelpunkt stellen. Es sind vielmehr auch hermeneutische Vorstellungen über das Verstehen menschlichen Verhaltens mit einzubeziehen (LICHTENBERGER 1984; CHALMERS 1986). Menschliches Handeln ist dann erfolgreich, wenn es bestehende soziale Regeln nicht verletzt und die Verhaltensbedingungen im Einklang mit dem gruppenspezifischen Wertsystem stehen (HARTKE 1970). Probleme der Praxis sind nicht etwas „Naturgegebenes“, sondern Ergebnisse menschlicher Entscheidungen. „Vernünftiges menschliches Handeln“ und die Beeinflussung der Raumorganisation sollten als kontinuierlicher Lernprozeß verstanden werden, der bis zu einem bestimmten Grad erfahrungswissenschaftlich, etwa im Sinne der Interaktions- und Lerntheorie, mit dem Versuch-Irrtum-Schema empirisch beobachtet werden kann (HUMMELL 1969).

1.3 METHODISCHES ZIEL

Am Beispiel der Projektstudie Augsburg, die sich aus einer Reihe von längerfristig angelegten stadtgeographischen Untersuchungen zusammensetzt, werden in den folgenden Kapiteln Ergebnisse und methodische Erfahrungen praxisbegleitender Forschung dargestellt (SCHAFFER 1982, 1986). Es handelt sich überwiegend um empirische Untersuchungen des Autors sowie Diplom- Doktorarbeiten seiner Mitarbeiter. Im Zusammenwirken mit den Gebietskörperschaften und anderen kommunalen Institutionen konnten daraus über mehr als zehn Jahre hinweg auch Vorschläge für konkrete Maßnahmen der Stadtentwicklung unterbreitet und in die Praxis umgesetzt werden. Die Gestaltungsvorschläge stützen sich sowohl auf empirische Untersuchungen als auch auf die Bewertungen verschiedener Interessengruppierungen innerhalb der Bevölkerung. In einem abschließenden Kapitel sollen die methodischen Erfahrungen der Projektstudie Augsburg zusammen mit verschiedenen wissenschaftstheoretischen Ansätzen in Verbindung gebracht werden, um aus dieser Diskussion wichtige Perspektiven einer Angewandten Stadtgeographie ableiten zu können.

2. DAS RAUMGEFÜGE DER ALTSTADT

2.1 STREIFLICHTER DER GESCHICHTE

Der Kern der Augsburger Altstadt liegt auf einem Geländesporn im Mündungszwickel von Lech und Wertach. An der Talvereinigung der beiden Flüsse fügen sich hier zwei große Landschaften des nördlichen Alpenvorlandes aneinander: die Terrassenlandschaft der Iller-Lech-Platte und das Tertiärhügelland. Im Osten drängt das breite Lechtal zum „Hügelland auf dem Lechrain", im Westen führen die „Talauen der Wertach" an bewaldete Terrassen heran (SCHAEFER 1956; MÜLLER & HUTTER 1983). Schon in vorrömischer Zeit ist das Land an Lech und Wertach besiedelt gewesen. Für die nähere Augsburger Umgebung sind Spuren keltischer Kultur, Funde aus der Hallstatt- und Latènezeit bekannt: Neue archäologische Zeugnisse, die in einer Siedlungsgrube der frühen Bronzezeit (zirka 1800—1600 v. Chr.) unter römischen Gebäuderesten aufgedeckt wurden, lassen vermuten, daß auch der Augsburger Hochterrassensporn sehr früh bewohnt gewesen ist (UENZE 1984; BAKKER 1984 a).

Bei einer Betrachtung der älteren Geschichte von Augsburg steht selbstverständlich das römische Erbe der Stadt im Vordergrund der Aufmerksamkeit (GOTTLIEB 1981, 1984; PETZET 1985). Bekanntlich schickte 15 v. Chr. Kaiser Augustus seine Stiefsöhne über die Alpen mit dem Auftrag, auch das Alpenvorland zu erobern. Bei diesem Sommerfeldzug unterwarfen Drusus und Tiberius die Licatier, einen Teilstamm der Vindeliker. Wenige Jahre nach diesem militärischen Erfolg begann die flächige Besetzung des Landes bis zur Donau. Dadurch erhält das Jahr 15 v. Chr. für die Geschichte des Alpenvorlandes, besonders auch für den Raum Augsburg, eine Schlüsselstellung. Das Datum steht am Anfang einer Herrschaft, welche fast ein halbes Jahrtausend die politisch- und siedlungsgeographische Entwicklung der Region geprägt hat: die Unterwerfung der Vindeliker, die Gründung der Militär- und Zivilsiedlungen der Römer, der Bau von Straßen, die Übertragung römischer Gesittung und Kultur. Die Ausbreitung der römischen Kolonialmacht erfolgt in Etappen, in denen Militärposten zunächst eine wesentliche Rolle spielten. Im Zusammenhang mit der geplanten Unterwerfung Germaniens wurde vermutlich um 10 v. Chr. im heutigen Raum Augsburg römisches Militär stationiert. Funde aus augusteischer Zeit weisen darauf hin, daß der Platz eines möglichen Militärlagers unweit der Wertach, in Augsburg-Oberhausen (vgl. Karte 1), gelegen war. Im Gefolge einer gescheiterten Germanenoffensive wurde dieser Stützpunkt jedoch bald wieder aufgegeben (BAKKER 1984 b).

Die ersten Spuren einer römischen Zivilsiedlung auf der Augsburger Hochterrasse können auf die Regierung unter Kaiser Tiberius, etwa um 20 n. Chr., datiert werden. Archäologische Keramikfunde lassen vermuten, daß der Raum

Karte 1

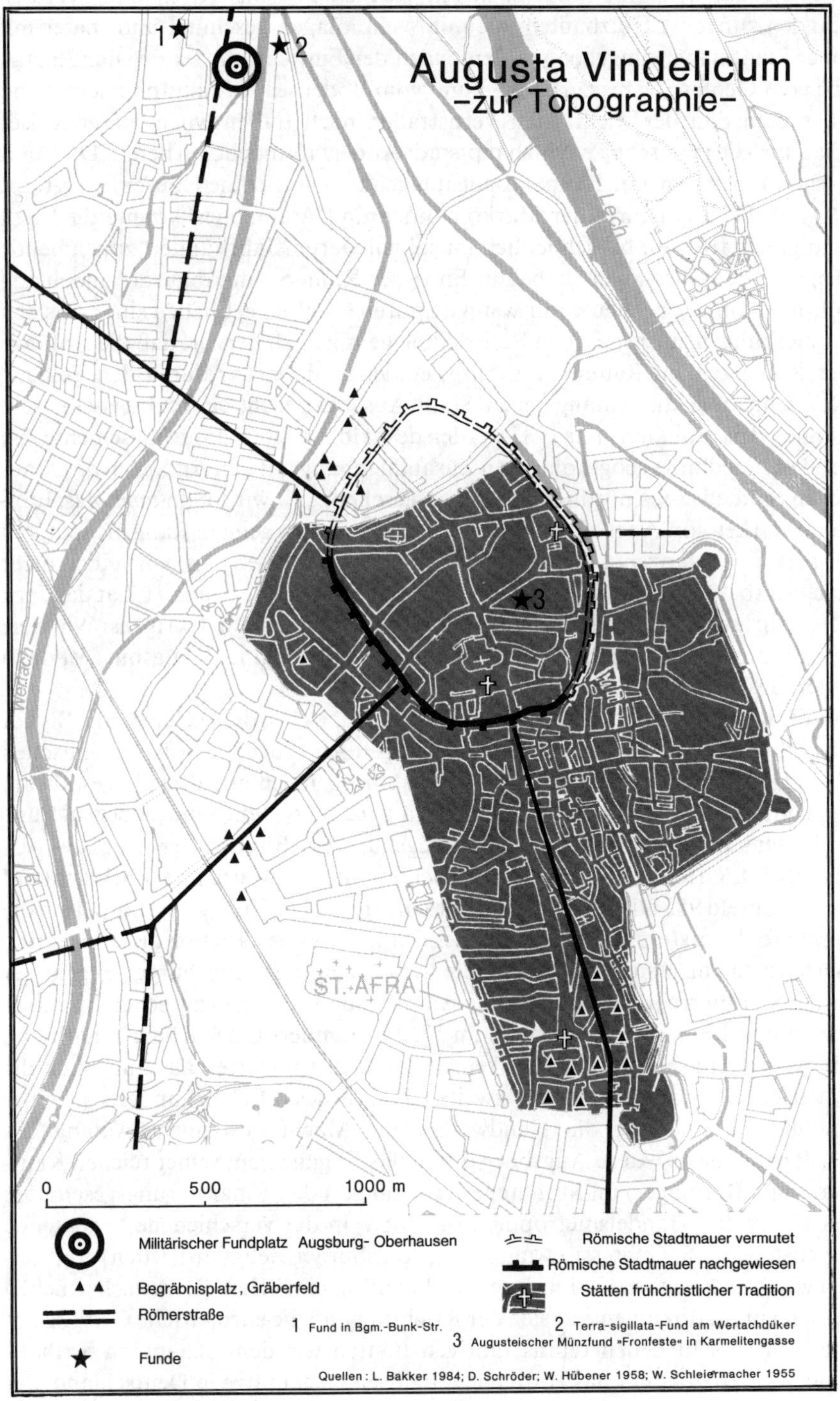
Augusta Vindelicum
-zur Topographie-
1
2
3
Lech
Wertach
ST. AFRA
0
500
1000 m
Militärischer Fundplatz Augsburg- Oberhausen
Begräbnisplatz, Gräberfeld
Römerstraße
Funde
Römische Stadtmauer vermutet
Römische Stadtmauer nachgewiesen
Stätten frühchristlicher Tradition
1 Fund in Bgm.-Bunk-Str.
2 Terra-sigillata-Fund am Wertachdüker
3 Augusteischer Münzfund »Fronfeste« in Karmelitengasse
Quellen: L. Bakker 1984; D. Schröder; W. Hübener 1958; W. Schleiermacher 1955

Augsburg auch in der Zwischenzeit, von der Auflösung des Militärlagers bis zu den Anfängen der Zivilsiedlung, kontinuierlich bewohnt gewesen ist (BAKKER 1984 c). Auf dem hochwassersicheren Rücken zwischen Lech und Wertach standen zunächst Holzbauten, die mit Wehranlagen geschützt und später mit einer Stadtmauer umgeben wurden. Nach der Einrichtung der Provinz Raetia, die vom Genfer See bis zur Donau und vom Bodensee bis zum Inn reichte, und nach dem Bau der wichtigsten Fernstraßen nach Italien wuchs unter Kaiser Claudius die römische Provinzhauptstadt Augusta Vindelicum heran. Die Stadt besaß Mauer, Forum, Tempel, Badeanlagen und vornehme Häuser (BAKKER 1984 d). Dem Ansturm der Markomannen und Alamannen konnte die Stadt erfolgreich trotzen, bis schließlich im späten vierten Jahrhundert zunehmende Angriffe der Germanen auch zum Ende der Römerstadt Augusta Vindelicum führten, von der bis heute nur wenige Spuren erhalten geblieben sind. Aus den Anmerkungen zur römischen Besiedelung geht jedoch hervor, daß die Anfänge der Römerzeit im Raume Augsburg, eindeutig datierbar durch den Feldzug 15 v. Chr., und die Anfänge einer Stadt Augsburg **nicht** ein und dasselbe sein können. Im Jubiläumsjahr 1985 werden deshalb die „2000 Jahre Geschichte" im größeren siedlungsgeographischen Zusammenhang mit den Anfängen des römischen Städtewesens nördlich der Alpen gesehen. „So wird man auch das Jubiläum stärker von Augsburgs zentraler Funktion, von seinem Rang als späteren Vorort einer ganzen Landschaft her verstehen müssen, als von einer nicht nachweisbaren (genau datierbaren) Stadtgründung. So betrachtet, hat das Jahr 15 v. Chr. seinen festen Platz im heimischen Geschichtsbild. Übrigens: Wie viele alte Städte gibt es, welche ihr Gründungsjahr nicht kennen! Augsburg ist da in guter Gesellschaft" (GOTTLIEB 1982, S. 22).
Als die Römer vertrieben waren, gab es bereits eine christliche Gemeinde. Bis auf das Jahr 304 geht die Legende von der heiligen Afra zurück, die trotz römischen Zwangs sich nicht vom Christenglauben abbringen ließ und deshalb gewaltsam zu Tode kam. Der Kult der heiligen Afra wird im 6. Jahrhundert bezeugt und frühestens im 8. Jahrhundert ist in Augsburg ein Bischofssitz nachzuweisen (HÜBENER 1958). Unter Bischof Ulrich konnte Augsburg in der Schlacht auf dem Lechfeld 955 allen Anstürmen der Ungarn trotzen. Lange verkörperten die Bischöfe die erste politische Kraft der Stadt. 1156 bestätigte Kaiser Friedrich Barbarossa im ersten Stadtrecht die Ansprüche der Augsburger gegenüber ihrem Stadtherrn, dem Bischof. Die Auseinandersetzungen zwischen Bischofsmacht und Bürgerschaft brachten im 13. Jahrhundert unter König Rudolf von Habsburg Augsburg die Reichsfreiheit. Zunächst regierten ausschließlich die Patrizier die Stadt, bis in der zweiten Hälfte des 14. Jahrhunderts in einer unblutigen Erhebung die Handwerker die Macht gewannen. Anfang des 16. Jahrhunderts wurde Augsburg durch das Engagement seiner reichen Kaufherren (z. B. Fugger) im Montangewerbe und an den Finanzierungsgeschäften zur führenden Handelsmetropole in Europa, in der verschiedene bedeutende Reichstage (z. B. Confessio Augustana, Augsburger Religionsfrieden) abgehalten wurden. Noch im 17. Jahrhundert, bereits in einer Zeit des wirtschaftlichen Abschwungs, dokumentiert sich der Reichtum und die europäische Geltung der Stadt in verschiedenen repräsentativen Bauten wie dem bekannten Rathaus (vollendet 1620) von Elias Holl. Die religiösen Gegensätze in Deutschland, der

entschiedene Widerstand der Reichsstände gegen den Habsburger Absolutismus und die Einmischung fremder Mächte führten Augsburg in der Mitte des 17. Jahrhunderts mit den Wirren des Dreißigjährigen Krieges in eine nie dagewesene Krise. Pest, Hunger, Kriegsschulden lähmten die Wirtschaft und dezimierten die Einwohnerzahl um mehr als zwei Drittel auf knapp 16 000 Menschen. Für die ausgeblutete und konfessionell zerrissene Bürgerschaft brachte der Westfälische Frieden die strenge religiöse Parität im Stadtregiment: Alle städtischen Ämter wurden doppelt mit je einem Katholiken und einem Protestanten besetzt. Die Augsburger Parität schenkte der krisengeschüttelten Stadt wieder den Frieden und neue Kräfte. Die Wirtschaft begann sich allmählich zu erholen und im 18. Jahrhundert, besonders im Kunsthandwerk aber auch im Bankgewerbe, erlebte Augsburg eine bescheidene Nachblüte. Mit der Eingliederung der Stadt in das Königreich Bayern ging 1806 Augsburgs Reichsfreiheit verloren. Bereits Anfang des 18. Jahrhunderts konnte in Augsburg gegen den Widerstand der Weber die älteste Kattunfabrik begründet werden. Mit Errichtung eines Großbetriebes der gleichen Branche setzte Heinrich von Schüle den Weg zur frühen Industrialisierung der Stadt fort. Im 19. Jahrhundert folgten moderne Großbetriebe der Spinnerei und Weberei sowie die Sandnersche Maschinenfabrik, aus der die MAN hervorging. Die Kapitalkraft lokaler Bankhäuser, tatkräftiges Unternehmertum, eine fleißige Arbeiterschaft aber auch großzügige Verkehrserschließungen brachten für die Industrialisierung im 19. Jahrhundert Augsburg wertvolle Impulse — aber auch manche soziale Probleme, die in der neueren Stadtentwicklung bis heute nachwirken (v. RIEHL 1857; SEYBOLD o. J.; SCHAFFER 1983; BAER 1984).

2.2 DIE PRÄGENDEN STRUKTURELEMENTE

Aus der reichen historischen Tradition einer Stadt wie Augsburg kommt dem Problemzusammenhang von Denkmalschutz und Stadtgestalt eine hochaktuelle Bedeutung zu. Die städtebauliche Situation der Gegenwart ist als Ergebnis jahrhundertelangen Gestaltens der verschiedensten politischen und sozialen Gruppen zu verstehen, das die Unverwechselbarkeit des Stadtgefüges in Grund- und Aufriß aber auch in den dominierenden Bauwerken entstehen ließ. Dabei geht es vor allem um das Ziel, die kulturellen Werte der historischen Städte, die keinesfalls „Touristenkulissen“ oder „Altstadtmuseen“ werden dürfen, vorrangig zum Nutzen der heutigen und zukünftigen Bürger zu schützen. An Baustrukturen von Augsburg sollte die Stadtentwicklung aus den verschiedenen Epochen ihrer Geschichte ablesbar bleiben. Daraus geht auch hervor, daß im Zuge von rein pragmatisch gerechtfertigten Planungen gestaltprägende Strukturen nicht durch jede Nutzung übergangen oder etwa für Zwecke des Verkehrs nachträglich harmonisiert werden dürfen (BREUER 1979).

Der Begriff „Gestalt“ bezieht sich hier nicht nur auf die Erscheinungsformen des Grundrisses und Flächenwachstums, sondern auch auf die Silhouette der Stadt. Stadtgestalt wird ebenso als Ergebnis eines Jahrhunderte dauernden Prozesses verstanden, der die Aktivitäten, Entscheidungen und Normen von Menschen und Institutionen zum Ausdruck bringt. In einer sozialgeographischen Gestaltanalyse zeigt Hille DEMMLER-MOSETTER (1985) für die Augsburger Altstadt auf, welche „Knotenpunkte“, „Strukturen“ und „Sozialräume“ das Stadtgefüge bestimmen. Die Gestalt der Augsburger Altstadt wird aus den Einflüssen folgender Elemente beschrieben: Topographie — Wege und Ziele — Herrschafts- und Kulturzentren — Grundbesitz — wirtschaftlich-soziale Bindungen — Siedlungskerne und Baugefüge — soziale Schichtung und Viertelsbildung. Einige der prägenden Strukturelemente aus der frühen Stadtentwicklung sind in Karte 2 dargestellt worden.

Hoch- und Niederterasse: Der frühmittelalterliche Kern von Augsburg liegt auf jenem Hochterrassensporn, der sich etwa 20 m über das Lechtal erhebt. Die Geländeabschwünge nach Westen, ins Wertachtal, mit etwa 12 m und zur südlich heranziehenden Niederterrasse, mit 6 m, sind weniger markant. Hochterrassenabfall und Verlauf der Niederterrasse stellen wichtige topographische Leitlinien in der Entwicklung der Altstadt dar.

Straßen und Wege: Im Raum Augsburg bündeln sich mehrere Süd-Nord-Linien wie die Lechfurche und das Wertachtal. Daneben sind Schmutter und Paar zu nennen, die sich dem Lech bis auf wenige Kilometer nähern. Diese Süd-Nord-Linien werden im Augsburger Raum von einer West-Ost ziehenden leichten Einsenkung gequert, die den günstigen Zugang zum Alpenvorland noch erleichtert. Bereits die römische Stadt nutzte diese Vorgaben in der Anlage ihrer Fernverkehrswege. Der wichtigste, die Via Claudia, zog von Süden kommend an St. Ulrich vorbei nordwärts. Ihr Verlauf kann innerhalb des Stadtgebietes auf der Niederterrasse heute nicht weiter verfolgt werden, wahrscheinlich hat der Lech in nachrömischer Zeit ihre Trasse weggespült. Die Fernstraße, die der Via Claudia nachfolgte, kommt von Süden her, verläuft entlang der Niederterrasse (bis zum Predigerberg), wechselt auf die Hochterrasse, führt bis zum Perlach, um dann westwärts schwenkend der Domimmunität auszuweichen. Eine zweite, aus süd-westlicher Richtung (von Göggingen) kommende Fernstraße hat die spätere Kaufmannssiedlung umgangen und mag vielleicht die Bogenführung der heutigen Annastraße (jetzt Fußgängerbereich) vorgezeichnet haben. Kurz danach hat sie sich mit der Via Claudia vereinigt und dabei eine geräumige Platzausweitung gebildet.

Herrschaftssitz und Kultstätte: Zwei Kirchenbauten und ihre Kontinuität spielen als Orientierungszentren im Stadtgefüge eine herausragende Rolle. Im Norden wird man annehmen dürfen, daß die Kontinuität der Kirche sich an einer Stelle manifestierte, wo später der Dom entstand. Das zweite Zeugnis frühen Christentums ist St. Afra, es ist im Süden auf einem ehemaligen römischen Friedhof gelegen. Diese Kultstätte war nicht nur Pilgerziel, sondern auch bis zur Jahrtausendwende Grablege der Bischöfe. Eine Wegebeziehung zwischen beiden Kultstätten (Dom — St. Afra und Ulrich) kann als sicher angenommen werden. Sie hat sich als lineare Grundstruktur der Stadt in der Führung des Straßenzuges Hoher Weg — Karolinenstraße — Maximilianstraße bis heute erhalten. Das

Karte 2

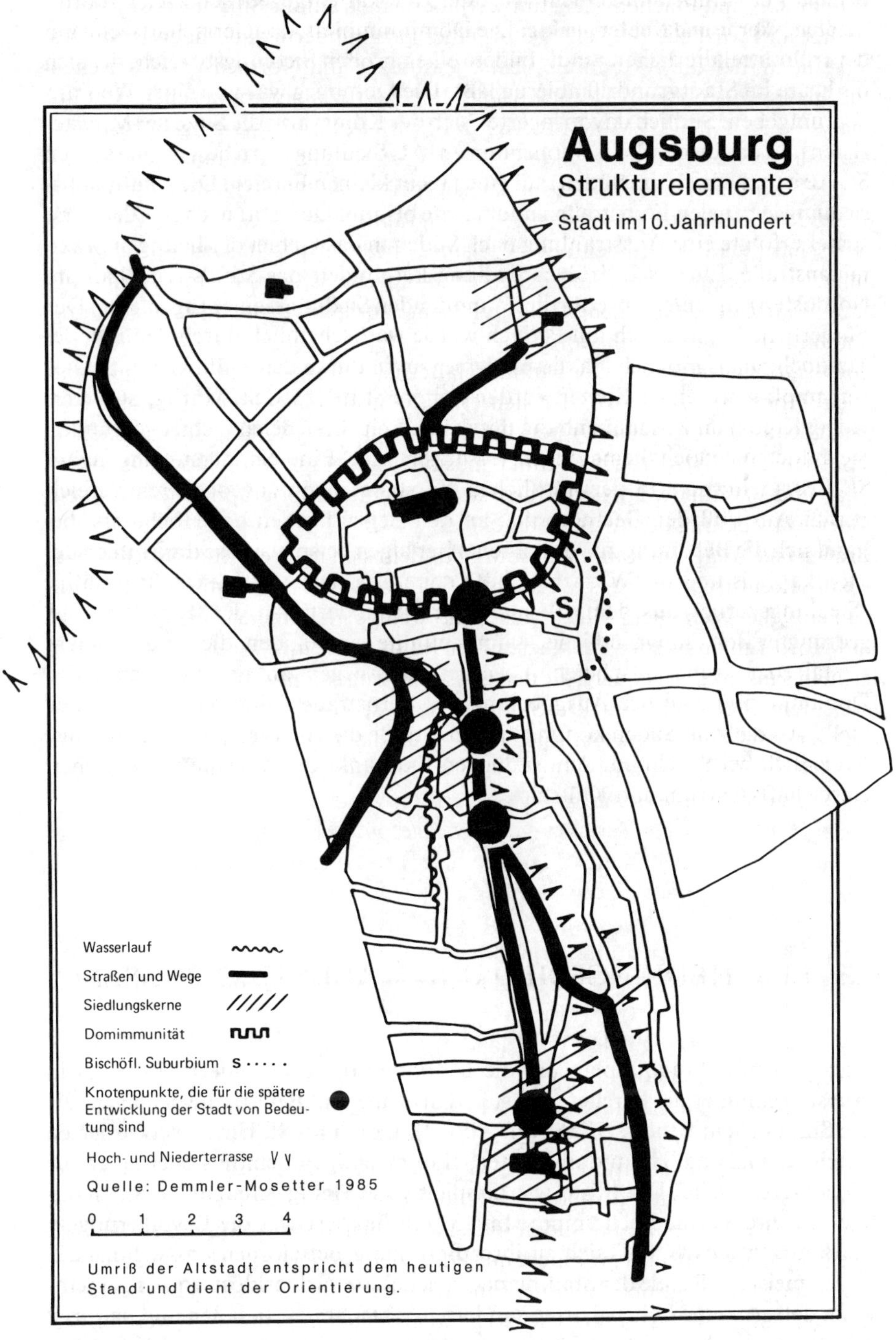
Augsburg
Strukturelemente
Stadt im 10. Jahrhundert
S
Wasserlauf
Straßen und Wege
Siedlungskerne
Domimmunität
Bischöfl. Suburbium
Knotenpunkte, die für die spätere Entwicklung der Stadt von Bedeutung sind
Hoch- und Niederterrasse
Quelle: Demmler-Mosetter 1985
0 1 2 3 4
Umriß der Altstadt entspricht dem heutigen Stand und dient der Orientierung.

Hauptwegenetz der frühmittelalterlichen Stadt bestand also aus zusammenstrebenden Fernstraßen und einem Weg, der zu lokal vorgegebenen Zielen führt. **Siedlungskerne und Knotenpunkte**: Die Domimmunität, das Herrschaftszentrum der frühmittelalterlichen Stadt, bildete einen großen Siedlungsbereich, der sich bis heute im Stadtgrundriß ablesen läßt. Die Domburg war von einer Wehranlage umgeben. Südlich davon lagerten sich der Königshof, die Sitze der Ministerialen und das bischöfliche Suburbium an. Als Siedlungskern beschränkten sich St. Afra und Ulrich (im Süden) auf einen recht kleinen Bereich. Die Kaufmannssiedlung lag an den Fernstraßen und reichte bis zum Domstift nach Norden. Erst später erfolgte eine Ausstrahlung nach Süden in das Gebiet der heutigen Maximilianstraße. Einen sehr frühen Siedlungskern bidete das Stift St. Stephan (im Nordosten) mit einer einst dörflich anmutenden Siedlung seiner Eigenleute. Der bürgerliche Kernbereich am Perlach wurde wahrscheinlich durch den Bau des Mettlochkanals möglich, da dieses Gebiet zuvor durch den Zufluß eines Baches versumpft gewesen ist. Später wurden weitere Stifte (z. B. St. Moritz, St. Peter, Heilig Kreuz) im Zusammenhang mit dem bereits besiedelen Gebiet gegründet. Sie bildeten jedoch keine Eigensiedlungen aus. Eine Sonderstellung nahm St. Georg ein, das (in der nördlichen Vorstadt) einen zugeordneten Bereich besaß. Am Fuß der Geländestufe, an den Begleitbächen des Hochufers, begann sich die Bebauung zu verdichten. Hier lagen beispielsweise die Mühlen des Domkapitels und die Wirtschaftshöfe der Stifte. Die Karte 2 erfaßt wichtige „Siedlungskerne" aus dem 10. und 11. Jahrhundert. An den Bereichen mit gedrängter Bebauung sind jene „Knotenpunkte" entstanden, die für die spätere Gestalt der Stadt entscheidend werden. Sie liegen an der Südgrenze der Domimmunität, an der Ausgabelung der Fernstraße beim Perlach, an jener Stelle, wo die vom Süden kommende Fernstraße die Hochterrasse erreicht, und schließlich bei St. Ulrich, dem südlichen Endpunkt der Verbindung zwischen Herrschaftszentrum und Kultstätte.

2.3 ERSCHEINUNGSBILD UND WACHSTUMSPHASEN

Nach einem Schrägbildplan um die Mitte des 16. Jahrhunderts waren es in Augsburg immer die Kirchen, Klöster, Tortürme und Befestigungsanlagen, die die Stadtansicht beherrschten (vgl. Abb. 2). Dom und St. Ulrich verkörperten bereits damals die Hauptdominanten. Ihre mächtigen Schiffe stehen quer zur Hochuferschwelle. Die Stifte wie beispielsweise Heilig Kreuz oder St. Georg reckten ihre Türme hoch empor. Im 13. Jahrhundert war die Bevölkerung so stark angewachsen, daß sich zu ihrer Betreuung Bettelorden ansiedelten. Sie liegen meist am Rande der Stadtmauer. Allen Bettelordensklöstern war gemeinsam, daß sie keine hohen Türme sondern nur Dachreiter besaßen und dadurch kaum aus der Masse der bürgerlichen Bauten herausragten. Um 1260 wurde erstmals ein „Rathaus aus Brettern" erbaut. Dem Perlach wurde zu Beginn des

Karte 3

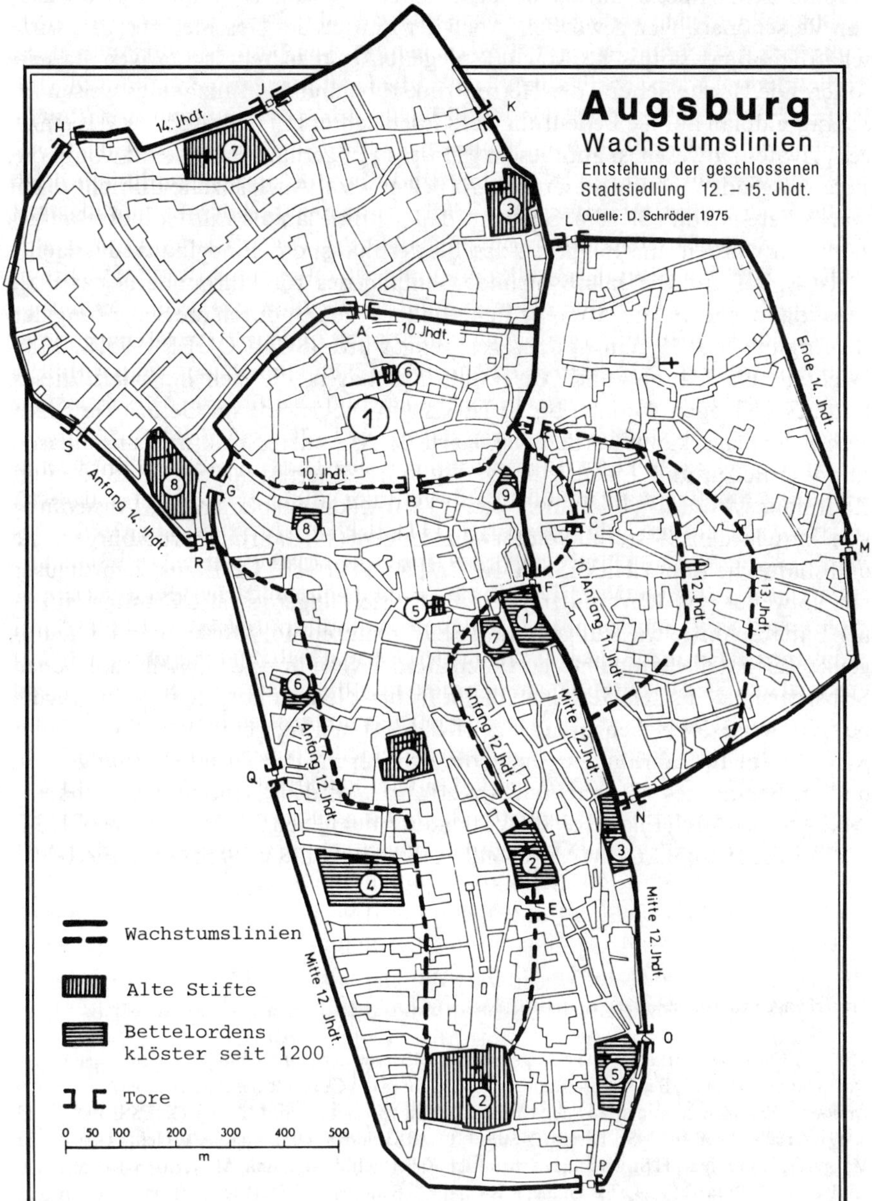

Alte Stifte: 1 civitas · 2 St. Ulrich u. Afra · 3 St. Stephan · 4 St. Moritz · 5 St. Peter · 6 St. Gertrud (weicht Domostchor) · 7 St. Georg · 8 Hl. Kreuz

Bettelorden: 1 Barfüßer · 2 Dominikaner · 3 St. Ursula · 4 St. Katharina · 5 St. Margareth · 6 St. Anna · 7 St. Maria Stern · 8 St. Martin · 9 St. Clara a. d. Horbruck

Tore: A Frauentor · B Burgtor · C Vorstadttor 11. Jh. · D Tor v. Einbeziehung d. nörd. Jakobervorstadt · E Eingang am Predigerberg · F Barfüßertor · G Hl. Kreuzertor · H. Wertachbruckertor · J Fischertor · K Steffingertor · L Oblattertor · M Jakobertor · N Vogeltor · O Schwibbogentor · P Rotes Tor · Q Gögginger Tor · R Einlaß · S Klinkertor

15. Jahrhunderts ein gedecktes Glockenhäuschen aufgesetzt. Als Wahrzeichen der städtischen Macht, mitten im bürgerlichen Zentrum, ist er immer wieder Ziel von Verschönerungen geworden. Auch der Einfluß der Geschlechter, ihre wirtschaftliche und politische Macht, spiegelten sich in repräsentativen Bauten wider. Die Heraushebung der Herrentrinkstube und des Tanzhauses weisen im Schrägbildplan auf die Bedeutung der Geschlechter hin (vgl. Abb. 2). Als einziges privates Anwesen ist auf diesem Plan das Fuggerhaus dargestellt, womit die herausragende Stellung dieser Familie belegt wird. Auch soziale Einrichtungen waren bereits von solchem Gewicht, daß sie im Plan als Einzelobjekte aufgenommen wurden: die Fuggerei, das Blatternhaus, das Findelhaus, das Heilig Geist Spital und die Jakobspfründe. Anfang des 16. Jahrhunderts hatte die Stadt dann jene äußere Abgrenzung erhalten, die erst durch die Schleifung der Befestigungen im 19. Jahrhundert gesprengt wurde (SCHRÖDER 1975, S. 232). Wichtige Wachstums- und Ausgestaltungsphasen, die sich innerhalb dieses Raumes vollzogen, können bis heute als Linienelemente im Gefüge der Stadt zum Teil noch erkannt werden (vgl. Karte 3). Als innere Strukturierungsphasen sind von Bedeutung: Eigensiedlungen der Grundherren mit Civitas, Stifte und Kaufmannssiedlung (10. Jahrhundert); Fortifikationsplanungen, Ansiedlung von Bettelordensklöstern, Stadterweiterungen (13. Jahrhundert); bürgerliche und städtische Repräsentationen wie Rathaus, Perlach, Tanzhaus, Zunfthäuser und so weiter (14. Jahrhundert); soziale Einrichtungen, straffe Planung einzelner Bauabschnitte wie Fuggerei und Herrenhäuser (16. Jahrhundert). Die folgende Zeit hat die Stadtsilhouette auch aus der Wandlung des gesellschaftlichen Selbstbewußtseins der Menschen in der frühen Neuzeit mitgeformt. So brachte beispielsweise das Nebeneinander der Konfessionen auch ein Nebeneinander der Kirchen. Im 16. Jahrhundert setzte die Erneuerung der Turmbekrönungen ein und zu Beginn des 17. Jahrhunderts erfolgte mit dem Neubau des Rathauses (vgl. Abb. 4) durch Elias Holl die Vollendung der neuen Stadtsilhouette (CHRISTOFFEL 1928; BACHMANN 1942; KIEßLING 1983, 1985; GEIGER 1985).

Anmerkungen zu Abb. 2:

Mit einer Fläche von zirka 217 ha ist Augsburg um 1550 eine der größten Städte im deutschen Raum. Der Grundriß zeigt die Befestigungsanlagen und wichtigsten Gebäude der Reichsstadt (Abb. 2). Die Ortsbezeichnungen stammen aus der Kosmographie von Sebastian Münster (KIESSLING 1985, S. 49). **Großbuchstaben:** A St. Ulrich, B Spital, C St. Katharin, D Salzstadel, E Heilig Grab, F St. Margaret, G Prediger, H St. Ursula, I St. Moritz, K Perlach, L St. Anna, M Metzg, N Kornhaus, O Hl. Kreuztor, P Barfüßer, Q Tanzhaus, R Rathaus, S Schmiede, T St. Petersstift, V Barfüßertor, X Hl. Kreuz, Y Domkirche, Z Zeughaus. **Doppelbuchstaben:** Aa Alte Stadtmauer, Bb St. Stephan, Cc St. Gal, Dd Burgtor, Ee St. Georg, Ff Gottesacker, Gg Lech, Hh Lecharm, Ii Schleifertor, Kk Die Walk, Ll Fuggerei, Mm Am Bachanger, Nn St. Jakob, Oo Roter Turm, Pp Blatternhaus, Qq Lechufer. **Zahlen:** 1 Rotes oder Haunstetter Tor, 2 Am Eser, 3 Gögginger Tor, 4 Einlaß, 5 Klinkertörle, 6 Gesundbrunnen, 7 Am Judenkirchhof, 8 Wertachbruckertor, 9 Fischertörle, 10 Lueginsland, 11 Steffingertörle, 12 Oblatertörle, 14 Jakobertor, 15 Vogeltörle, 17 Schwibbogertor, 18 Oberer Wasserturm, 29 Fuggerhaus, 31 Kornschranne, 33 Stadtkanzlei, 34 Kaufleute-Stuben, 35 Herren-Stuben, 42 Pfründhaus, 44 Findelhaus, 45 Pulverturm, 47 Unterer Wasserturm, 51 Pfalz und Fronhof, 59 Katzenstadel.

Abbildung 2

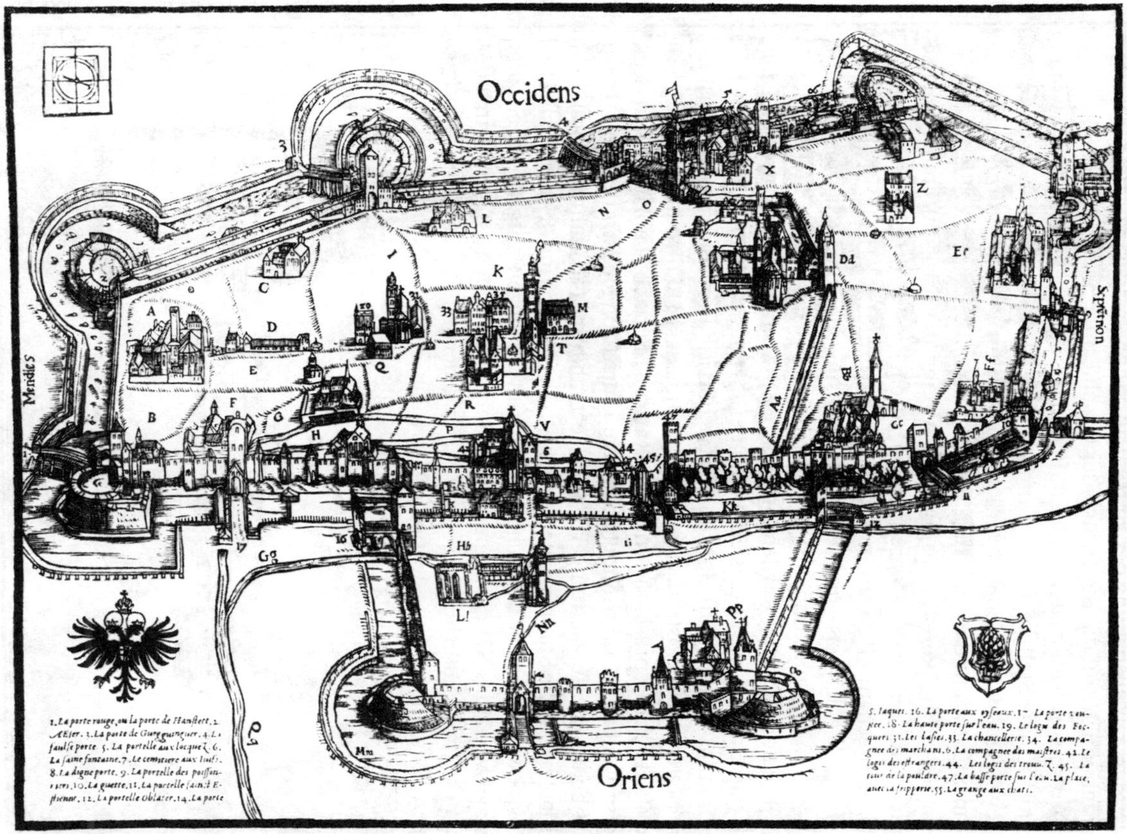

Stadtansicht Augsburg um 1550 (Städt. Kunstsammlungen Augsburg, Inventarnr. 47)

Abbildung 4

Augsburger Rathaus und Perlach, Merian 1643

2.4 SOZIALTOPOGRAPHISCHE RAUMGLIEDERUNG

Unter „sozialtopographischen Raumeinheiten" werden Gebiete und Quartiere verstanden, die sich hinsichtlich ihrer topographischen Lage (vgl. Karte 2), sozialen Charakteristik und städtebaulichen Struktur deutlich gegeneinander abgrenzen lassen. Dieser Merkmalszusammenhang wird von DEMMLER-MOSETTER (1985) bis ins 17. Jahrhundert verfolgt, mit mehreren Indikatoren belegt und kartographisch dargestellt. Einige Einzelkartierungen dieser Indikatoren sollen hier wiedergegeben werden. Zur Wahrung der Übersichtlichkeit ist auf eine zusammenfassende Typisierung aller Indikatoren in einer Karte verzichtet worden (vgl. Karten 2—6, Abb. 2—4. Abb. 3 im Anhang). Die Verhältnisse in den Stadtteilen werden gekennzeichnet nach der beruflich-wirtschaftlichen Standortbindung der Bevölkerung, den Grundbesitzverhältnissen (Eigentum, Zinslehen), der Vermögenssituation (Karte 4) sowie nach gemeindlichen Aufgaben, die auf bestimmte Einzugsgebiete begrenzt waren. Solche funktionalen Beziehungen spiegeln sich wider beispielsweise in der Wehrgliederung, die Toren und Zünften zugeordnet war; in der Abgrenzung von Pfarreien, die auf gewachsene Quartiere orientiert waren; in der Aufteilung von Verwaltungszuständigkeiten, die sich in der späteren Gliederung der Stadt nach Litera (Karte 6) niederschlugen. Die städtebauliche Situation schließlich wird durch die prägenden Strukturelemente (Karte 2), Wachstumslinien und Erscheinungsbild (Karte 3, Abb. 2—4), städtebauliche Raumabschnitte und Bebauungsart (Karte 5) skizziert.

In der frühmittelalterlichen Stadt kann man eine geschlossene Differenzierung solcher „sozialtopographischer Quartiere" natürlich nicht erkennen. Es handelte sich damals vielmehr um ein lockeres Stadtgefüge mit unterschiedlich großen Siedlungsplätzen, die sich um Dom, Stifte, Feudalsitze, Mühlen, Wirtschaftshöfe oder einen Markt gruppierten (HERZOG 1955, 1964). In Augsburg läßt sich die Quartiersbildung, mit von Viertel zu Viertel recht unterschiedlichen Randbedingungen, erst nach Abschluß der Befestigung, Ende des 14. Jahrhunderts, ablesen (Karte 3). Der Umriß der Altstadt Augsburgs, wie man ihn heute noch erkennen kann, besteht fast unverändert seit Anfang des 14. Jahrhunderts. Die Form ist durch eine ausgesprochene Längsrichtung von Süden nach Norden bei einer Länge von etwa 2 km und einer Breite von etwa 600 m gekennzeichnet. Die Bebauung erstreckt sich über den Hochterrassensporn, auf der Niederterrasse im Bereich der Lechkanäle und weitet sich nach Osten bis nahe an den Lech reichend in die Jakobervorstadt aus. Für eine untergliederte Betrachtung, insbesondere für Fragestellungen einer geschichtsbewußten Stadtentwicklung von heute, bieten sich auf der Grundlage der Untersuchungen von DEMMLER-MOSETTER (1985), Robert PFAUD (1976) und Walter GROOS (1964—1972) fünf große Siedlungsbereiche mit sehr verschiedenen sozialtopographischen Quartieren an: „Domstadt", „Oberstadt", „Lechviertel", „Untere Stadt", „Jakobervorstadt" (Karte 6).

Die „Domstadt" nimmt den südlichen Teil der einst weit größeren alten Römerstadt ein. Die Verbindungsstraße zwischen den nördlichen und südlichen später abgebrochenen Toren teilt den Raum in einen West- und einen Ostflügel, die

Karte 4

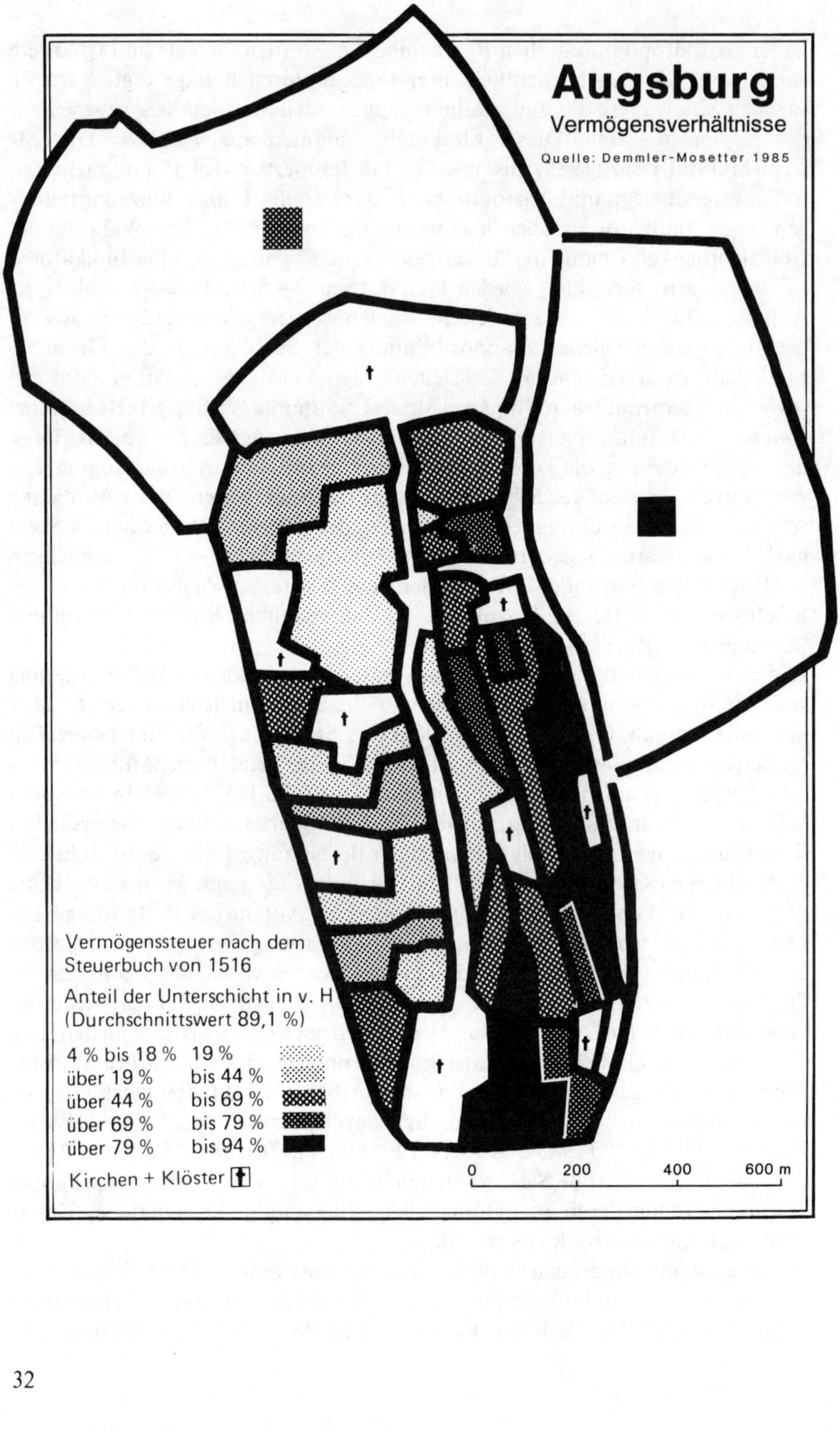

Augsburg
Vermögensverhältnisse
Quelle: Demmler-Mosetter 1985
Vermögenssteuer nach dem
Steuerbuch von 1516
Anteil der Unterschicht in v. H
(Durchschnittswert 89,1 %)
4 % bis 18 % 19 %
über 19 % bis 44 %
über 44 % bis 69 %
über 69 % bis 79 %
über 79 % bis 94 %
Kirchen + Klöster
0
200
400
600 m

Karte 5

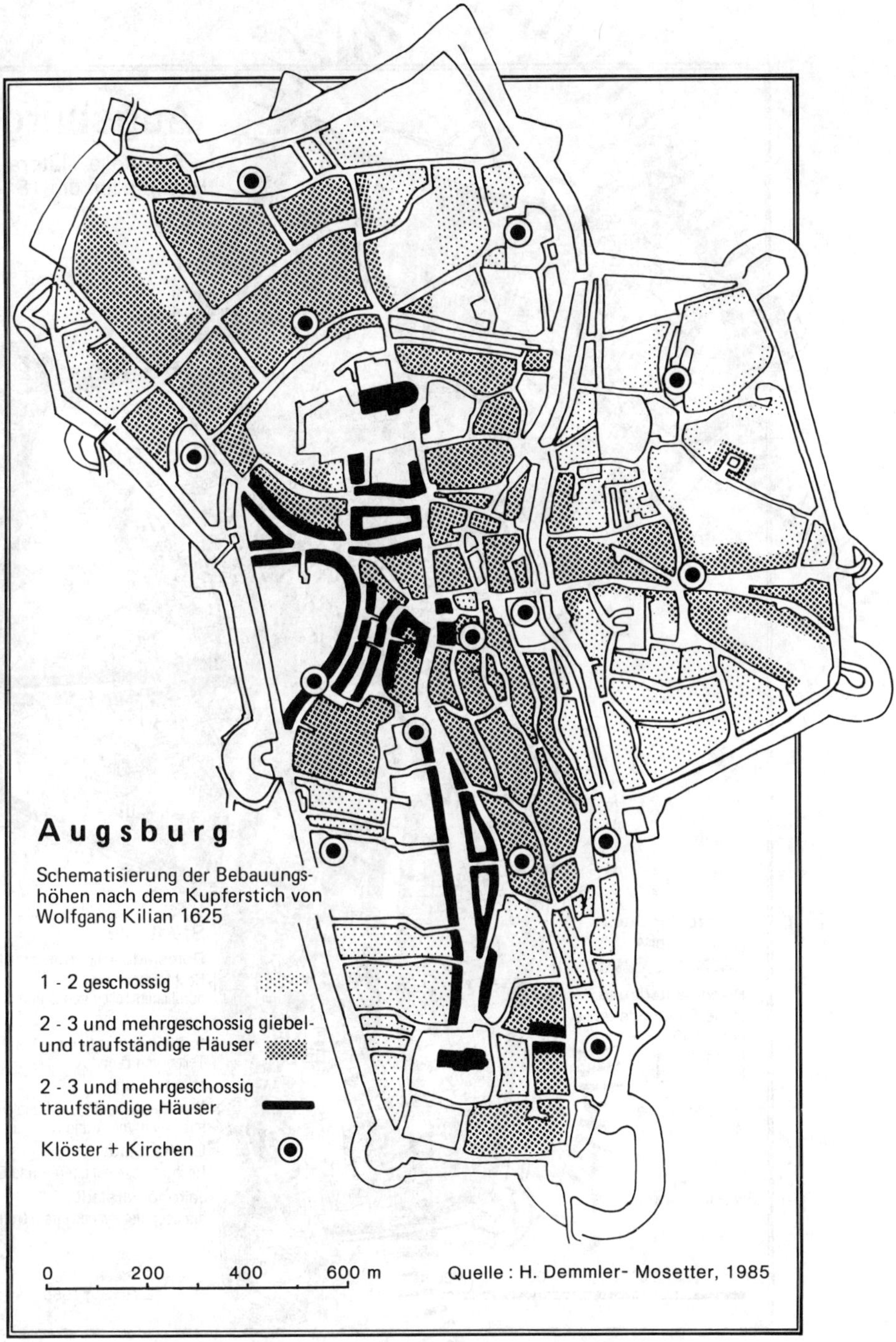
Augsburg
Schematisierung der Bebauungshöhen nach dem Kupferstich von Wolfgang Kilian 1625
1 - 2 geschossig
2 - 3 und mehrgeschossig giebel- und traufständige Häuser
2 - 3 und mehrgeschossig traufständige Häuser
Klöster + Kirchen
0 200 400 600 m
Quelle : H. Demmler- Mosetter, 1985

Karte 6

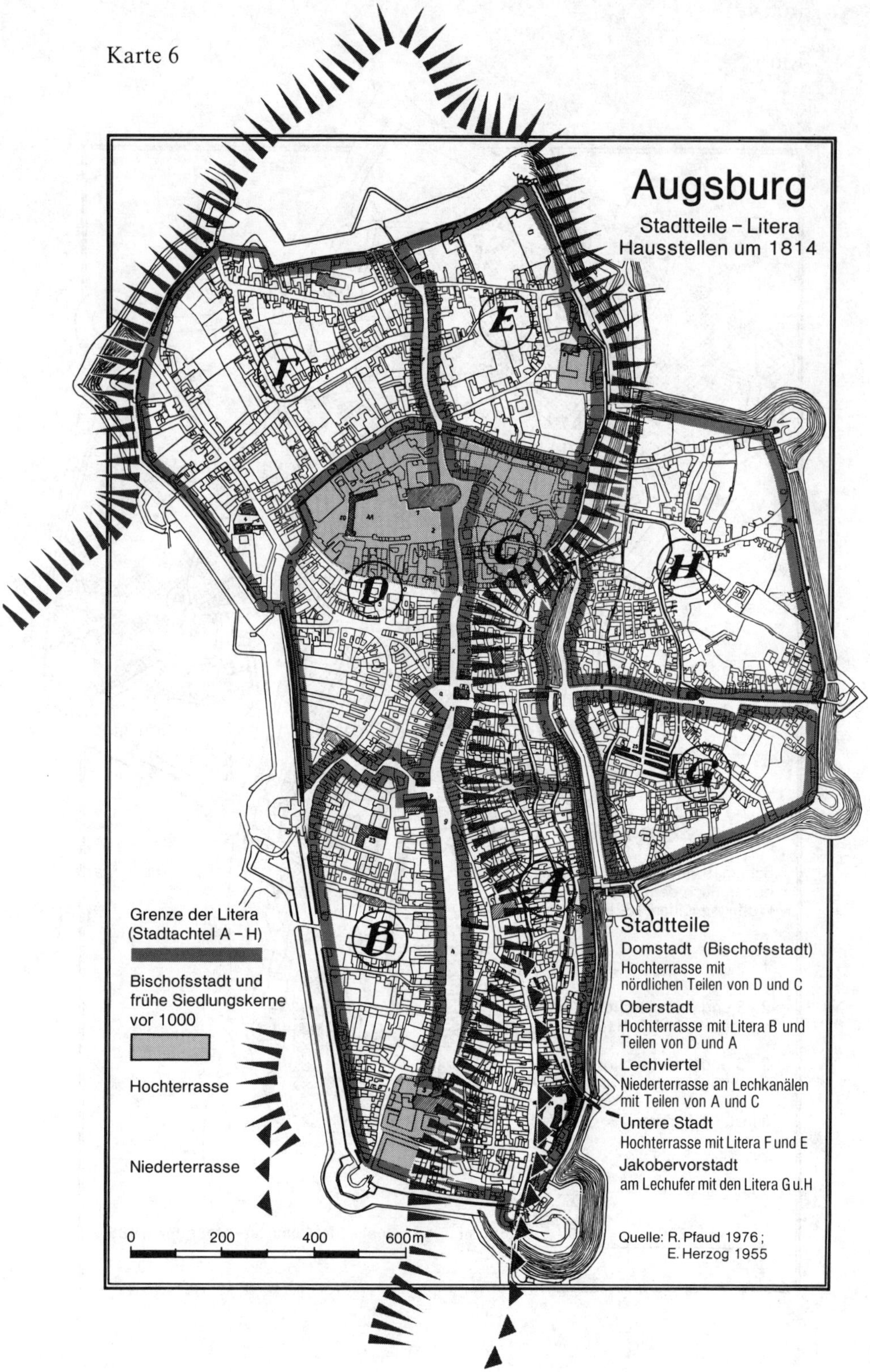

Augsburg
Stadtteile – Litera
Hausstellen um 1814
F
E
D
C
H
G
A
B
Grenze der Litera
(Stadtachtel A – H)
Bischofsstadt und
frühe Siedlungskerne
vor 1000
Hochterrasse
Niederterrasse
0
200
400
600m
Stadtteile
Domstadt (Bischofsstadt)
Hochterrasse mit
nördlichen Teilen von D und C
Oberstadt
Hochterrasse mit Litera B und
Teilen von D und A
Lechviertel
Niederterrasse an Lechkanälen
mit Teilen von A und C
Untere Stadt
Hochterrasse mit Litera F und E
Jakobervorstadt
am Lechufer mit den Litera G u.H
Quelle: R. Pfaud 1976;
E. Herzog 1955

ihrerseits durch die älteste südliche Immunitätsgrenze nochmals untergliedert werden. Die Bischofsstadt weist damit vier Teile auf, die nach baulicher Gestaltung und Nutzung sich sehr deutlich voneinander abheben. Der nordwestliche Teil mit dem Dom und seinen Nebenkirchen, mit ehemaligem Friedhof, bischöflicher Residenz, mit Gärten und Wirtschaftsbauten, besitzt lediglich eine schmale Wohnzeile. Der nordöstliche Teil, vom Dom bis zum Terrassenhang, hat sich durch die Jahrhunderte den Charakter eines Wohngebietes insbesondere für die niedere und höhere Geistlichkeit erhalten. Die südlich des sogenannten „Pfaffengäßchen" liegende Südostecke des Domviertels weist eine gänzlich andere Bebauung und soziale Zusammensetzung auf. Hausstellen von Adelsfamilien aber auch eine vier- bis fünfgeschoßige Zeile von Handwerkerhäusern und als Zinslehen nicht freies Eigentum kennzeichneten dieses Quartier. In dem verbleibenden südwestlichen Abschnitt der Domimmunität dürften einst, in Verbindung mit dem „Königshof", die Reichsministerialen ihren Sitz gehabt haben.

Die „Oberstadt" umfaßt vor allem den westlich des Straßenzuges Dom — Rathaus — St. Ulrich liegenden Bebauungsraum mit Litera D und B sowie die Randbebauung östlich dieses Straßenzuges, soweit sie auf der Hochterrasse liegt. Hier waren es vor allem die Handelsplätze und die zu ihnen führenden Straßen, die sich siedlungsbildend ausgewirkt haben. Alle hochrangigen Märkte lagen auf der Hochterrasse zwischen Dom und St. Ulrich. An ihnen wohnte vor allem die reiche Oberschicht. Um 1600 war die Strukturierung der Raumfolgen zwischen Dom und St. Ulrich erreicht worden. Die bereits angesprochenen „Knotenpunkte" und vor allem die Besitzverhältnisse haben Versetzungen in der Bebauung und „Brüche" in der Wegeführung entstehen lassen. Dadurch haben sich charakteristische städtebauliche Raumabschnitte ausgeformt. Die Gebiete mit reichen Vermögensschichten hatten sich aus der alten Kaufmannssiedlung in Richtung Norden aber auch in südliche Richtung zur heutigen Maximilianstraße hin erweitert. Mehrgeschoßige Traufenhäuser mit dahinterliegenden Gärten waren die besonderen baulichen Kennzeichen dieses Gebietes (z. B. Fuggerhäuser). Lediglich der südliche Abschnitt (Litera B), der an die gartenreichen Anwesen anschließt, besaß ein eher kleinbürgerliches Erscheinungsbild. Hier lagen beispielsweise Pfründe, Stiftungen und Erwerbungen als Witwensitze, auch Abfindungen für Verwandte wohlhabender Familien.

Das „Lechviertel" umschließt vor allem die östlichen Abschnitte der Litera A und C auf der Niederterrasse und im Bereich der Lechkanäle. Hier finden sich die ausgesprochenen Handwerkergassen, Plätze fehlen, lediglich einige Gassenausweitungen sind zu erkennen. Vorherrschend waren die Mühlen, die Häuser der Gerber, Tuchmacher und Färber. Die Gassen sind sehr schmal, da vielfach die offenen Lechbäche eine Gassenseite belegen.

Die „Untere Stadt" ist erst im Spätmittelalter zu einer Einheit zusammengewachsen. Sie liegt auf der Hochterrasse nördlich des Frauentors, weitgehend auf dem Gebiet der verlassenen Römerstadt und umschließt die Litera E und F. Die Siedlungstätigkeit begann im 12. Jahrhundert, als die vor der Jahrtausendwende gegründeten Klöster und Stifte (St. Georg, St. Stephan, Heilig Kreuz) Pfarrechte erhalten hatten. Für die bürgerliche Bautätigkeit stellte meist die Kirche Grundstücke zur Verfügung. Vor allem Handwerker, Brauer und Gastwirte, kleinere, mittlere Händler sowie Gärtner hatten hier Grund erworben. Im 18. Jahrhundert sind zahlreiche Weber mit ihren Hausstellen und Werkstätten vertreten.

Die „Jakobervorstadt" mit den Litera G und H wird als jüngster bürgerlicher Siedlungsraum am spätesten in die Umwallung einbezogen. Hier lebte der rein handwerkliche, klein- und mittelgewerbliche Bürgerstand. Die bäuerlich bestimmten Märkte wie Roß-, Rinder-, Sau- und Holzmarkt kennzeichneten den Stadtteil. In eher ländlich geprägten Kleinhausgebieten lebten Brauer und Gastwirte, Fuhrunternehmer und Schmiede, Bäcker, Metzger, Krämer, Bader, Schmiede, Wagner und Sattler dicht aneinander. Aus dem Schwerpunkt der Bebauung ragt die Jakoberkirche heraus und auch heute noch bildet die zum östlichen Tore führende Jakoberstraße das Rückgrat der östlichen Vorstadt. Im südlichen Teil, in einer verkehrsgeschützten Ecke, liegt die Fuggerei. Trotz ihrer Giebelchen und Tore tritt sie baulich kaum in Erscheinung, da sie als reine Zeilenhaussiedlung in das rückwärtige Hof- und Gartenland einer älteren Randbebauung eingegliedert wurde.

3. INDUSTRIALISIERUNG UND WACHSTUM DER STADT

3.1 DIE AUSWEITUNG DES SIEDLUNGSRAUMES

Mit der Industrialisierung kamen besonders seit der Mitte des 19. Jahrhunderts neue Wachstumskräfte in die Stadt. Die bauliche Gestalt und die Bevölkerungszahlen von Augsburg begannen sich in dynamischer Weise zu verändern. Neue Verkehrs- und Wirtschaftsbedingungen verursachten nicht selten den Abbruch städtischer Versorgungs- und Repräsentationsbauten und erforderten den Ausbau einer zeitgerechten Infrastruktur. Als 1840 die Eisenbahnverbindung München — Augsburg hergestellt und 1844/46 der Kernbau des Hauptbahnhofes westlich vor der Stadt errichtet worden war, boten sich für die Industrialisierung die allergünstigsten Voraussetzungen. Zahlreiche Textilfabriken begannen sich an den Wasserläufen von Lech und Wertach anzusiedeln. Östlich und nördlich der Altstadt wurden Fabriken gebaut, in deren Nachbarschaft zwei große Arbeitervorstädte „Links und Rechts der Wertach" heranwuchsen. Die Entwicklung dieser Viertel war sehr rasch bis an die damalige Stadtgrenze vorgedrungen. Die allgemeine Wohnungsnot mußte vor allem durch die großen Industriewerke und einige Baugenossenschaften gelöst werden (FISCHER 1977). In dieser Zeit entstanden viele der für Augsburg typischen „Arbeiterquartiere". Der starke Zustrom der Arbeiterbevölkerung wurde nicht nur in die Stadt selbst, sondern auch in die Vororte von Oberhausen, Pfersee, Lechhausen und Kriegshaber gelenkt. Entlang einzelner Straßen und in breiter gegliederten Bauflächen begannen diese Dörfer stadtwärts zu wachsen, um im zweiten Jahrzehnt dieses Jahrhunderts nach Augsburg eingemeindet zu werden (vgl. Karten 7—10). Im damals ebenfalls eingemeindeten Hochzoll (Friedbergerau) setzte die Hauptbautätigkeit erst in den 50er Jahren ein. Im Westen der Stadt, wo seit der Barockzeit die Gartengüter der Patrizier lagen, entstand zwischen Bahnhof und Gögginger Tor ein gehobenes Wohngebiet. Auf den ehemaligen Wallanlagen formierte sich ein Boulevard mit repräsentativen Bauten. An den abzweigenden Straßen in Richtung Süden und Norden wuchsen die bürgerlichen Wohnviertel heran. Westlich der Bahn entstand aus einer Privatinitiative (1907) eine sehr individualistisch geprägte Gartenstadt, das „Thelottviertel". Um die Jahrhundertwende, gut 100 Jahre nach dem Verlust der Reichsfreiheit, war die Einwohnerschaft Augsburgs durch die Industrialisierung um mehr als das Dreifache, auf etwa 90 000 Menschen angewachsen.

Karte 7

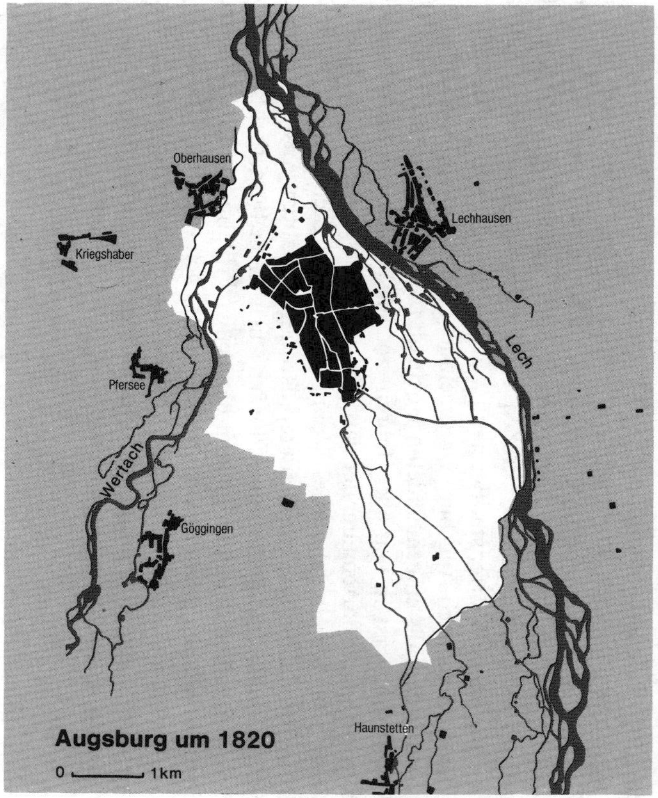

Karte 8

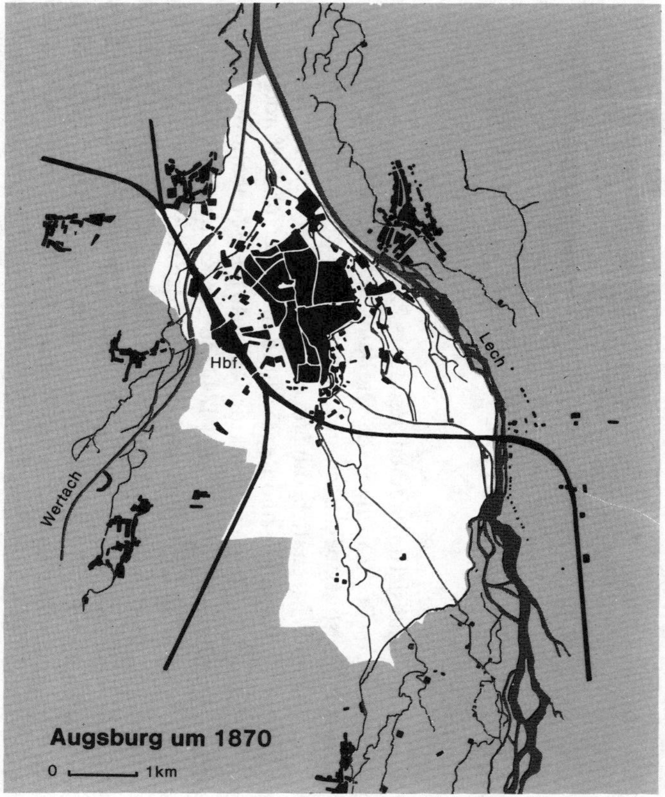

Karte 9

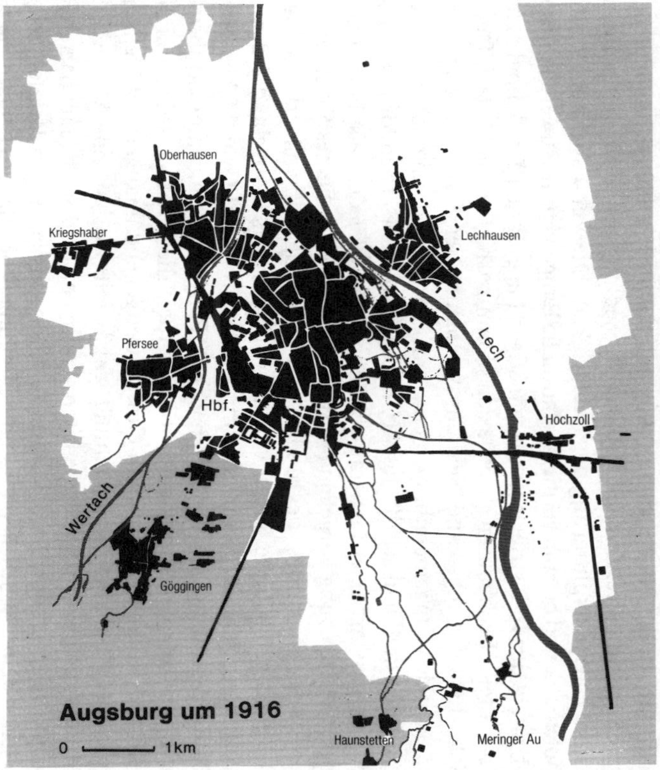

Karte 10

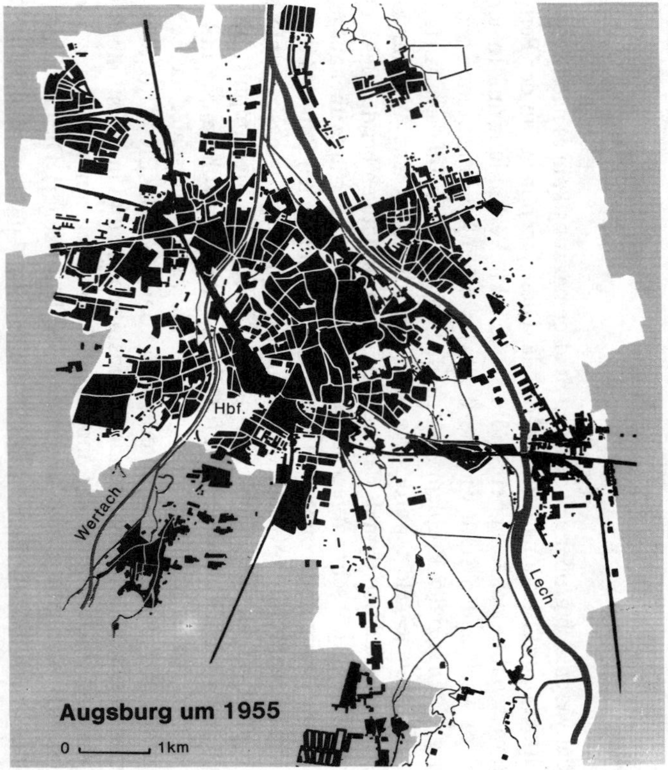

Siebenbrunn/Meringer Au (1910), Oberhausen (1911), Pfersee (1911), Lechhausen (1913), Hochzoll/Friedberger Au (1913), Kriegshaber (1916) sind eingemeindet.

3.2 WOHNUNGSNOT UND NEUE STADTTEILE

In der wesentlich größer gewordenen Stadtgemarkung kam es nach dem Ersten Weltkrieg zur Gründung neuer Stadtteile. Diese lagen meist an der Peripherie und wiesen mit dem Kern der Stadt keine direkte Verbindung auf. In der nach wie vor wachsenden Stadt war die Wohnversorgung für die breiten Schichten zum größten sozialen Problem geworden, das nicht allein auf privatwirtschaftlicher Grundlage gelöst werden konnte. Wichtige staatliche Wohnungs- und Sozialgesetze kamen damals den kommunalen Initiativen bei der Bekämpfung der Wohnungsnot sehr entgegen. Die Stadt Augsburg verfügte über ausgedehnten Grundbesitz und konnte mit sehr billigem städtischen Bauland dämpfend auf die Bodenpreise einwirken. So gelang es ihr, dem Wohnungsbau unter sozial sehr günstigen Bedingungen auch in Krisenzeiten kräftige Impulse zu geben (KOCH 1979). Richtungweisend für die Augsburger Wohnungspolitik wurde damals die Konzeption des Stadtbaurates Holzer, der verschiedene, sehr konkrete Wohnungsprogramme unterbreiten konnte (HOLZER 1918). Sehr rasch begannen sich neue Aktivitäten im Heimstättenbau und in Selbsthilfeaktionen vorwiegend in den weitläufig angelegten Siedlungen am Rande der Stadt zu regen (z. B. Firnhaberau, Hammerschmiede, Bärenkeller). Die Gründung zahlreicher Siedlungsgenossenschaften erfolgte in der damaligen Zeit. Mit einigem Stolz konnte die Stadt darauf verweisen, daß sie und ihre Wohnungsbaugesellschaft nahezu die Hälfte aller in Augsburg zwischen 1925/37 gebauten Wohnungen erstellt hatte. Zweifellos führte die Siedlungsgründung an der Peripherie auch zu einer Zersplitterung der Bautätigkeit. Die Verwaltung erkannte diese Problematik und begann vermehrt stadtnahe Baugebiete auszuweisen. Besonders im Umfeld der Industrieviertel, in günstiger Lage zu den Straßenbahnen (z. B. im Hochfeld, Lechhausen), wurde der Wohnungsbau neu gefördert. Das dynamische Bevölkerungs- und Siedlungswachstum der Stadt forderte insbesondere nach den Eingemeindungen eine umfassende Ordnung der Raumstruktur heraus. Mit der Denkschrift des Architekturprofessors Theodor Fischer wurde 1930 der Entwurf eines Generalbebauungs- und Besiedelungsplanes für Augsburg und Umgebung vorgelegt (FISCHER, Th. 1930). Dieses Konzept war auf Wachstumsoptimismus begründet und sah eine Einwohnerkapazität von 300 000 bis 400 000 Menschen vor, also mehr als das Doppelte der damaligen Bevölkerungszahl der Stadt. Siedlungs-, Gewerbe- und Grünflächen ordneten sich einem großzügigen Verkehrsnetz ein. Periphere Umgehungsstraßen lagen weit außerhalb der bebauten Gebiete. Auch die Altstadt sollte durch eine Umgehung in ihrer historischen Gestalt weitgehend unangetastet bleiben. Die Idee einer West- und Ostumgehung war bereits vorhanden. Alle peripheren Stadtteile und die heute ausgedehnten Wohngebiete in den benachbarten Randgemeinden gewannen erste Konturen. Im innenstadtnahen Bereich zeichnete sich jedoch eine recht schematische Aufteilung neuer Bauflächen ab, die sich an schon bestehende Wohnquartiere anfügen sollte. Ein neues Wohnsiedlungsgesetz, das die Nutzung von Grund und Boden regelte, führte am Anfang der 40er Jahre zur Aufstellung eines „Wirtschaftsplanes“, der sich auf den Generalplan von Fischer stützen und sehr viel konkreter die Probleme einzelner Stadtteile behandeln konnte. Die Behebung der Wohnungsnot blieb jedoch die aktuellste Aufgabe. Zur Wahrung luftschutztechnischer Belange sollte die Industrie an den Stadtrand verlagert werden. Vor allem das massierte Industriegebiet im Osten von Lechhausen geht auf diese Bestrebungen zurück. Die Planungsvorstellungen des Dritten Reiches waren auf überdimensionierte Platz- und Straßenräume ausgelegt, die den Bedürfnissen und Traditionen der Stadt in keiner Weise angemessen sein konnten (SAMETSCHEK 1939).

3.3 UNGEBROCHENES WACHSTUM NACH 1945

Die Zerstörungen des Zweiten Weltkrieges, vor allem die Luftangriffe im Februar 1944, forderten den ganzen Selbstbehauptungswillen der Stadt heraus. Der Wiederaufbau- und Sanierungsplan von Postbaurat GÖTZGER (1947) konzentrierte alle Energien darauf, die schlimmsten Schäden des Krieges zu beheben und die brachgelegten Entwicklungskräfte der Stadt neu zu mobilisieren. In nur wenigen Jahren war bis 1950 die Einwohnerzahl um 25 000 wieder auf den Stand der Vorkriegszeit von 185 000 Menschen herangewachsen. Diesem beschleunigten Wiederanstieg der Bevölkerung entsprach bereits 1949 ein neuer Entwurf des Wirtschaftsplanes, der sich vor allem durch eine nüchterne Einschätzung der dringendsten Erfordernisse des Wohnungsbaus und der anstehenden Verkehrsprobleme auszeichnete (EISINGER & MOSETTER 1949; SCHMIDT 1955). Im Lechviertel und Oberhausen wurden bereits Sanierungsvorhaben empfohlen. Für weiträumigere Bebauungen wurden Wohnsiedlungsflächen auch in den damaligen Randgemeinden vorgeschlagen. In verkehrsgünstigen Lagen zum Stadtkern, zu den wichtigsten Industrien und Erholungsgebieten sollte dagegen die stärker verdichtete Geschoß- und Zeilenbauweise verwirklicht werden. Bis in die Gegenwart hinein ist die bauliche Gestalt von Augsburg in fast allen wesentlichen Elementen von der Konzeption des Wirtschaftsplanes geprägt worden. Sehr konkrete Angaben für die Ordnung des Verkehrswesens gehen auf dieses Planwerk zurück. Augsburgs Zentrum sollte vor allem von jenem Verkehr entlastet werden, der die Innenstadt nicht erreichen muß. Diese Aufgabe sollte die sogenannte Schleifenstraße übernehmen, die hauptsächlich die Verbindung zu den Autobahnanschlußstellen Ost und West gewährleisten sollte. Ein Durchbruch entlang der Achse Karl-, Pilgerhausstraße/Leonhardsberg sollte einen neuen Zugang quer in die City eröffnen. Begünstigt durch die Möglichkeiten des Wiederaufbaus der weitgehend zerstörten Altstadt konnte dieser seit Jahrzehnten geplante West-OstWeg durch den Augsburger Stadtkern tatsächlich auch verwirklicht werden. Als 1958 der Wirtschaftsplan dem Stadtrat wieder vorgelegt werden mußte, war die Bevölkerung Augsburgs deutlich über die 200 000-Grenze gestiegen. Der Entwurf der Raumstruktur von 1949 hatte sich als so flexibel erwiesen, daß mit Ausnahme einer

Verlegung des Landeplatzes auf ein Gelände nördlich der Autobahn in Mühlhausen, keine wesentlichen Änderungen vorgenommen werden mußten. Im Gebiet um den Alten Flugplatz waren so die Voraussetzungen entstanden, die eine spätere Entwicklung des neuen Stadtteils Universitätsviertel ermöglichten.

3.4 ZENTRUM EINES GROSSEN VERDICHTUNGSRAUMES

Besonders verdienstvoll war der Versuch des Wirtschaftsplanes, die Siedlungsentwicklung der Stadt im engen Zusammenhang mit den Wachstumskräften der Region zu sehen und die Flächennutzung im Stadtgebiet mit den Entwicklungen in den Nachbargemeinden auf der Basis der Zusammenarbeit abzustimmen (DEMMLER-MOSETTER 1958). Das stetige Anwachsen der Bevölkerung führte zur allmählichen Auffüllung fast aller im Stadtgebiet ausgewiesenen Bauflächen. Die typischen Gebiete des sozialen Wohnungsbaus entwickelten sich vor allem in Oberhausen, Lechhausen und Hochzoll. Gemischte Einfamilienhausformen entstanden auf der Spickelwiese, Hochhausformen im Schwaben-Center und Hochzoll-Süd, moderne Wohnhöfe und Blockbebauungen am Alten Flugplatz. Mit der Gebietsreform konnte die Stadtfläche von Augsburg ganz erheblich erweitert werden. Göggingen, Bergheim, Inningen, Haunstetten kamen hinzu und 1972 betrug die Bevölkerungszahl von Augsburg immerhin 257 000 Menschen. In Stadt und Region begann man sich mit neuen planerischen Konzeptionen auf die veränderte Situation einzustellen, die im

Bevölkerungsentwicklung in der Stadtregion Augsburg[1]

	Einwohner				
Gebiet (Zone)	1939	1950	1961	1970	1980
Kernstadt	199 800	208 500	244 200	254 200	248 300
Ergänzungsgebiet	18 700	28 500	41 900	57 700	67 100
Verstädterte Zone	30 600	47 200	55 600	69 400	84 100
Randzone	41 800	65 100	57 800	63 900	70 500
Stadtregion	290 900	349 300	399 500	445 200	470 000

1 Quelle: Statistisches Jahrbuch der Stadt Augsburg 1982, S. 275—276. Beim Vergleich der Angaben ist zu berücksichtigen, daß die Bevölkerungszahlen auf den Gebietsstand vom 31. Dezember 1980 umgerechnet worden sind. Zu Beginn 1986 betrug die fortgeschriebene Einwohnerzahl der Kernstadt Augsburg 246 500.

Karte 11

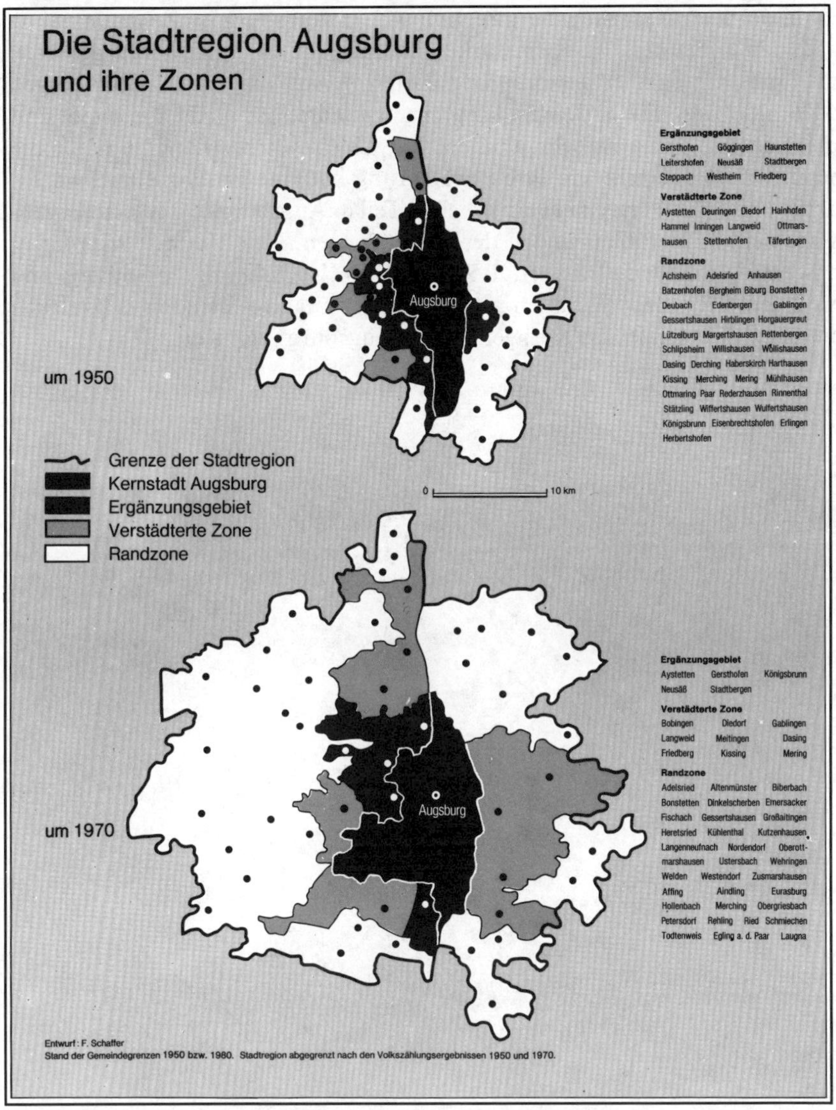

Die Stadtregion Augsburg
und ihre Zonen
um 1950
Augsburg
Ergänzungsgebiet
Gersthofen Göggingen Haunstetten
Leitershofen Neusäß Stadtbergen
Steppach Westheim Friedberg
Verstädterte Zone
Aystetten Deuringen Diedorf Hainhofen
Hammel Inningen Langweid Ottmars-
hausen Stettenhofen Täfertingen
Randzone
Achsheim Adelsried Anhausen
Batzenhofen Bergheim Biburg Bonstetten
Deubach Edenbergen Gablingen
Gessertshausen Hirblingen Horgauergreut
Lützelburg Margertshausen Rettenbergen
Schlipsheim Willishausen Wollishausen
Dasing Derching Haberskirch Harthausen
Kissing Merching Mering Mühlhausen
Ottmaring Paar Rederzhausen Rinnenthal
Stätzling Wiffertshausen Wulfertshausen
Königsbrunn Eisenbrechtshofen Erlingen
Herbertshofen
Grenze der Stadtregion
Kernstadt Augsburg
Ergänzungsgebiet
Verstädterte Zone
Randzone
0
10 km
um 1970
Augsburg
Ergänzungsgebiet
Aystetten Gersthofen Königsbrunn
Neusäß Stadtbergen
Verstädterte Zone
Bobingen Diedorf Gablingen
Langweid Meitingen Dasing
Friedberg Kissing Mering
Randzone
Adelsried Altenmünster Biberbach
Bonstetten Dinkelscherben Emersacker
Fischach Gessertshausen Großaitingen
Heretsried Kühlenthal Kutzenhausen
Langenneufnach Nordendorf Oberott-
marshausen Ustersbach Wehringen
Welden Westendorf Zusmarshausen
Affing Aindling Eurasburg
Hollenbach Merching Obergriesbach
Petersdorf Rehling Ried Schmiechen
Todtenweis Egling a. d. Paar Laugna
Entwurf: F. Schaffer
Stand der Gemeindegrenzen 1950 bzw. 1980. Stadtregion abgegrenzt nach den Volkszählungsergebnissen 1950 und 1970.

engen Zusammenhang mit der umgebenden Region gesehen werden muß. In der sogenannten Stadtregion werden Sozialstruktur und Wirtschaftsleben maßgeblich von der Kernstadt Augsburg bestimmt. Um Augsburg als Zentrum haben sich Zonen mit unterschiedlich starker Bindung an die Stadt herausgebildet. Zum „Ergänzungsgebiet" gehören Gersthofen, Aystetten, Neusäß, Stadtbergen und Königsbrunn. Diese Gemeinden grenzen unmittelbar an die Kernstadt und sind ihr in der Struktur sehr ähnlich. Die „Verstädterte Zone" umfaßt die näheren Umlandgemeinden, ihre Bevölkerung hat eine gewerbliche Erwerbsstruktur und arbeitet zu einem erheblichen Teil in Augsburg und seinem Ergänzungsgebiet. Zu den Gemeinden der Verstädterten Zone gehören Meitingen, Langweid, Gablingen, Diedorf, Bobingen, Mering, Kissing, Friedberg und Dasing. Zur „Randzone" zählen insgesamt 33 Umlandgemeinden mit starken Pendlerbeziehungen in das Kerngebiet von Augsburg (vgl. Karte 11).

4. WANDEL DES SOZIAL- UND NUTZUNGSGEFÜGES

4.1 RICHTUNGSWECHSEL DER DYNAMIK

Mit dem Wandel von der Handels- zur Industriestadt setzte um die Jahrhundertwende die eigentliche Dynamik der Cityentwicklung in Augsburg ein. Zahlreiche strukturelle Veränderungen führten zu typischen Neuorientierungen im Verkehrsgefüge. Ein neuer Verbindungsweg vom Hauptbahnhof und den westlichen Wohngebieten hin zum Stadtinneren war eine zwingende Notwendigkeit geworden. Der Mangel an Ost-West-gerichteten Verkehrslinien erzwang trotz lokaler Öffnungen (Hallstraße, Verbreiterung von Schmiedberg und Gottenau) zu Beginn des 20. Jahrhunderts den Durchbruch der Bürgermeister-Fischer-Straße (KIESSLING 1975).
Der große Straßendurchbruch wurde zur „Initialzündung" für die Neustrukturierung der City in Augsburg. Die Durchbruchszone erfuhr rasch eine Umwandlung von einem mit einzelnen Geschäften und Gewerbebetrieben durchsetzten Wohngebiet in ein hochrangiges Geschäftsviertel, in dem das erste Augsburger Warenhaus (Kaufhaus Landauer) seinen Sitz hatte. Die Integration der Durchbruchszone in das Citygebiet vollzog sich schlagartig, da mit einer damals günstigen verkehrstechnischen Erschließung des Zentrums die Öffnung zum Bahnhof und zu den westlichen Stadtteilen bewirkt wurde. Mit den Umbaumaßnahmen erfolgte 1906 die Verlegung des Straßenknotenpunktes vom Perlach hin zum Königsplatz, der von diesem Zeitpunkt an das Zentrum des Straßenbahnnetzes und zur Hauptverkehrsdrehscheibe in Augsburg wurde. Mit dem Abschluß des Straßendurchbruchs begann sich die City über den Königsplatz hinaus in westliche Richtung zu erweitern. Aus den traditionellen innerstädtischen Geschäftsbereichen zogen eine beachtliche Anzahl von älteren Geschäften und Praxen in die neue Straße ein. Die Schwergewichtsverlagerung zugunsten der neu entstandenen Geschäfte in der Bürgermeister-Fischer-Straße führte zu einem Rangverlust einst „guter alter Lagen" in Augsburg, besonders in der benachbarten Annastraße.
Das Problem der mangelhaften Ost-West-Verbindung war mit dem Durchbruch der Bürgermeister-Fischer-Straße (1904—1906) für Augsburg noch nicht abschließend gelöst worden. Vom Bahnhof aus konnte man zwar rasch in die Altstadt gelangen, doch kam man aus ihr in Richtung Dom nur mit großen Schwierigkeiten wieder heraus. Die topographischen Gegebenheiten des Höhenunterschiedes verwehrten eine direkte Verlängerung der Bürgermeister-Fischer-Straße in Richtung Osten. Eine begrenzte Teillösung für die südliche Altstadt brachte zunächst der sogenannte „Margaretendurchbruch" (1915), der die Verbindung zu den stark angewachsenen Industriegebieten im Osten herstellte. Bereits Anfang der 30er Jahre dieses Jahrhunderts zeichnete sich die Verlagerung des Verkehrs von der Schiene zur Straße mit entsprechenden Kon-

sequenzen für das Stadtgefüge ab. Mit dem Bau der Autobahn München — Stuttgart konnte die Stadt vom überregionalen Ost-West-Verkehr entlastet werden. Der Verkehr, der dennoch von der Autobahn die Innenstadt erreichen wollte, mußte insbesondere von Lechhausen her durch enge Gassen in die Innenstadt geschleust werden. Mit dem Anwachsen der Siedlungsgebiete an der Peripherie der Stadt zielten die Verkehrsströme von allen Seiten auf die nach wie vor nur in nord-südlicher Richtung gut zugängliche Altstadt. Theodor FISCHER, der den Generalbaulinienplan erstellt hatte, unterbreitete deshalb 1930 Vorschläge für leistungsfähige Ost-West-Verbindungen. In den Jahren unmittelbar nach dem Krieg konnte auf Initiative des damaligen Stadtbaurates Georg WERNER mit dem großangelegten Ost-West-Straßendurchbruch Karl-, Pilgerhausstraße/Leonhardsberg die erforderliche Querung der Innenstadt erreicht werden. Die gravierenden Kriegszerstörungen der Augsburger Altstadt hatten damals die Möglichkeit zu dieser verkehrstechnischen Öffnung geboten (SCHMIDT 1956). Für die Bürgermeister-Fischer-Straße ergab sich daraus eine deutliche Entlastung. Ihre Rolle als Hauptverkehrsstraße nahm ab, dafür gewann sie jedoch als Hauptgeschäftsstraße, insbesondere durch die Ansiedlung von Kauf- und Warenhäusern, noch weiter an Bedeutung hinzu. Ende der 60er Jahre bemühte sich beispielsweise ein Konzern um die Einbeziehung des Zeughauses in ein benachbartes Kaufhaus an der Bürgermeister-Fischer-Straße und löste damit den sogenannten „Zeughaus-Streit" aus. Für die historische Altstadt von Augsburg wird an diesem Beispiel der Widerstreit zwischen Denkmalschutz und wirtschaftlicher Stadtentwicklung offenkundig. Nach jahrzehntelangem Ringen ist es gelungen, den international bekannten Renaissancebau des Zeughauses in seiner historischen Gestalt zu erhalten und als Bildungs-Begegnungszentrum zu nutzen (KIESSLING 1977).
Mit dem raschen Bevölkerungswachstum von etwa 100 000 Einwohnern um 1920 auf etwa 200 000 Einwohner Mitte der 50er Jahre und dem weiteren Anstieg der Erwerbsdichte begann sich insbesondere nach dem Zweiten Weltkrieg die Augsburger City in das „Bahnhofsviertel" sowie in den „Dom- und Fronhofbereich" zu erweitern. In ihrer flächenhaften Ausdehnung wird die City von den städtebaulichen Fixpunkten Dom — Fuggerhäuser — Hauptbahnhof bestimmt (KREUZER 1966, S. 55). Für Planungszwecke und aus der Sicht des Städtevergleichs ist die Augsburger City verschiedentlich typisiert worden (z. B. WOLF 1971; MÜLLER, G. 1974; MEYER, P. W. 1978; KREA 1980; KOCH 1982). Zur Bewertung der sozialen und wirtschaftlichen Veränderungen bietet vor allem die funktionale Gliederung der Innenstadt nach Wolfgang POSCHWATTA (1977, S. 46) einen guten Überblick über das Nutzungsgefüge im Zentrum von Augsburg (vgl. Karte 12).
Eine neue Umorientierung der Verkehrsströme in der Innenstadt wurde für Augsburg mit der Einrichtung der Fußgängerzone in der Annastraße 1977 (nach ersten Versuchen 1962) eingeleitet. Die Konzeption der Fußgängerzone ist auf die Strukturelemente der Augsburger Altstadt abgestimmt und in besonderer Weise auf das Passantenverhalten ausgerichtet worden (SCHAFFER & PÖHLMANN 1975). Der Durchbruch der Bürgermeister-Fischer-Straße steht mit dem Königsplatz als Verkehrsdrehscheibe der Stadt in enger Wechselbeziehung. Die Sanierung dieses Knotenpunktes und die Umleitung des privaten

Karte 12

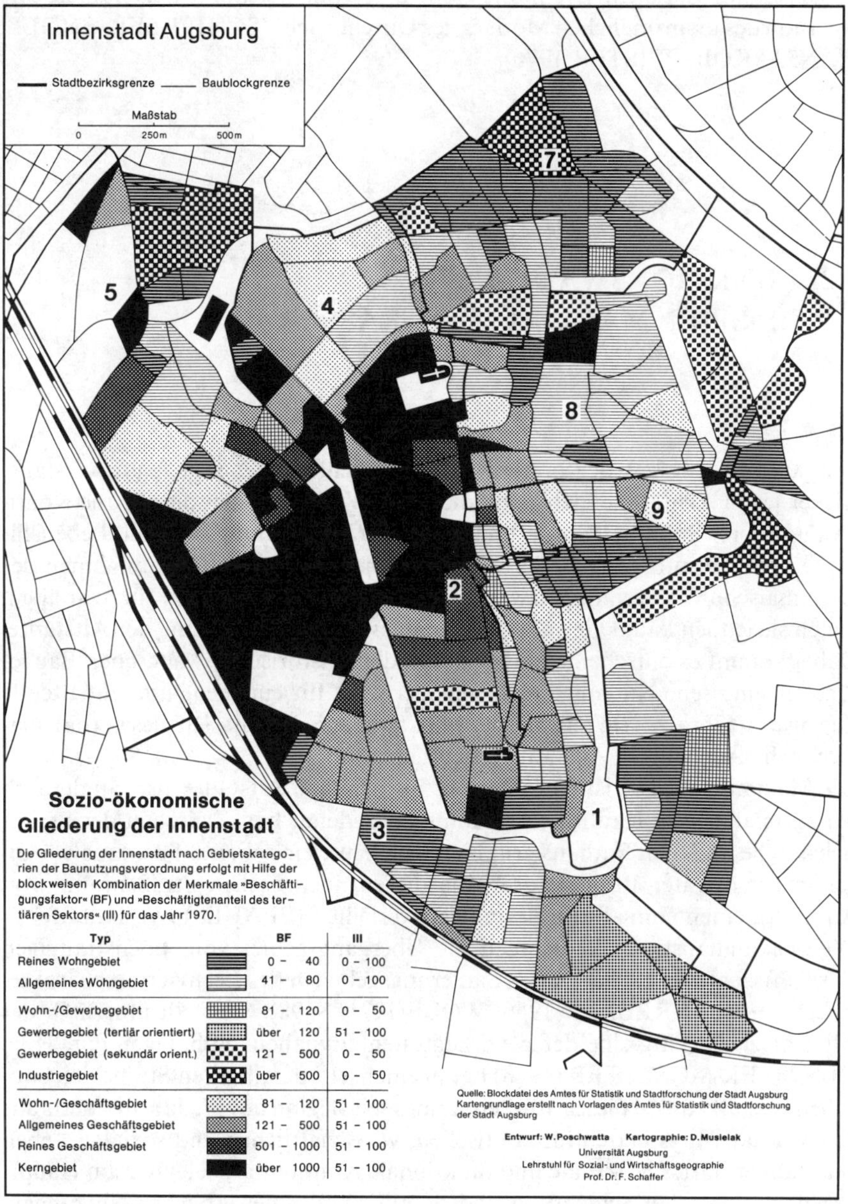
Innenstadt Augsburg
Stadtbezirksgrenze
Baublockgrenze
Maßstab
0
250m
500m
1
2
3
4
5
7
8
9
Sozio-ökonomische
Gliederung der Innenstadt
Die Gliederung der Innenstadt nach Gebietskategorien der Baunutzungsverordnung erfolgt mit Hilfe der blockweisen Kombination der Merkmale »Beschäftigungsfaktor« (BF) und »Beschäftigtenanteil des tertiären Sektors« (III) für das Jahr 1970.
Typ
BF
III
Reines Wohngebiet 0 - 40 0 - 100
Allgemeines Wohngebiet 41 - 80 0 - 100
Wohn-/Gewerbegebiet 81 - 120 0 - 50
Gewerbegebiet (tertiär orientiert) über 120 51 - 100
Gewerbegebiet (sekundär orient.) 121 - 500 0 - 50
Industriegebiet über 500 0 - 50
Wohn-/Geschäftsgebiet 81 - 120 51 - 100
Allgemeines Geschäftsgebiet 121 - 500 51 - 100
Reines Geschäftsgebiet 501 - 1000 51 - 100
Kerngebiet über 1000 51 - 100
Quelle: Blockdatei des Amtes für Statistik und Stadtforschung der Stadt Augsburg
Kartengrundlage erstellt nach Vorlagen des Amtes für Statistik und Stadtforschung der Stadt Augsburg
Entwurf: W. Poschwatta
Kartographie: D. Musielak
Universität Augsburg
Lehrstuhl für Sozial- und Wirtschaftsgeographie
Prof. Dr. F. Schaffer

Autoverkehrs sind für die Altstadt von größter Bedeutung. Heute bedeutet die Einbeziehung dieser Straße in die Fußgängerzone der Stadt letztendlich eine Revision des ursprünglichen Motives des Durchbruchs (SCHIFFLER, ENGEL, HANSJAKOB, PFISTER 1976).

4.2 FUNKTIONSWANDEL — BEISPIEL MAXIMILIANSTRASSE

Die Aufmerksamkeit der breiten Öffentlichkeit wendet sich heute verstärkt wieder jenen Altstadtbereichen zu, die in der Vergangenheit die urbane Kontinuität unserer Städte verkörpert haben, deren Erscheinungsbild und Lebensfähigkeit jedoch infolge veränderter Ansprüche bedroht sind. Maßnahmen des Denkmalschutzes vermögen zwar Bauformen zu konservieren, für sich allein bieten sie jedoch kaum Gewähr für die angestrebte Vitalisierung der Altstädte. Dabei kommt es entscheidend darauf an, dem historisch gewachsenen Baugefüge angemessene Nutzungen einzugliedern, die für eine neue und anhaltende Lebenskraft sorgen. Am Beispiel der Maximilianstraße läßt sich diese Problematik für die Augsburger Altstadt verdeutlichen.
Die Maximilianstraße ist ein Teil jener historischen Altstadtachse, an der sich die mittelalterliche Kaufmannssiedlung ausgedehnt hat. Zwischen der St. Ulrichskirche und dem Rathaus gruppiert sich heute eine Vielzahl denkmalwürdiger, meist privater Bürgerhäuser, die diesem historischen Straßenraum von Augsburg einen einmaligen Gestaltwert verleihen (PFAUD 1976, Falttafel I). Die Maximilianstraße kann auch als Übergangsgebiet vom höchstrangigen Geschäftszentrum bis hin zu den Sanierungsgebieten des Lechviertels charakterisiert werden (KREUZER 1966; WOLF 1971, S. 98). Sie stellt innerhalb der Altstadt gleichzeitig eine der bevorzugtesten citynahen Wohnlagen dar. Hille DEMMLER-MOSETTER (1978) hat in einer sehr detaillierten Studie den baulichen Gestaltwandel dieses Straßenraumes seit Beginn des 17. Jahrhunderts aus den Veränderungsphasen im politischen, wirtschaftlichen und sozialen Leben der Stadt erklärt. Die soziale und funktionale Kontinuität, belegbar am Hauptakzent der sozialen Schichtung und dominierender gewerblicher Nutzungen, wird von drei charakteristischen Einschnitten in Wirtschaft und Politik verändert und dadurch in neue Richtungen gelenkt. Erscheinungsbild und Funktion der Straße bilden für lange Zeitabschnitte eine Einheit. Kapitalanhäufungen aus neuer wirtschaftlicher Aktivität oder auch sozialer Abstieg führten zu Phasen der Auseinanderentwicklung von Physiognomie und Funktion. Jeweils mit Zeitverzögerungen stellten sich daraus Bautätigkeiten und damit Veränderungen im Erscheinungsbild ein, die erneut zu Übereinstimmungen von Erschei-

nungsbild und Nutzung geführt haben. Drei große Phasen lassen sich unterscheiden (vgl. Abbildung 5).

Phase der Kontinuität: Von Beginn an, im 16. Jahrhundert, war die Maximilianstraße Sitz der Kaufleute. Wohn- und Wirtschaftsfunktion vereinigten sich unter einem Dach. Im 16. Jahrhundert, als Augsburg seine größte Bedeutung als Handelsplatz überschritten hatte, erlebte die Straße eine erste Veränderungswelle durch Neu- und Erweiterungsbauten. Im 17. Jahrhundert blühte der Edelmetallhandel wieder auf und Arbeiten Augsburger Gold- und Silberschmiede sind in der ganzen Welt geschätzt. Die Straße war Wohn- und Arbeitsplatz der Kaufleute, der Gold- und Silberschmiede. Bei Anhäufung hoher Vermögen fanden in Zeiten der wirtschaftlichen Stabilität kaum bauliche Veränderungen statt. Im 18. Jahrhundert kam mit dem Kattun ein neuer Wirtschaftsfaktor ins Spiel. Zusammen mit dem weiter blühenden Silberhandel wirkten aus dem Reichtum ihrer Bürger neue Impulse auf die Straße ein. Die Bodenmobilität stieg an und mehrere repräsentative Bauten im Übergangsstil vom Rokoko zum Klassizismus erinnern im Gefüge der Straße auch heute noch an die damalige Zeit.

Phase der Differenzierung: Erste einschneidende Strukturveränderungen drangen zu Beginn des 19. Jahrhunderts in die Straße ein, als Augsburg 1806 an Bayern angeschlossen wird. Von nun an änderte sich die soziale Schichtung. Die Dominanz der Kaufleute trat zurück, stellenweise wurden Handwerker die neuen Hausbesitzer. Diese Umschichtungen wurden von einer Grundstücksmobilität nie gekannten Ausmaßes begleitet. Mit dem Effektenhandel und daraus entstandenen Bankhäusern erhielt die Straße nunmehr letztmals den Akzent herausragender wirtschaftlicher Funktionen. Mit der Industrialisierung, Anfang des zweiten Drittels des 19. Jahrhunderts, rückte die wirtschaftliche Aktivität in die damaligen Außenviertel der Stadt. Die Bankhäuser in der Straße hatten lediglich lokale Bedeutung, und neue Nutzungen, insbesondere des Einzelhandels, drangen in die mittlere Maximilianstraße ein. Die Privatiers, die vom hohen Erbvermögen lebten, bestimmten das soziale Bild der Straße. Die hohe Kapitalnachfrage der aufblühenden Industrie erlaubte es ihnen, ihre Vermögen zu investieren und von Dividenden zu leben. Die Auswirkungen der Privatiers auf die Gestalt der Straße war mehr oder weniger an Fassadenänderungen gebunden. In einigen Teilen der Straße begannen bereits Selbständige, im Einzelhandel neue Funktionen zu übernehmen.

Phase des sozialen Umbruchs: Unter den Auswirkungen der Inflation verlor die Maximilianstraße nach dem Ersten Weltkrieg den Charakter einer Nobelstraße. Die Grundstückmobilität schwoll an. Im Vordringen des Einzelhandels, privater Dienstleistungen aber auch öffentlicher Nutzungen machten sich besonders im Norden der Straße die Kommerzialisierungstendenzen deutlich an den Bodenpreisen bemerkbar. Die soziale Schichtung wandelte sich fundamental zugunsten eines Wohngebietes der Arbeiter. Ende der 70er Jahre genügte weniger als die Hälfte der Wohnungen keineswegs den modernen Ansprüchen und vielfach waren Gastarbeiter in mehreren Häusern als Mieter in der Überzahl. Im Laufe der Jahrhunderte hatte sich der soziale Status der Straßenbewohner grundlegend gewandelt. Um 1800 waren noch alle Hausbesitzer straßenansässig und kommerzielle Nutzungen weitgehend fern. In den folgenden Jahrzehnten

Abbildung 5

Die Maximilianstraße in Augsburg
Entwicklungsphasen nach baulichen, wirtschaftlichen und sozialen Veränderungen seit dem 17. Jahrhdt.

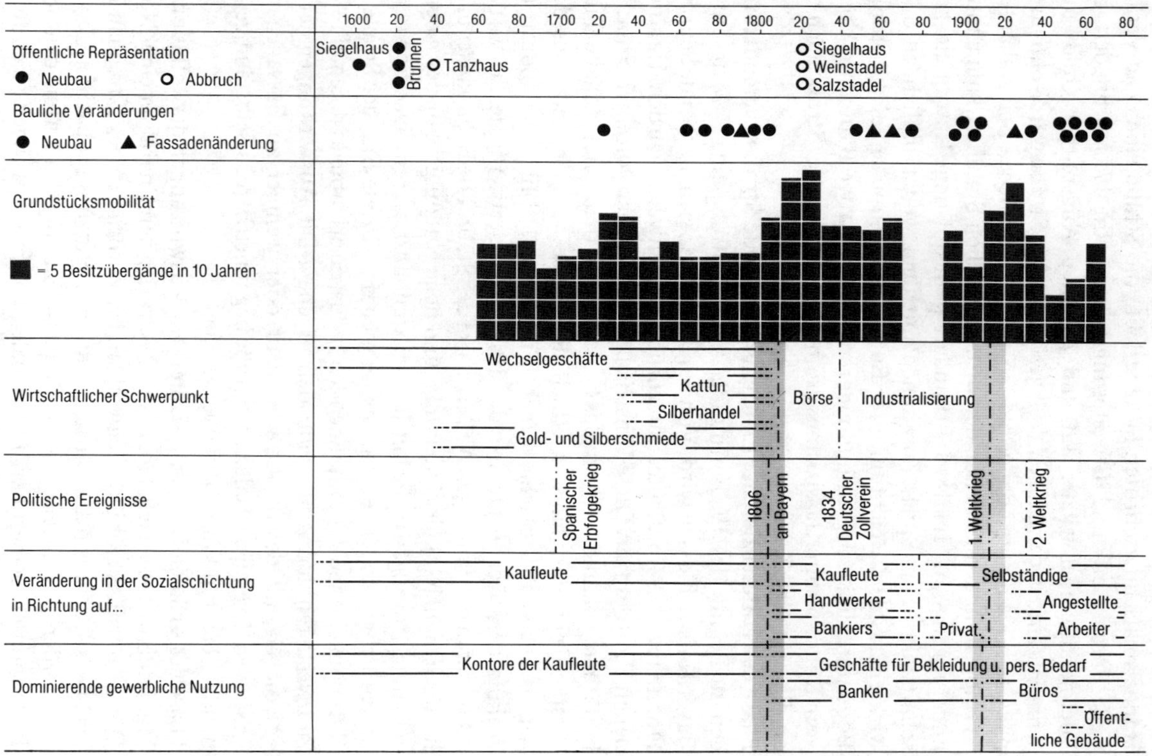

ging mit dem Anstieg der Geschäftsnutzungen der Anteil der straßenansässigen Hauseigentümer immer deutlicher zurück. Die Oberschicht distanzierte sich im wörtlichen Sinne von ihrer Straße. Bürger aus anderen Stadtteilen und die öffentliche Hand erwarben hier die Grundstücke. Trotz verschiedener Maßnahmen des Denkmalschutzes kündigen sich in der Straße heute weitere Strukturveränderungen an, die beispielsweise zu folgenden Entwicklungen führen können: Umgestaltung der Straße zu einem bevorzugten Standort öffentlicher und privater Dienste mit verstärkter Wohnnutzung im südlichen Bereich; Verlagerung bestimmter öffentlicher Einrichtungen in „Stadtteilzentren" und deren Ersatz durch flächenbeanspruchende Einzelhandelsgeschäfte in der bevorzugten Cityrandlage mit verstärkter Wohnnutzung im südlichen Bereich; Ausbreitung von Gaststätten mit zum Teil störendem Nachtbetrieb und negativen Auswirkungen auf die Wohnnutzung; zunehmende Beanspruchung der Straße für innenstadtnahes Parken.

In Übereinstimmung mit den Zielen des Denkmalschutzes könnte die Maximilianstraße heute nach wie vor als repräsentativer Raum der Stadt Augsburg weiterentwickelt werden. Die Maximilianstraße könnte zentrumsgebundene öffentliche und private Dienste aufnehmen, die nicht in die äußeren Viertelszentren der Stadt abgelenkt werden sollten. Insbesondere ließen sich Geschäfte für den gehobenen Bedarf, die keine breitflächigen Schaufensterfronten benötigen, an bestimmten Stellen gut ins Erscheinungsbild einfügen. Ähnliches gilt für die Nutzung durch bestimmte Gaststätten und private Büros. Neben einer Einpassung dieser Nutzungen in das Erscheinungsbild der Straße ist auch die Verträglichkeit neuer Nutzungsarten untereinander im Sinne einer „multifunktionalen Weiterentwicklung" zu fördern. Das könnte zum Beispiel durch die gezielte Neubelebung der Wohnnutzung auch für obere Sozialschichten in einem hier höchst attraktiven Wohnumfeld erreicht werden. Besondere Schwierigkeiten und ungelöste Probleme ergeben sich dabei jedoch aus den Verkehrsabläufen und den Parkgewohnheiten in der Straße (WALTER 1983). Multifunktionalität bedeutet jedoch keineswegs die totale Durchmischung sogenannter verträglicher Nutzungen wie etwa modernisierter Wohnungen mit bestimmten Büros oder von Einzelhandels- und Dienstleistungsbetrieben mit öffentlichen Einrichtungen wie Schulen, Konzertsälen oder Museen. Diese Nutzungen sollten, wie in Ansätzen bereits heute zu erkennen ist, vielmehr nach den historisch gewachsenen städtebaulichen Raumabschnitten akzentuiert gefördert werden: zum Beispiel die neu belebte Wohnnutzung im Südteil der Straße oder weitere und neue Einrichtungen der öffentlichen Hand mit oberzentraler Ausstrahlung im mittleren und südlichen Abschnitt. Gerade durch die letztgenannten Nutzungen könnte die Stadt Augsburg bauliche Signale setzen und dadurch der Straße repräsentative Aufgaben sichern, die der historisch gewachsenen Stadtgestalt angemessen sind. Will Denkmalschutz die historische Kontinuität nicht nur oberflächlich in Fassaden erstarren lassen, dann sollten die inneren Strukturen und wirtschaftlichen Funktionen der Straße bis zu einem bestimmten Maße mit ihrem Erscheinungsbild wieder in Einklang gebracht werden (HÜBSCHMANN 1952). Dem Charakter von Augsburgs „Königlicher Straße" entspräche wohl am ehesten die Stärkung öffentlicher und privater Dienste in Verbindung mit einer Förderung der gehobenen Wohnnutzung. Am Beispiel des Funktionswandels der Maximilianstraße wird deutlich, wie stark die Einflüsse der Industrialisierung seit der Mitte des 19. Jahrhunderts die Augsburger Altstadt verändert haben.

4.3 VERÄNDERTE SOZIALSTRUKTUREN

Das Ende der Reichsfreiheit brachte für Augsburg (1806) zunächst keine gravierenden Einschnitte im Sozialgefüge. Viele gewerbliche Strukturen blieben vom politischen Wandel vorläufig unberührt erhalten und Elemente der Kontinuität überwogen. In den 30er Jahren des 19. Jahrhunderts leitete jedoch die Industrialisierung grundlegende Veränderungen ein, die schließlich das Ende der Zünfte besiegelten (RAUCH 1985). Für das Stadium des Übergangs der Stadt an das Königreich Bayern konnte Roland BETTGER (1979, S. 40) die Sozialstruktur Augsburgs bestimmen. Neben der Gliederung nach der sozialen Anerkennung, wie sie sich aus der damals gültigen Kleiderordnung ermitteln ließ, wird die Differenzierung der Gesellschaft auch nach Einkommens- und Vermögensverhältnissen skizziert. Beide Schichtungsmodelle lassen sich nicht scharf voneinander trennen, da beispielsweise das Sozialprestige von zahlreichen Merkmalen wie Berufszugehörigkeit, arbeitsrechtlicher Stellung, politischen Einflußmöglichkeiten, Bildungsstand und vor allem von Einkommens- und Vermögensverhältnissen abhängig ist. Entsprechend der „sozialen Anerkennung" und „Wirtschaftslage" zeigte die soziale Schichtung Augsburgs unmittelbar vor der Industrialisierung folgendes Bild (Abb. 6). Recht bemerkenswert ist in der damaligen Sozialstruktur die verhältnismäßig tiefe Einstufung der Beamten und eines Großteils der Gewerbetreibenden, der zahlenmäßig stärksten Sozial- und Wirtschafatsgruppe der Stadt. Wilhelm Heinrich RIEHL (1857) hat den beginnenden Umbruch im sozialen Aufbau für die Mitte des 19. Jahrhunderts in Augsburg sehr anschaulich beschrieben und gleichsam eine Topographie vom „Stadtplan als Grundriß der Gesellschaft" entworfen: „Sonst kann man fast sagen, die Rangabstufung der Gesellschaft lasse sich bei dem alten Augsburg in einem Höhenprofil nach der höheren oder niederen Lage der drei Hauptmassen der Stadt bildlich darstellen. Denn so wie man von dem vornehmen Plateau den Perlachberg hinabsteigt, lagern sich am Abhang die wichtigsten Gewerbestraßen; auf der Höhe dominieren die Patrizier, an der Höhe die Zünfte, unten in der Talsohle aber liegt die Vorstadt, vorwiegend das Viertel der kleinen Leute und der Proletarier. Oben sind die Straßen breit und groß und tragen vornehme Namen; am Hügel werden Sie enger, aber Wohlstand und Betriebsamkeit blickt auch hier aus den altersgrauen, winkeligen Gebäuden; unten kommen die kleinen Häuschen, die engen Gäßchen, kommt die berühmte Stadt der Armen, die Fuggerei. Auch die Hochstadt, das vornehme Plateau, ist nicht durchweg vornehm gewesen; aber das Zentrum war patrizisch, die Achse der Hochstadt gehörte entschieden der patrizischen Welt. Geht man von der Maximilianstraße

Abbildung 6

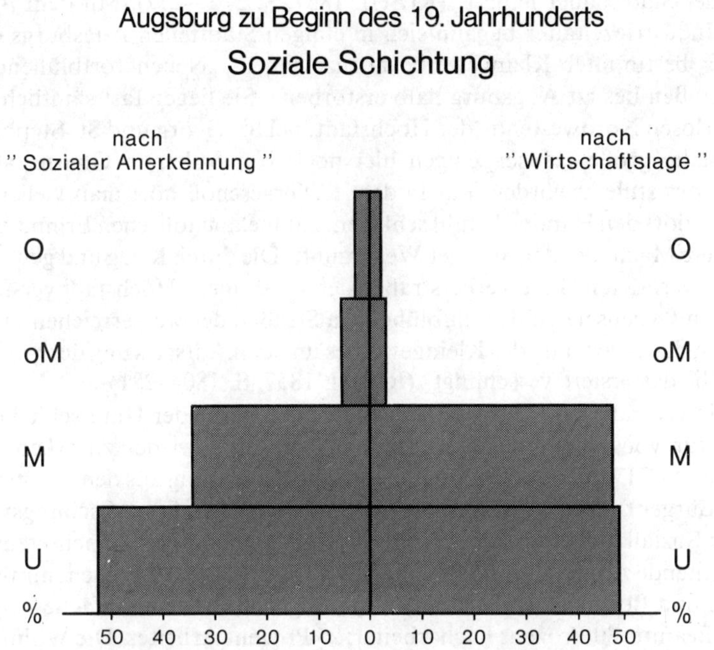

Oberschicht (O)
— Patrizier
— Mehrer
— Kaufleute
— Ratsbürger
— Hohe Beamte
— Akademiker
— Offiziere

Obere Mittelschicht (oM)
— mittleres Beamtentum
— Handelnde Gewerbe
— Besonders qualifi. Gewerbe
— Fabrikanten

Mittelschicht (M)
— Gewerbetreibende
— Dienstboten hochg. Personen
— Niederes Beamtentum

Unterschicht (U)
— Transportgewerbe
— Tagelöhner
— Manufakturarbeiter

Oberschicht (O)
— Bankiers
— Wechselsensale
— Kaufleute
— Fabrikanten
— Gewerbetreibende

Obere Mittelschicht (oM)
— Gewerbetreibende
— Fabrikanten
— Kaufleute

Mittelschicht (M)
— Mittleres u. ob. Beamtentum
— Kaufleute
— Akademiker
— Gewerbetreibende

Unterschicht (U)
— Gewerbetreibende
— Tagelöhner
— Manufakturarbeiter
— Niederes Beamtentum
— Dienstboten
— Handwerksgesellen

gegen die oberen Tore, so wird das Straßengepräge immer bürgerlicher, je mehr man sich der Stadtmauer nähert“ (RIEHL 1857, S. 276—277). Mit dem Aufbruch ins Industriezeitalter begann sich in einigen Stadtteilen Augsburgs der Niedergang bestimmter Kleingewerbe abzuzeichnen. „Neben fortblühenden Gewerbestraßen besitzt Augsburg halb erstorbene. Sie liegen fast sämtlich an dem wasserlosen Nordwestende der Hochstadt, bei St. Georg und St. Stephan. Schön bemalte große Häuser zeugen hier noch von früherem Glanze, aber inwendig ist es stille geworden, nur in dem Kellergeschoß hört man vielleicht noch da und dort den Handwebstuhl schlagen, zur melancholischen Erinnerung an die frühere Macht der Augsburger Weberzunft. Die durch Krieg und gewerbliche Krisen verödeten Handwerkerstraßen der wasserlosen Hochstadt versinnbildlichen im Gegensatz zu den aufblühenden Straßen der wasserreichen unteren Vorstadt den Rückgang des Kleingewerbes und den Aufschwung der großen Industrie, die das erstere verschlingt“ (RIEHL 1857, S. 180—281).
Unter völlig veränderten Voraussetzungen ist auch heute der Unterschied der Sozialstruktur von Ober- und Unterstadt in Augsburg wieder zu erkennen. Wolfgang POSCHWATTA (1983) hat die soziale Schichtung aus den Berufsangaben der Bürger für alle Wohngebiete der Stadt ermittelt. Das Mischungsverhältnis der Sozialkategorien für Augsburg zeigt folgende Zusammensetzung: 5 Prozent leitende Angestelle und Beamte sowie freie Berufe; 10 Prozent mittlere Angestellte und Beamte sowie kleine Selbständige; 30 Prozent einfache Angestellte und Beamte; 30 Prozent Facharbeiter; 25 Prozent Arbeiter. Die Wohngebiete, in denen die mittleren Sozialschichten relativ überwiegen, sind in der Karte durch Gelbtöne gekennzeichnet worden (Typ III und Typ IV). Die Dominanz der unteren Sozialschichten wird durch die beiden Rottöne (Typ I und Typ II) zum Ausdruck gebracht. Verhältnismäßig hohe Anteile von Berufsgruppen der Oberschicht sind in den blaugetönten Gebieten zu erkennen (Typ V und Typ VI). Der Farbkontrast von Blau und Rot tritt im Stadtkern besonders klar hervor. Die oberen Sozialschichten sind vor allem in den westlichen Teilen der Oberstadt (z. B. Bezirk 2) und den gründerzeitlichen Stadterweiterungen (z. B. Bezirk 3) vertreten, während in den östlichen Teilen der Unterstadt (z. B. Bezirk 1) und den traditionellen Gewerbegebieten (z. B. Bezirk 8, 10) die unteren Sozialschichten überwiegen. Auch die ehemaligen Arbeitervororte (z. B. Oberhausen, Lechhausen) und die Heimstättensiedlungen am nördlichen Stadtrand (z. B. Bärenkeller) zeigen vergleichsweise hohe Anteile der Unterschicht. Aufgrund veränderter Wohnwünsche sind in den zurückliegenden 25 Jahren aus der Innenstadt viele Familien der Mittel- und Oberschicht in die neuen Wohngebiete am Stadtrand (z. B. Hochzoll, Kriegshaber, Göggingen) oder in die Regionsgemeinden gezogen. Mit einer gezielten Verbesserung der Wohnsituation versucht die Stadt, die Bevölkerung im Zentrum zu halten. Kenntnisse über die räumliche Sozialstruktur in der Stadt und vor allem die besonderen Ansprüche der einzelnen Gruppen an den Wohnungsmarkt sind für Planung und Durchführung entsprechender Maßnahmen von grundlegender Bedeutung (FERGG & SCHRAMM 1985).

4.4 BODENMOBILITÄT — BEISPIEL INNENSTADT

Die Dynamik des Nutzungswandels in der Innenstadt läßt sich über Grundstücksverkäufe und Bauaktivitäten verfolgen (VORLAUFER & KADE 1974). Die Zunahme von Grundstücksverkäufen kann unter bestimmten Voraussetzungen neue Nutzungsabsichten am Bodenmarkt ankündigen. Hohe Bauaktivität kann Anpassung an gewinnträchtige Nutzungen widerspiegeln. Werner TZSCHENTKE (1976) und Wolfgang POSCHWATTA (1977) haben eine erhöhte Zahl von Eigentumswechseln bei geringer Bauaktivität in der Augsburger Innenstadt als Hinweis auf den Beginn einer Nutzungsintensivierung oder -umstrukturierung gedeutet. Starker Eigentumswechsel, begleitet von starker Bauaktivität kennzeichnet Vorgänge, die neue Nutzungsabsichten (z. B. Renovierung, Modernisierung von Wohnungen) zu erkennen geben. Sie stehen im engen Zusammenhang mit veränderten Anforderungen des Marktes sowie günstigen steuer- und baurechtlichen Gegebenheiten (RUILE 1979; GÖDERT 1985). Eine geringe Zahl von Eigentumswechseln, verquickt mit starker Bautätigkeit, kann schließlich ein hohes Maß der Nutzungsintensivierung beziehungsweise -umstrukturierung ausdrücken (vgl. Karte 13).

Am Beispiel Augsburgs ist der innerstädtische Bodenmarkt seit 1960 über einen Zeitraum von 14 Jahren mit etwa 1300 Fällen des Besitzwechsels ausgewertet worden. Auf etwa 40 Prozent der verkauften Flächen ist im Beobachtungszeitraum ein deutlicher Nutzungswandel eingetreten (TZSCHENTKE 1976). Die Häufung der Verkäufe von Grundstücken zeigt eine inselartige Verteilung. Diese „Zellen mit hoher Bodenmobilität" werden in der Altstadt meist von historisch gewachsenen Strukturlinien eingerahmt. Die Gebiete mit hohem Besitzwechsel neigen zu ganz bestimmten mehr oder weniger einheitlich geprägten Umnutzungen. Im Innenstadtbereich von Augsburg sind von dieser Dynamik bestimmte bauliche Strukturtypen betroffen (vgl. Karte 13).

- Neubaugebiete, die vor zwei Jahrzehnten baulich kaum genutzt waren (z. B. zwischen Eserwall und Bahn).
- Innerstädtische Mischgebiete mit Wohn- und Gewerbenutzung sowie Alt- und Neubauten (z. B. zwischen Unterem Graben und Gesundbrunnen).
- Ehemalige Vorstadtgebiete, die außerhalb der Stadtmauer liegen, alte mittelhohe Mietwohnbebauung aber auch Läden und Handwerksbetriebe aufweisen (z. B. zwischen Schäfflerbachstraße und Müllerstraße).
- Villengebiete, die größtenteils zu Beginn des Jahrhunderts entstanden sind (z. B. zwischen der Blumenstraße und Frölichstraße).
- Alte Gewerbeviertel, in denen durch Industrieauflösungen große zusammenhängende Flächen der Wohnbebauung zugeführt worden sind (z. B. zwischen dem Lech und der Oblatterwallstraße).
- Historische Altstadtviertel, die mitten in der Umstrukturierung stehen (z. B. zwischen Predigerberg und Am Eser).

Betrachtet man die Kombination von Bodenverkäufen und Nutzungsveränderungen in Nord-Süd- beziehungsweise Ost-West-Richtung quer durch die Innenstadt, so kann man für Augsburg gegen Ende der 70er Jahre drei Grundtendenzen erkennen:

Karte 13

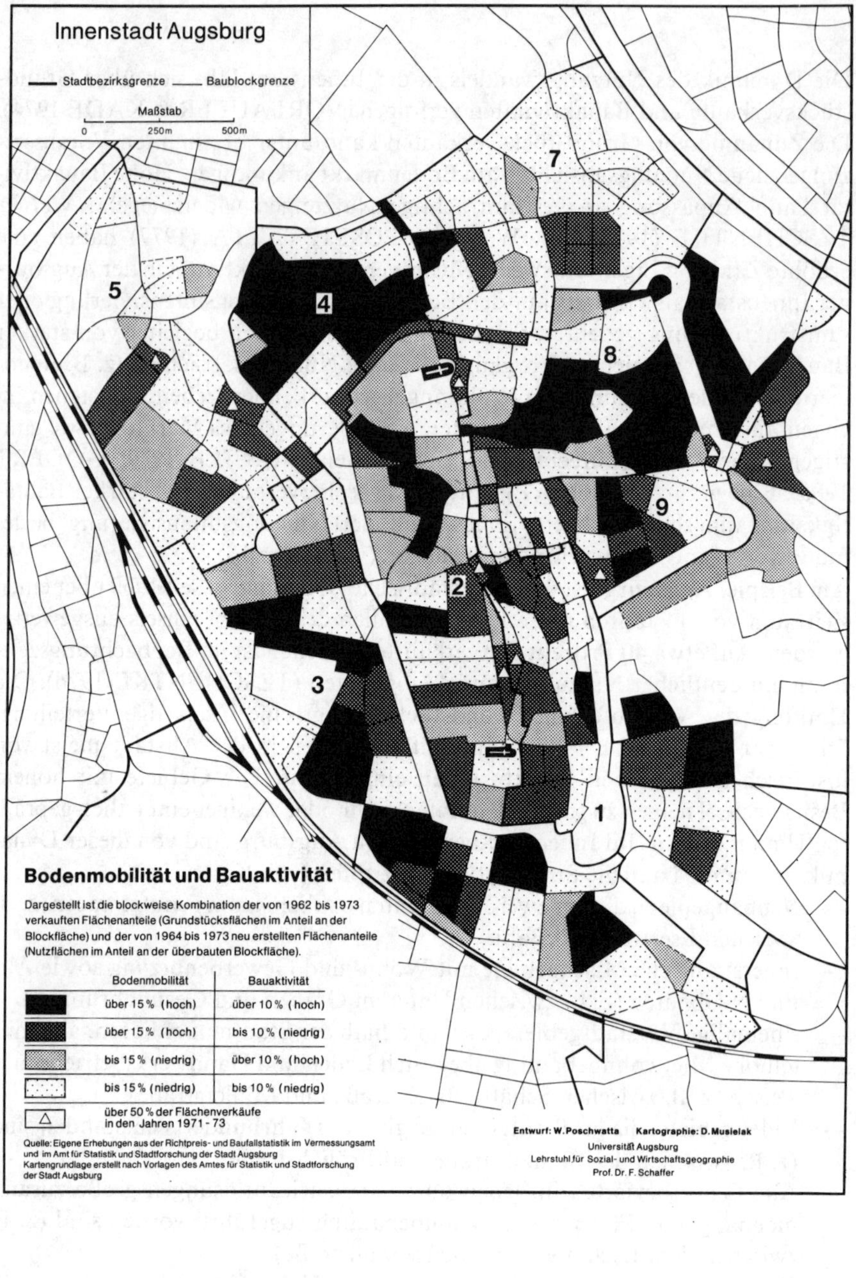

Innenstadt Augsburg

— Stadtbezirksgrenze — Baublockgrenze

Maßstab
0   250m   500m

Bodenmobilität und Bauaktivität

Dargestellt ist die blockweise Kombination der von 1962 bis 1973 verkauften Flächenanteile (Grundstücksflächen im Anteil an der Blockfläche) und der von 1964 bis 1973 neu erstellten Flächenanteile (Nutzflächen im Anteil an der überbauten Blockfläche).

	Bodenmobilität	Bauaktivität
■	über 15 % (hoch)	über 10 % (hoch)
▨	über 15 % (hoch)	bis 10 % (niedrig)
▥	bis 15 % (niedrig)	über 10 % (hoch)
░	bis 15 % (niedrig)	bis 10 % (niedrig)
△	über 50 % der Flächenverkäufe in den Jahren 1971-73	

Quelle: Eigene Erhebungen aus der Richtpreis- und Baufallstatistik im Vermessungsamt und im Amt für Statistik und Stadtforschung der Stadt Augsburg
Kartengrundlage erstellt nach Vorlagen des Amtes für Statistik und Stadtforschung der Stadt Augsburg

Entwurf: W. Poschwatta   Kartographie: D. Musielak
Universität Augsburg
Lehrstuhl für Sozial- und Wirtschaftsgeographie
Prof. Dr. F. Schaffer

1. Unmittelbar im Zentrum zeigen sich (theoriekonform) kaum nennenswerte Verkaufsaktivitäten. Der innerste Kern der Stadt ist in seinem Nutzungsgefüge sehr stabil. Kaum von der Stadtmitte entfernt jedoch beginnt der Besitzwechsel deutlich anzusteigen.
2. In der Nähe des Zentrums tendieren die Veränderungen in Richtung Nicht-Wohnnutzung. In den Zwischenbereichen fällt die Nutzung zu Misch- beziehungsweise reinen Wohnnutzungen auf. Die „Zellen" mit hohem Besitzwechsel am Rande der Innenstadt weisen hohe Entmischungseffekte auf.
3. Unweit des flächenhaft ausgebildeten höchstrangigen Geschäftsgebietes (KREA 1980, S. 39) bilden sich knoten- und strangförmige Verdichtungen von neuen Standorten mit Dienstleistungen und Geschäften heraus (z. B. Wertachstraße, Auf dem Kreuz, Hunoldsgraben, Lauterlech).

Vergleicht man diese Beobachtungen mit den theoretischen Aussagen verschiedener Stadtentwicklungsmodelle, so können nur zum Teil Übereinstimmungen erkannt werden (z. B. ALONSO 1964). Der Wandel der Flächennutzung läßt sich verbindlich nur auf empirischem Wege ermitteln und dadurch gezielt für Maßnahmen der Stadtentwicklung bewerten. Aus der Verteilung der Bodenverkäufe und neuen Nutzungen kann man ein Zellen-Muster der Stadtgliederung erkennen. Die einzelnen Zellen weisen in sich meist gleiche Nutzungsrichtungen auf. Diese Tatsache gilt es bei allen flächenhaft wirksamen Entwicklungsprojekten, zum Beispiel bei Maßnahmen der gewerblichen Umstrukturierung, der Stadterneuerung beziehungsweise bei flächenhaft wirkenden Projekten der Verkehrsberuhigung besonders zu beachten (ILLNER & BERGER 1983; FERGG & FORNER 1984; VOLKMANN, R. 1985).

5. STADTGESTALT — WAHRNEHMUNG UND AKTIONSRÄUME

5.1 DIE GLIEDERUNG DER STADTGESTALT

In den Siedlungskernen ist das Augsburg von heute aus der ehemaligen freien Reichsstadt und den umliegenden Dörfern entstanden. Zu den Zeugen der historischen Entwicklung gehören Baudenkmäler und typische Gefüge im Parzellensystem, die Flureinteilung und ein Wegenetz, das sich im Laufe von Jahrhunderten gebildet hat (vgl. Faltkarte im Anhang).
Die Abgrenzung für die freie Reichsstadt bezieht heute noch sichtbare Bereiche von Wall, Graben und Bastionen mit ein. Die Kennzeichnung von Kernen der umliegenden Dörfer ist jedoch weniger klar zu treffen. Die Baustrukturen von Augsburgs Altstadt sind geprägt von Bürger- und Mietshäusern in blockähnlicher Bebauung. In den Vororten, den alten Dorfkernen, säumen verschiedentlich ehemalige Bauernhäuser die Straßenzüge. Öffentliche und private Gebäude heben sich durch Maßstabsunterschiede deutlich voneinander ab. In der Silhouette ragen Sakralbauten und öffentliche Gebäude hervor. Mittelalterliche Parzellierungen und ein ebenso altes Wegenetz sind vielfach noch zu erkennen. Auch die Unterscheidung zwischen öffentlichen und privaten Freiflächen ist gelegentlich erhalten geblieben. Auf Flächen mit umfangreichen Kriegszerstörungen, meist in zentraler Lage der Altstadt und der alten Dorfkerne, oder auch auf Flächen, wo angestammte Nutzungen zurückgedrängt worden sind, haben sich nicht selten völlig neue Bauformen angesiedelt. Solche modernen Ersatzbauten können die gewachsene Stadtgestalt deutlich verändern und in einigen Fällen sogar stark beeinträchtigen. Gebiete mit überwiegender Wohnnutzung sind in der Karte in Bereiche mit Geschoßbauweise und Ein- und Zweifamilienhäusern unterteilt worden. Durch die besondere Kennzeichnung von Haustypen können Rückschlüsse auf die Entstehungszeit, Bevölkerungsdichte, Freiflächenanteile und Wohnformen gezogen werden. Die Bestandsaufnahme der Gewerbegebiete unterscheidet zwei Strukturarten. Die „alten Gewerbegebiete" leiten ihren Ursprung meist aus dem letzten Jahrhundert ab. Das gilt beispielsweise für die repräsentative, unter Denkmalschutz stehende Spinnereien im Augsburger Textilviertel (RUCKDESCHEL 1985). Die „neuen Gewerbegebiete" spiegeln bereits in ihrer Lage Veränderungen wider, die sich aus den modernen Erfordernissen der Produktion und Verteilung von Gütern ergeben haben. Die neuen Industrieräume liegen vor allem im Nordosten der Stadt. Großmaßstäbliche Bauten mit öffentlichem Charakter wie Kirchen, Schulen, Krankenhäuser, Klöster, Verwaltungsgebäude, die sich nicht nur durch die Nutzung sondern auch durch die repräsentative Gestaltung von ihrer Umgebung deutlich abzeichnen, sind in der Karte besonders markiert worden.
Als Charakteristika in der Stadtstruktur werden in der Karte jene Bestandteile

des Stadtgefüges gekennzeichnet, die sich zum Beispiel durch ihren Maßstab, Fernwirkung, Silhouette, besondere Nutzungen, künstlerischen Rang, ortsgeschichtliche oder auch städtebauliche Bedeutung klar aus ihrer Umgebung hervorheben. Gerade die Gesamterscheinung des mittelalterlichen Augsburgs bildete vor der Industrialisierung mit seinen Wehranlagen, Kirchen und Dächern eine unverwechselbare Stadtansicht (vgl. Faltbeilage im Anhang). Seit der Niederlegung von ganzen Zügen der Stadtmauer und dem Zusammenwachsen verschiedener Vororte mit der freien Reichsstadt ist heute die „Altstadtsilhouette“ nur noch von bestimmten Aussichtspunkten her gut erkennbar geblieben.
Moderne Hochbauten und vor allem viele Kamine von Industriebetrieben überlagern aus zahlreichen Blickrichtungen die historische Altstadtsilhouette. Von ganz besonderer Bedeutung für die Entwicklung der Silhouette ist die Augsburger Hochterrasse. Alle hohen Gebäude, die auf ihr liegen, können für die Stadtansicht mitprägend werden. Alle Bauten, die sich über die Gesamtmasse der Stadt erheben, sind deshalb für die Silhouette des Augsburg von heute zu berücksichtigen. In der Karte werden folgende Bauwerke gekennzeichnet: Gebäude mit Denkmalschutz, welche die Altstadt und Dorfsilhouette bilden; hoch aufragende, neue und moderne Gebäude mit charakteristischen Akzenten für die Stadtansicht; Schornsteine und Kamine in den Gewerbegebieten; moderne Ersatzbauten, die die Altstadtsilhouette stören.
Mit der Aufnahme des Themas Stadtgestalt in die Flächennutzungsplanung zeigt die Stadt Augsburg Bewertungsgrundsätze auf, nach denen Planungen aus fachlicher Sicht beurteilt werden können. Sie folgt damit den Zielen ihres Magistrats, der sich mit den Aufgaben der Bewahrung und Entwicklung der Stadtgestalt und dem Schutze der Stadtsilhouette sehr konkret auseinandergesetzt hat (ILLNER, BERGER, DEBOLD-v. KRITTER 1983). Das Hauptziel besteht darin, die Stadtstruktur in ihrer historischen Gliederung für die Öffentlichkeit bewußt und nachvollziehbar werden zu lassen. Die Bemühungen gelten nicht nur für historische Altstadtbereiche und die Gebiete der Dorfkerne, sondern auch für Wohnquartiere. Die Wohnviertel sollen nach Möglichkeit überschaubar gestaltet werden, ein unverwechselbares Gesicht bewahren und von den Bürgern als eigener Teil der Gesamtstadt, als Heimat und Ort der Nachbarschaft empfunden werden. Die Identifikation setzt jedoch Bindungen der Bürger zum städtebaulichen Raum und den Menschen in der Nachbarschaft voraus. Gestaltung der Stadt als Siedlungsgefüge kann deshalb nicht ausschließlich auf die stilistischen und baurechtlichen Perspektiven begrenzt werden.

5.2 WAHRNEHMUNG DER WOHNUMWELT

Die meisten modernen großstädtischen Wohngebiete mußten ohne tieferen Einblick in Anliegen, Wünsche und Vorlieben ihrer künftigen Bewohner entstehen. Das Gefühl eines Zu-Hause-seins hat sich in ihnen allmählich oder sehr verzögert eingestellt. Bei kommunalpolitischen Diskussionen wird deshalb nicht selten gefordert, die Bürger sollten bei der Gestaltung ihrer Wohn-Umwelt ein Mitspracherecht erhalten. Wer aber kann mit einiger Sicherheit bestimmen, worauf sich das Augenmerk der künftigen Bewohner eines Viertels dabei richten soll? Im allgemeinen sind die Menschen wohl in der Lage, Vorzüge und Nachteile bei der Ausstattung ihrer Viertel, zum Beispiel mit Geschäften, Freizeit- oder Dienstleistungseinrichtungen zu erkennen. Wesentlich unzugänglicher ist für sie aber die Überprüfung oder gar Mitbeeinflussung der städtebaulichen Gestaltung, die fast ausschließlich eine Angelegenheit von Experten geworden ist.

An sehr unterschiedlichen Wohngebieten konnten in Augsburg die Zusammenhänge zwischen den sozialen Lebenslagen der Bewohner und ihrem Verhalten gegenüber bestimmten städtebaulichen Situationen analysiert werden (DEMMLER-MOSETTER 1982). Für die Untersuchung sind Wohnviertel ausgewählt worden, in denen bestimmte Bauformen, wie freistehende Ein- und Zweifamilienhäuser, Geschoßbauten mit geschlossenem oder Pavillonsystem, mit Hofformen und Zeilenbau vorherrschen. Für die Auswahl der einzelnen Bauobjekte sind Entstehungszeit, Besitzverhältnisse, soziale Schichtung aber auch die Entfernung zur City und den Stadtteilzentren sowie ihre Lage zu Erholungsgebieten, das heißt die Umweltqualität, entscheidend gewesen. Dadurch ist es bis zu einem bestimmten Grade möglich, die Ergebnisse auf vergleichbare Situationen in anderen Großstädten zu übertragen. Entsprechend den Auswahlbedingungen wurden in Augsburg acht Wohnquartiere untersucht: Kleinsiedlungsgebiet aus den 30er Jahren am nördlichen äußeren Stadtrand; dreigeschossiger Zeilenbau aus der Zwischenkriegszeit in der Innenstadt im Südosten; Arbeiterwohngebiet aus der Gründerzeit nordwestlich der Innenstadt; neue Wohnungen in der Altstadt unweit der Fuggerei; Gartenstadtviertel aus der Jahrhundertwende westlich vom Hauptbahnhof; moderne viergeschossige Eigentumswohnungen am Erholungsgebiet des südöstlichen Stadtrandes; siebengeschossiger Wohnhof im neuesten Entwicklungsgebiet Augsburgs am südwestlichen Stadtrand im Universitätsviertel.

Das „Bild" vom Wohngebiet, das sich in der Erinnerung formt, hängt vom Zusammenspiel einer Vielzahl von Komponenten ab. Die subjektiven Eindrücke konnten durch Befragungen der Bewohner aus den einzelnen Bauobjekten und aus Stichwortprotokollen über individuelle Schilderungen der Wohnumgebung erarbeitet werden. Die wesentlichen Komponenten des Untersuchungsansatzes lassen sich im folgenden Schema zusammenfassen (vgl. Abb. 7):

- Entfernung zum Stadtkern, den Geschäftszentren und die Erreichbarkeitsverhältnisse (ST/E)
- Bauliches Gefüge des Quartiers und Art der Bauformen (B)
- Merkmale der Wohnung, der Wohnobjekte und ihrer Nachbarschaft
- Die Lebenslage der Bewohner je nach Stellung im Lebenszyklus, Status, Rolle im Berufsleben
- Kommunikation und aktionsräumliches Verhalten bei Sichtkontakten, Beteiligung an Quartierfesten, Kontakten zu Bekannten und Freunden, Spaziergängen, Einkaufswegen

Abbildung 7

Schema für den Ablauf der Untersuchung

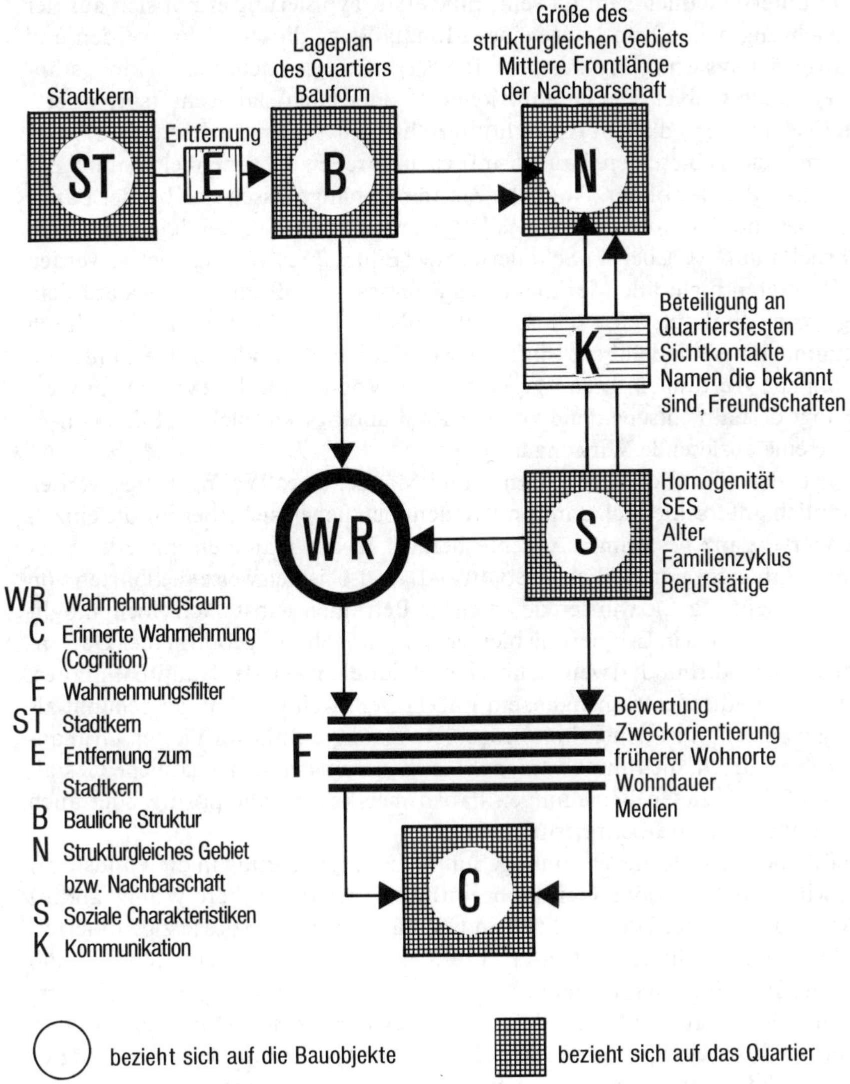

Größe des
strukturgleichen Gebiets
Mittlere Frontlänge
der Nachbarschaft
Lageplan
des Quartiers
Bauform
Stadtkern
Entfernung
ST
E
B
N
Beteiligung an
Quartiersfesten
Sichtkontakte
Namen die bekannt
sind, Freundschaften
K
WR
S
Homogenität
SES
Alter
Familienzyklus
Berufstätige
WR Wahrnehmungsraum
C Erinnerte Wahrnehmung (Cognition)
F Wahrnehmungsfilter
ST Stadtkern
E Entfernung zum Stadtkern
B Bauliche Struktur
N Strukturgleiches Gebiet bzw. Nachbarschaft
S Soziale Charakteristiken
K Kommunikation
F
Bewertung
Zweckorientierung
früherer Wohnorte
Wohndauer
Medien
C
bezieht sich auf die Bauobjekte
bezieht sich auf das Quartier

— „Selektive Wahrnehmung“ der Stadtstruktur und Filterwirkung folgender Kräfte: persönliche Bewertung — Erfahrungen an früheren Wohnorten — Wohndauer — Medien und sonstige Informationsquellen.

Das Geflecht der räumlichen Interaktionen wird je nach Orientierung und Anlaß unterschiedlich geprägt sein. Eine erste Typisierung ergibt sich aus der Beobachtung, wie oft im Laufe eines Monats Wege durchgeführt werden und wie ausgedehnt sie im einzelnen sind. Bei Wegen, die aus dem Viertel hinausführen, kann ein Gebiet eher „stadtorientiert“ oder auch „landschaftsorientiert“ sein. Die unterschiedlichen Ausrichtungen hängen ab von der Lage eines Quartiers im Stadtgebiet, den baulich-infrastrukturellen Gegebenheiten und der Lebenslage der Bewohner. Ähnliche Zusammenhänge lassen sich bei der Länge der Wege und der Ausdehnung des Wegenetzes ermitteln. Bei der „erinnerten Wahrnehmung“ (C), bei der Schilderung des Bildes ihres Wohngebietes, werden den Befragten nicht alle Merkmale des Raumes bewußt, die sie etwa auf dem Wege zum Einkauf, etc. sehen. Vieles bleibt unerwähnt und wird durch bestimmte innere und äußere Einflüsse wie Medien, Wohndauer, Herkunft und persönliche Wertungen „herausgefiltert“. Das Vorstellungsbild von einem Viertel hängt deshalb entscheidend von der Zahl und Stärke solcher „Filterkräfte“ ab, die eine auslesende Wirkung ausüben.

Die visuellen Eindrücke der Vorzüge und Mängel eines Wohngebietes werden persönlich unterschiedlich empfunden; dennoch heben sich aber für die einzelnen Viertel ganz bestimmte Akzente heraus. In der Hammerschmiede, einer Kleinsiedlung am nordöstlichen Stadtrand, sind beispielsweise die Gärten von großer Bedeutung. Sie würden den meisten Befragten selbst nach einem möglichen Wegzug noch in Erinnerung bleiben. In der Wohnumgebung einer Gartenstadt aus der Jahrhundertwende, im Thelottviertel unweit des Hauptbahnhofes, wird dagegen die Zentrumsnähe, ein Lagevorteil, weitaus häufiger genannt als die Nachbarschaft zu den Erholungsgebieten und die Ruhe im Viertel. Grünanlagen und Gärten, die ruhige Atmosphäre, Zentrumsnähe, die bauliche Gestaltung und die sozialen Beziehungen haben meist sehr hohe positiv oder auch negativ eingeschätzte „Erinnerungswerte“.

Das Bild über die eigene Wohnumgebung, die Eingliederung in die Landschaft usw. wird von der Wohndauer mit beeinflußt. Auch der frühere Wohnstandort wirkt nach, da er meist den Hintergrund für das Erlebnisbild des jetzigen Viertels abgibt. In das Gründerzeitviertel „Links der Wertach“ in Oberhausen sind deutsche Bewohner hauptsächlich aus der Altstadt oder vergleichsweise eng bebauten Vororten zugezogen. Für sie bedeutete die neue Wohnlage eine Verbesserung. Etwa ein Fünftel der Bewohner stammt jedoch aus dem Ausland. Für die Gastarbeiterfamilien aus der Türkei ist die neue Wohnumgebung zunächst einmal fremd. Nur die Anwesenheit einer verhältnismäßig großen Anzahl ihrer Landsleute im Viertel selbst bringt für sie Ortsbindungen und Vertrautheit mit dem Gebiet.

Aussagen von Personen, schriftliche Berichte in der Presse, Gehörtes und Gesagtes in Funk und Fernsehen formen darüberhinaus das Vorstellungsbild mit, das nicht unmittelbar selbst erlebt, sondern durch diese mittelbaren Informationen mitgeprägt wird. In der Studie konnten zwei Wohngebiete berücksichtigt werden, die in ihrer Entwicklung bei Fachleuten und der Öffentlichkeit recht

kritisch gesehen werden: das Universitätsviertel, ein allmählich heranwachsendes Großwohngebiet im Süden der Stadt mit sehr konzentrierter, hoher Bebauung —, und das Gebiet aus der Gründerzeit „Links der Wertach" in Oberhausen, mit steigenden Anteilen von Gastarbeitern. Während im Universitätsviertel soziale Anpassungsvorgänge und die Art der Bebauung gelegentlich kritisch kommentiert werden, finden im Gründerzeitviertel die Sanierungsprojekte und Gastarbeiterfragen das öffentliche Interesse. Während die Neugestaltungsmaßnahmen im Altbaugebiet von der örtlichen Presse vorwiegend positiv aufgenommen werden, finden Entwicklungen im Neubaugebiet, die mit dem Zuzug von unteren Einkommensgruppen, kinderreichen Familien und Spätaussiedlern verbunden sind, eher sehr kritische Kommentare. Im Neubauviertel werden nicht zuletzt deshalb diese Eingliederungsfragen überbewertet, so daß ein beachtlicher Teil der Bewohner die Umgebung sogar als „Ghetto" empfindet (HOLLIHN, ZINGG, ZIPP 1978).
Der räumliche Bereich der nachbarschaftlichen Beziehungen ergibt sich aus der Summe der individuellen Nachbarschaften der Bewohner eines Bauobjektes. Der Raum, in dem die jeweiligen Nachbarn wohnen, kann von der Stellung der Häuser, dem Wohnbautyp und der Größe der Haushalte abhängig sein. Die wechselweisen Kontakte werden vom Alter und dem sozialen Status mitgeprägt. Die Gruppierung der Hauseinheiten scheint jedoch einen nur geringen Einfluß auf die Abgrenzung von individuellen Nachbarschaften auszuüben. Die städtebauliche Situation wie Sackgassen oder Zeilenbau wirkt sich dagegen sehr deutlich auf die Bildung von Kontaktfeldern aus. Auch ist die Art der Nachbarschaftsbeziehungen von der Lage des Wohnquartiers innerhalb der Stadt abhängig. Besonders die innerstädtischen Gebiete weisen meist sehr kompakte Nachbarschaften auf. Die nachbarschaftliche Interaktion weitet sich um so stärker aus, je homogener die Bewohner eines Viertels hinsichtlich Alter und sozialem Status sind.

5.3 ERLEBNISRÄUME — BEISPIEL UNIVERSITÄTSVIERTEL

Die Beschreibung der Gebiete mit den eigenen Worten der Bewohner ist für die Ermittlung von Vorstellungsbildern über die Stadtgestalt von großer Bedeutung. Aus dem Mosaik der Antworten von allen Befragten eines Bauobjektes läßt sich ein Gesamtbild der Wahrnehmung ihrer Wohnumgebung entwerfen. Wie sich das „Klangbild" eines Musikstückes in der Aufzeichnung sämtlicher Stimmen in der Partitur darstellen läßt, so kann man analog dazu das „Vorstellungsbild" aller Befragen von ihrem Viertel in einer „Partitur der Wahrnehmungen" wiedergeben (SCHAFFER 1982, DEMMLER-MOSETTER 1982, S. 100). Am Beispiel der Mieter im siebengeschossigen Wohnhof an der Bleriotstraße im Universitätsviertel läßt sich eine Folge von Vorstellungsbildern der Wohnum-

Karte 14

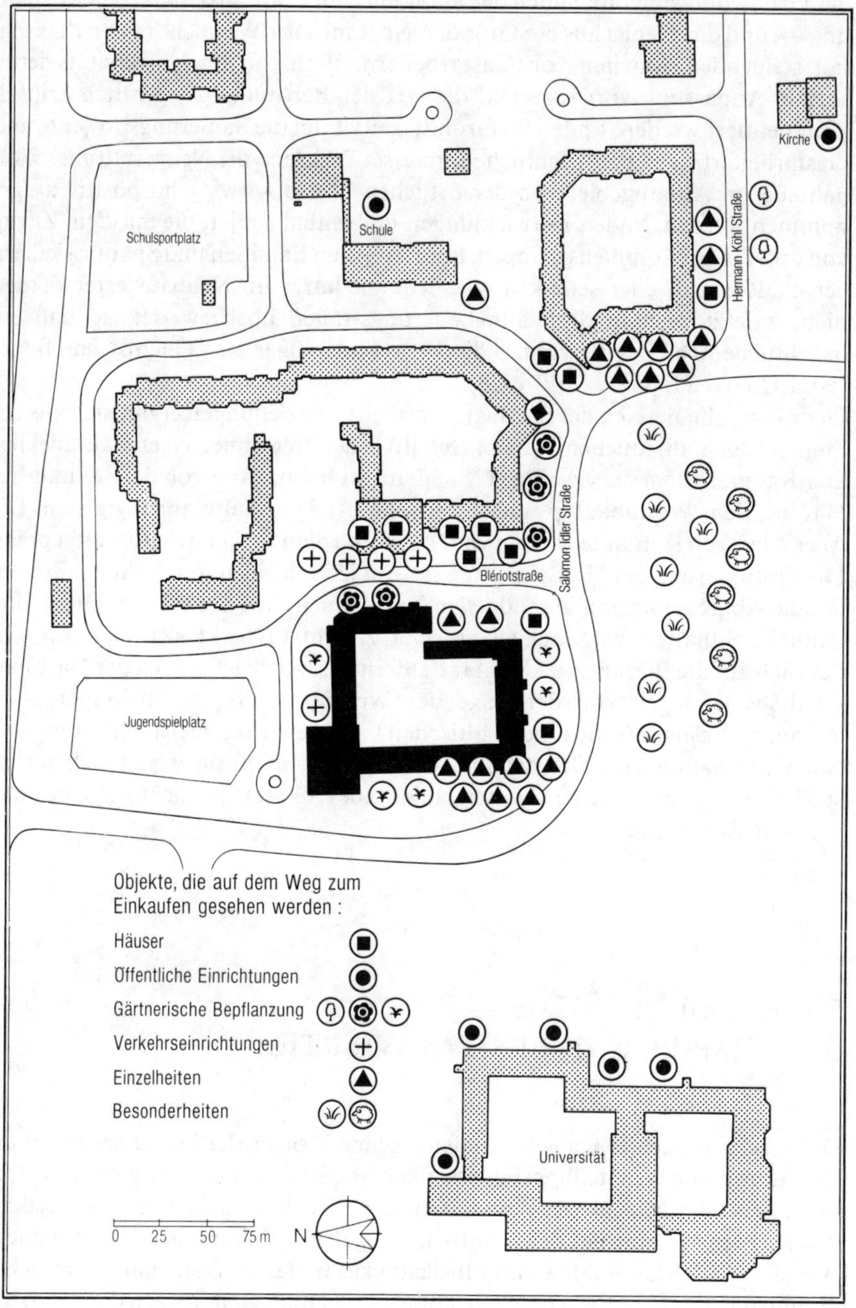

Die Stadt als Erlebnisraum — Beispiel Universitätsviertel

Abbildung 8

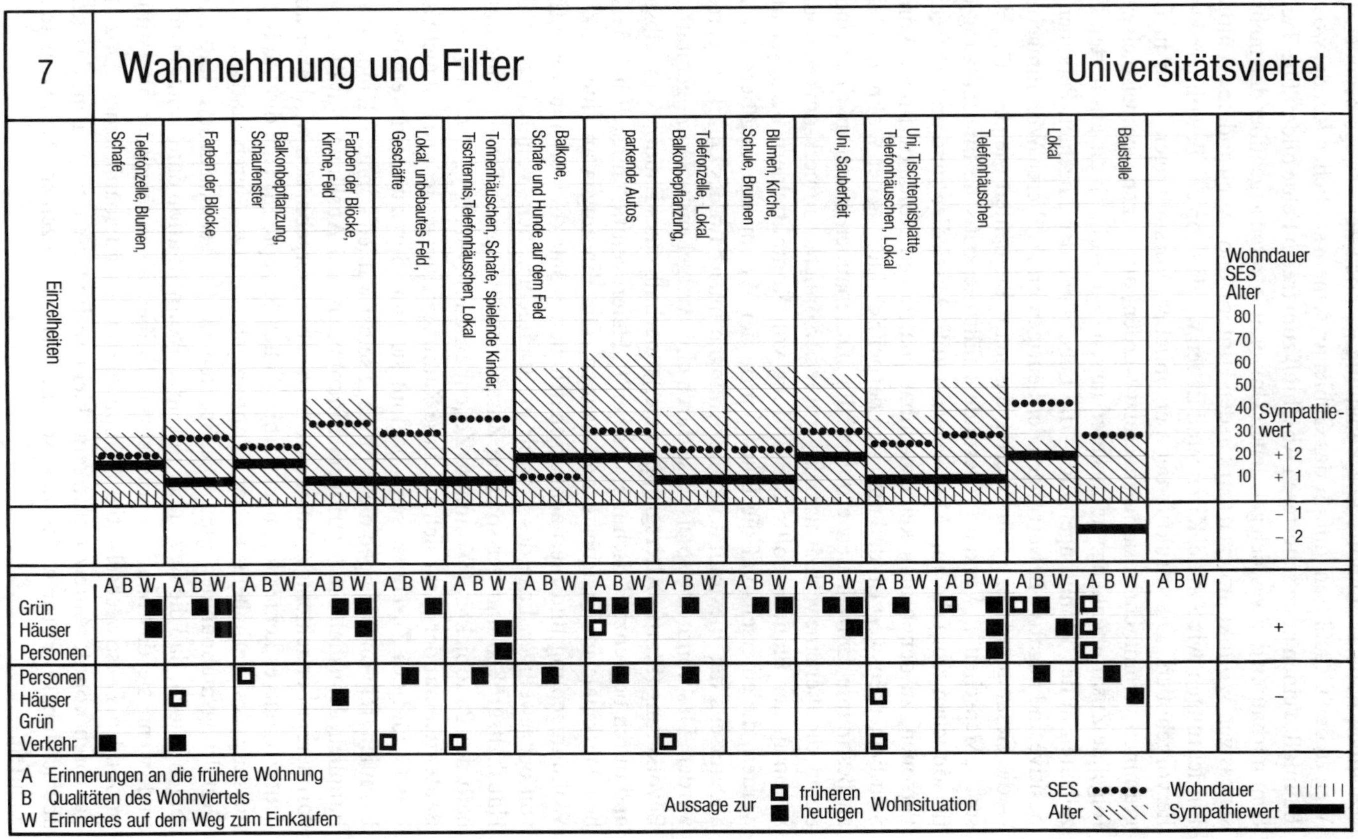
7
Wahrnehmung und Filter
Universitätsviertel
Einzelheiten
Telefonzelle, Blumen, Schafe
Farben der Blöcke
Balkonbepflanzung, Schaufenster
Farben der Blöcke, Kirche, Feld
Lokal, unbebautes Feld, Geschäfte
Tonnenhäuschen, Schafe, spielende Kinder, Tischtennis,Telefonhäuschen, Lokal
Balkone, Schafe und Hunde auf dem Feld
parkende Autos
Telefonzelle, Lokal Balkonbepflanzung,
Blumen, Kirche, Schule, Brunnen
Uni, Sauberkeit
Uni, Tischtennisplatte, Telefonhäuschen, Lokal
Telefonhäuschen
Lokal
Baustelle
Wohndauer
SES
Alter
80
70
60
50
40
30
20
10
Sympathie-wert
+ 2
+ 1
− 1
− 2
A B W
Grün
Häuser
Personen
Personen
Häuser
Grün
Verkehr
+
−
A Erinnerungen an die frühere Wohnung
B Qualitäten des Wohnviertels
W Erinnertes auf dem Weg zum Einkaufen
Aussage zur früheren heutigen Wohnsituation
SES
Alter
Wohndauer
Sympathiewert

gebung nachzeichnen (vgl. Karte 14). Das Wohnquartier umschließt unterschiedlich hohe Wohnhöfe. Die Bebauung ist noch keineswegs beendet. Der Weg zu den Geschäften umfaßt das Gebiet an seinem südlichen Rande, wo eine Baumallee einen noch schütteren Abschluß zum freien Felde bildet. Die flachen Seminarbauten der westlich gelegenen Universität treten gegenüber den mehrgeschossigen Wohnkomplexen stark in den Hintergrund. Auch andere öffentliche Einrichtungen, wie Schule, Kirche und Läden werden von den Bewohnern kaum hervorgehoben. Die Struktur der persönlichen Vorstellungen kann in Diagrammen vereinfacht zusammengesetzt werden, aus denen sich beispielsweise folgende Zusammenhänge herauslesen lassen (vgl. Abb. 8): die erinnerten Einzelheiten in der Wohnumgebung — die Lebenslage der einzelnen Personen — positive und negative Bewertungen der heutigen und früheren Wohnumgebung — die Gesamteindrücke vom Viertel, das heißt Elementen wie „Grün", „Häuser", „Menschen", „Verkehr". Besonders fällt die kritische Einschätzung der persönlichen Kontake auf. Man verweist auf „Aussiedler" und andere fremde Personen, zu denen man keine nachbarschaftlichen Kontakte finden könne. Sehr bemerkenswert ist, daß man sich bei der Schilderung der Wohnumgebung an bestimmte Einzelheiten erinnert, die städtebaulich kaum in Erscheinung treten, die aber eine verhältnismäßig große persönliche Aufmerksamkeit finden. Schon in der Planung sollte die Bildung von Kontaktfeldern berücksichtigt werden, die einerseits auf die Bausituation der Wohnumgebung bezogen und andererseits der Flexibilität der Beziehungen innerhalb des Quartiers gerecht werden. Das könnte beispielsweise durch eine weitgehende „Homogenität" der Bevölkerung (Status, Altersgruppen etc.) innerhalb eines Bauobjektes selbst — und durch begrenzte Mischung, das heißt „Heterogenität" hinsichtlich derselben Merkmale im Quartier erzielt werden. Die Bindungen an eine konkrete Wohnumgebung und die nachbarschaftlichen Kontaktfelder sind wesentlich von der jeweiligen Lage des Viertels im Stadtgebiet, den Wohnbautypen, den Haushaltsgrößen und der sozialen Zusammensetzung der Bevölkerung innerhalb des Bauobjektes (Wohnhof, Zeilenbau etc.) abhängig. Die Stellung der Bauten zueinander wirkt sich auf diese Raumbeziehungen jedoch fast nicht aus. Das Gefühl des Zu-Hause-seins beginnt sich nur dort zu entwickeln, wo die Familien frei von Zwängen die Wohnlage selbst wählen konnten. Kinderreiche Familien, Haushalte mit geringem Einkommen und Ausländer sind hier von vornherein benachteiligt. Aus den Untersuchungsergebnissen wird aber auch deutlich, daß es keine allgemein verbindlichen Rezepte für eine direkte Beeinflussung des Verhaltens in der Wohnumgebung etwa durch städtebauliche Gestaltungsmaßnahmen gibt. Die Studien in den verschiedenen Stadtteilen zeigen jedoch, daß die Bewohner mit ihrer Wohnsituation dann sehr zufrieden sind, wenn sie das bauliche und soziale Milieu als aufeinander abgestimmt empfinden. Diese wechselseitige Abhängigkeit von städtebaulichen und sozialen Faktoren könnte Anreiz dafür sein, kleinere Einheiten zu planen, das heißt überschaubare Formen für das soziale Milieu einzelner Wohngebiete zu schaffen.

5.4 AKTIONSRÄUMLICHE VERFLECHTUNGEN

Zu den Wesensmerkmalen der Stadt gehört ein hohes Maß an Arbeitsteilung und sozialer Gliederung. Daraus ergeben sich die vielseitigsten Verflechtungen und Abhängigkeiten von gesellschaftlichen, wirtschaftlichen und ökologischen Faktoren sowohl innerhalb der Stadt, als auch darüber hinaus in die Hierarchie unterschiedlicher Institutionen und regionale Ebenen. Die Allgegenwärtigkeit der Medien, die übergreifend organisierten Märkte, die modernen Verkehrsmittel und die Mobilität der Menschen verdichten diese Austauschbeziehungen, die in ihrer Vielschichtigkeit und Reichweite kaum erfaßt werden können. Für das Verständnis der Stadtstrukturen — auch im Bereich der Wohnfunktionen — sind viele dieser Verflechtungen sehr bedeutsam. Die Ansprüche an die Wohnung, die Infrastruktur und Umwelt in der Wohnumgebung stehen in engen Wechselbeziehungen zueinander. Sie werden vor allem von der Aktionsraumforschung untersucht (FRIEDRICHS 1977). Ganz allgemein kann man unter „Aktionsraum" die abgrenzbare Verteilung all jener Standorte verstehen, die von einem Individuum innerhalb einer gewissen Zeit zur Ausübung bestimmter Aktivitäten in Anspruch genommen werden. Es geht um ein Netz von Punkten und Linien, in dem auch Gebiete und Einrichtungen liegen können, die weder aufgesucht werden, noch als mögliche Standorte von Aktivitäten im Bewußtsein gegenwärtig sind (SPIEGEL 1983, S. 90). Ausgehend von der Wohnung sind die Handlungen im Aktionsraum auf alle Standorte von Einrichtungen orientiert, über die eine Person Informationen besitzt, sowie bestimmte Nutzungs- und Präferenzbeziehungen unterhält. Daraus ergeben sich entsprechende Rückwirkungen auf die Verhaltensweisen.
Im Wirkgefüge von Wohnung und Aktionsraum sind folgende Komponenten, Verbindungen und Rückkoppelungen zu beachten (HORTON & REYNOLDS 1971, S. 41):

- Ausgangsbasis ist zunächst die objektive räumliche Struktur der städtischen Umwelt. Dazu gehören Linienstrukturen wie Verkehrs- oder Geschäftsstraßen; Knotenstrukturen wie die City, Stadtteilzentren, einzelne große Industriebetriebe, Schulzentren, Sport- und Freizeitanlagen; flächige Rasterstrukturen, wie stark verdichtete Wohngebiete und Viertel unterschiedlicher sozialer Schichtung etc.
- Die Individualdaten werden zunächst als die sozio-ökonomischen Merkmale wie Alter, Ausbildung, sozialer Status und ethnische Herkunft eingebracht.
- Eine ganz entscheidende Rolle spielt vor allem die Lage der Wohnungen im Stadtgebiet sowie
- die persönliche Wohndauer im Viertel beziehungsweise in der Stadt, mit allen Folgen für die soziale und nachbarschaftliche Integration.
- Von ausschlaggebendem Gewicht sind die Verflechtungen mit den Arbeitsstätten, den Schulen, die Orientierungen auf bestimmte Geschäfte und Freizeiteinrichtungen, sowie die sozialen Interaktionen in der Gemeinde, in den Vereinen, in der Nachbarschaft etc.

— Die benutzten Wege, Verkehrs- und Kommunikationsmittel sind ebenso zu beachten.
— Schließlich wird die selektive Wahrnehmung der Stadtstruktur von diesen Verflechtungen und Interaktionen mitgeformt. Sie öffnen den Zugang zu bestimmten Informationen und prägen zusammen mit den Medien das „Vorstellungsbild" von der Stadt beziehungsweise der Wohnumgebung.

Aus dem Zusammenspiel solcher „objektiver und subjektiver Komponenten" entwickeln sich über Lernprozesse die individuellen Aktionsräume, die je nach Wohndauer und Anpassungsbereitschaft durch charakteristische Phasen der Instabilität, Stabilität und des Gleichgewichtes gekennzeichnet sind. Änderungen der Stadtstrukturen und Wohnpräferenzen können zu einem Wandel des Aktionsraumes führen (SCHAFFER 1984).

Am östlichen Stadtrand von Augsburg konnten die aktionsräumlichen Verhaltensweisen am Beispiel von Friedberg von Horst GÜTTLER (1985) analysiert werden. Von der inneren Gliederung her betrachtet, besitzt Friedberg wichtige Elemente einer Kleinstadt, die aufgrund der sehr engen Verflechtung mit Augsburg auch Wesenszüge eines peripheren Stadtteilzentrums mit attraktiven Wohn- und Arbeitsmöglichkeiten aufweist. Die Stadt-Umland-Wanderung von Augsburg, aber auch der Zuzug von Gastarbeitern mit ihren Familien haben manche Charakterzüge der Kleinstadt gewandelt, so daß ein Wohn- und Siedlungsgefüge mit allen Besonderheiten des dynamisch gewachsenen Großstadtrandes entstanden ist. Die räumlichen Verhaltensweisen der Bevölkerung an Werktagen wurden von Stunde zu Stunde über Wegeprotokolle erfragt. Insgesamt konnten 2 050 Wegeprotokolle ausgewertet werden. Dadurch war es möglich, für jeden fünften Bewohner des Untersuchungsraumes die wohnbezogenen Aktionsräume darzustellen. In „Raum-Zeit-Pfaden" können die räumlichen Orientierungen jeder Einzelperson aufgezeigt werden. Es lassen sich folgende Merkmale miteinander verbinden:

— Art und Abfolge der Aktivitäten und Tätigkeiten, die von der Wohnung aus beginnen und dorthin zurückführen
— das Aufsuchen der verschiedenen Standorte und Einrichtungen
— die für die einzelnen Gänge und Fahrten beanspruchte Zeit und benutzten Verkehrsmittel
— Verweildauer an den verschiedenen Standorten
— Ausrichtung auf die Stadt beziehungsweise Orientierung über das Untersuchungsgebiet hinaus.

Aus Darstellung und Vergleich aller „Raum-Zeit-Pfade" ergibt sich ein sehr überraschendes Ergebnis: Nicht eine unüberschaubare individualistische Regellosigkeit prägt die Verflechtungen, nicht 2 050 Verästelungen von Wegebeziehungen, sondern nur ein knappes Dutzend typischer Raum-Zeit-Pfade kennzeichnet die Situation am Großstadtrand. Die Abfolge der Handlungen und das räumliche Verhalten zeigen typische Festlegungen, die sich aus der Rollenzuweisung der Personen innerhalb der Familien und Haushalte verstehen lassen. Die auftretenden aktionsräumlichen Verhaltensweisen können ganz bestimmten Lebenslagen zugeordnet werden, die sich beispielsweise aus dem Erwerbsleben, der Aufgabe innerhalb der Familie je nach Lebenszyklus, Alter und Einkommen usw. ergeben. Die Bewohnerschaft am Großstadtrand zeigt danach wenige, aber rollentypische Raumverflechtungen. Zwei Beispiele sollen das verdeutlichen: Raum-Zeit-Pfade, die ganz vom Weg zum Arbeitsplatz innerhalb Friedbergs geprägt werden, entsprechen berufstätigen Personen der unteren Einkommensgruppen, die meist in Zentrumsnähe aber auch in den älteren Baugebieten an der Peripherie wohnen. Raum-Zeit-Pfade, die über Friedberg hinausführen und auf die Kernstadt Augsburg ausgerichtet sind, werden beispielsweise ganz von den Arbeitsplatzbeziehungen, der Verknüpfung von Arbeits- und Einkaufswegen, aber auch von Freizeitaktivitäten nach Feierabend geprägt. Sie kommen vorwiegend bei berufstätigen Ehefrauen, aber auch bei Personen mit niedrigem Einkommen vor. Die Wohnungen dieser Personen liegen hauptsächlich in den Neubauvierteln und Außenbezirken, wo die Einkaufsmöglichkeiten sehr begrenzt, die Zuwanderung aus Augsburg jedoch sehr typisch ist. Für alle Wohngebiete wurde deshalb ermittelt, wie man das Geschäftszentrum in Friedberg, die Läden des täglichen Bedarfs, aber auch die Haltestellen des öffentlichen Nahverkehrs erreichen kann. Gebiete mit ähnlichen Struktureigenschaften und Erreichbarkeitsbedingungen konnten zu Wohnlagen mit charakteristischer Versorgungsqualität zusammengefaßt werden. Die Außenorientierung eines Wohngebietes geht meist auf die Zuordnung zum Arbeitsplatz zurück, auch die anderen Lebensbezüge sind dann sehr deutlich nach außen gerichtet. Andererseits spielt bei der Innenorientierung der Weg zur Arbeit stets eine geringere Rolle. Solche Wohngebiete finden sich in den Kern-, Mittel- und Außenlagen der Stadt. Eine Zonierung des Stadtgebietes in bestimmte aktionsräumliche Orientierungen ist aber keineswegs festzustellen. Ähnliche Rückschlüsse ergeben sich auch aus einer Betrachtung der räumlichen Aktivitätsfelder Wohnstandort — Arbeitsplatz, Wohnlage — Einkaufsbeziehungen, Wohnlage — Kommunikations- und Freizeitbereich (vgl. Karte 15, 16, 17).

Das Ergebnis der Aktionsraumanalyse für den Großstadtrand läßt sich folgendermaßen zusammenfassen: Die aktionsräumliche Orientierung weist einen engen inneren Zusammenhang mit der demographischen Situation, dem sozialen Status, der Wohndauer und der ethnischen Herkunft der Bevölkerung auf. Insgesamt können acht „aktionsräumliche Haushaltstypen" unterschieden werden. Zwei davon seien als Beispiel herausgegriffen: Die stärkste Innenorientierung bei Arbeit, Einkauf, Freizeit zeigen beispielsweise die Gastarbeiter und Ausländerfamilien. Die deutlichste Außenorientierung erkennt man bei Familien mit mittleren und oberen Einkommen, die ihren Arbeitsplatz in Augsburg haben und dorthin ihre Kommunikationsbeziehungen ausrichten.

Am Großstadtrand wechseln bei den meisten Lebensbeziehungen wie Arbeit, Freizeit, Kommunikation usw., Innen- und Außenorientierung wie die Schwingungen eines Pendels miteinander ab. Die aktionsräumliche Gliederung zeigt ein Zellen-Mosaik-Gefüge von Wohnvierteln mit wechselnder, vielfach sogar entgegengesetzter Ausrichtung der Aktivitäten in engster Nachbarschaft nebeneinander. Die Beziehungen zwischen rollentypischen Aktionsräumen und der Stadtstruktur sollen an stark kontrastierenden Gebietstypen in den Außenlagen für die deutsche Bevölkerung stichwortartig geschildert und mit zwei Diagrammen veranschaulicht werden (vgl. Abb. 9). Beobachten wir im einzelnen die peripheren Wohnlagen am Nordostrand: die Gebiete an der „Völser Straße" und „Am Weizenfeld".

Karte 15

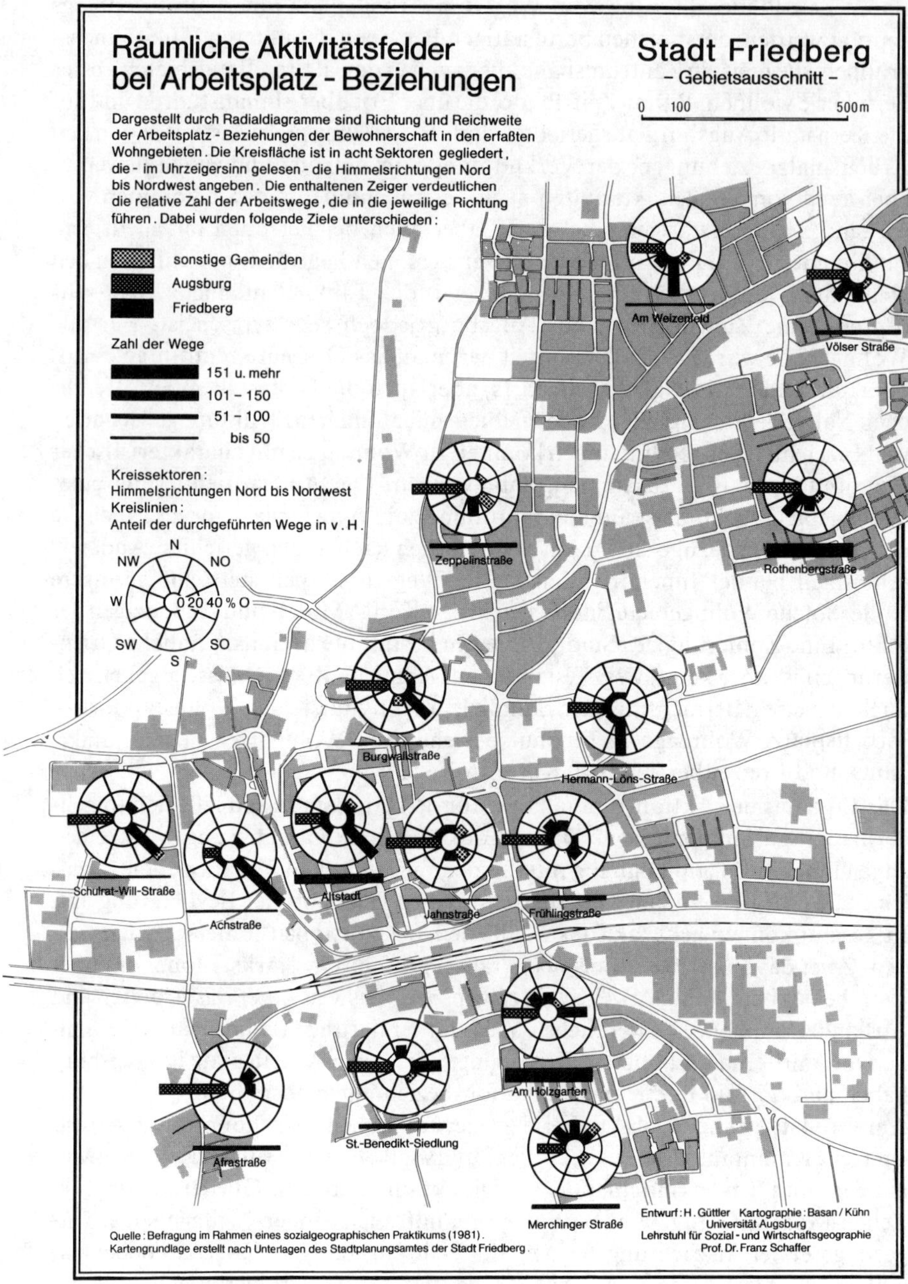
Räumliche Aktivitätsfelder
bei Arbeitsplatz - Beziehungen
Stadt Friedberg
- Gebietsausschnitt -
0 100 500m
Dargestellt durch Radialdiagramme sind Richtung und Reichweite der Arbeitsplatz - Beziehungen der Bewohnerschaft in den erfaßten Wohngebieten. Die Kreisfläche ist in acht Sektoren gegliedert, die - im Uhrzeigersinn gelesen - die Himmelsrichtungen Nord bis Nordwest angeben. Die enthaltenen Zeiger verdeutlichen die relative Zahl der Arbeitswege, die in die jeweilige Richtung führen. Dabei wurden folgende Ziele unterschieden:
sonstige Gemeinden
Augsburg
Friedberg
Zahl der Wege
151 u. mehr
101 - 150
51 - 100
bis 50
Kreissektoren:
Himmelsrichtungen Nord bis Nordwest
Kreislinien:
Anteil der durchgeführten Wege in v. H.
N
NW
NO
W
0 20 40 % O
SW
SO
S
Am Weizenfeld
Völser Straße
Zeppelinstraße
Rothenbergstraße
Burgwallstraße
Hermann-Löns-Straße
Schulrat-Will-Straße
Achstraße
Altstadt
Jahnstraße
Frühlingstraße
Am Holzgarten
St.-Benedikt-Siedlung
Afrastraße
Merchinger Straße
Quelle: Befragung im Rahmen eines sozialgeographischen Praktikums (1981).
Kartengrundlage erstellt nach Unterlagen des Stadtplanungsamtes der Stadt Friedberg.
Entwurf: H. Güttler Kartographie: Basan / Kühn
Universität Augsburg
Lehrstuhl für Sozial- und Wirtschaftsgeographie
Prof. Dr. Franz Schaffer

Karte 16

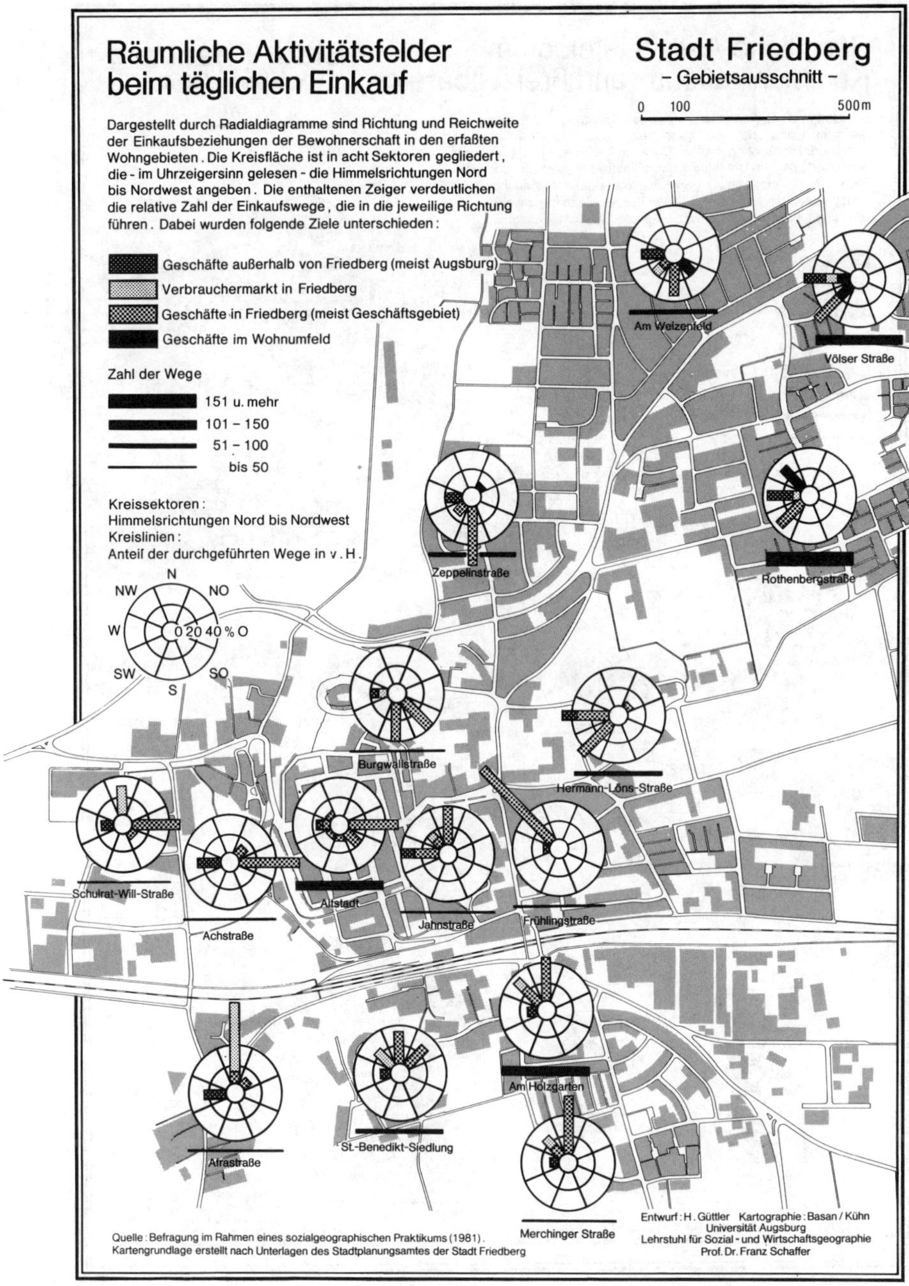

Räumliche Aktivitätsfelder beim täglichen Einkauf
Stadt Friedberg
- Gebietsausschnitt -
0 100 500m
Dargestellt durch Radialdiagramme sind Richtung und Reichweite der Einkaufsbeziehungen der Bewohnerschaft in den erfaßten Wohngebieten. Die Kreisfläche ist in acht Sektoren gegliedert, die - im Uhrzeigersinn gelesen - die Himmelsrichtungen Nord bis Nordwest angeben. Die enthaltenen Zeiger verdeutlichen die relative Zahl der Einkaufswege, die in die jeweilige Richtung führen. Dabei wurden folgende Ziele unterschieden:
Geschäfte außerhalb von Friedberg (meist Augsburg)
Verbrauchermarkt in Friedberg
Geschäfte in Friedberg (meist Geschäftsgebiet)
Geschäfte im Wohnumfeld
Zahl der Wege
151 u. mehr
101 - 150
51 - 100
bis 50
Kreissektoren:
Himmelsrichtungen Nord bis Nordwest
Kreislinien:
Anteil der durchgeführten Wege in v. H.
N
NO
O
SO
S
SW
W
NW
0 20 40 %
Am Weizenfeld
Völser Straße
Zeppelinstraße
Rothenbergstraße
Burgwallstraße
Hermann-Löns-Straße
Schulrat-Will-Straße
Achstraße
Altstadt
Jahnstraße
Frühlingstraße
Am Holzgarten
Afrastraße
St.-Benedikt-Siedlung
Merchinger Straße
Quelle: Befragung im Rahmen eines sozialgeographischen Praktikums (1981).
Kartengrundlage erstellt nach Unterlagen des Stadtplanungsamtes der Stadt Friedberg
Entwurf: H. Güttler Kartographie: Basan / Kühn
Universität Augsburg
Lehrstuhl für Sozial- und Wirtschaftsgeographie
Prof. Dr. Franz Schaffer

Karte 17

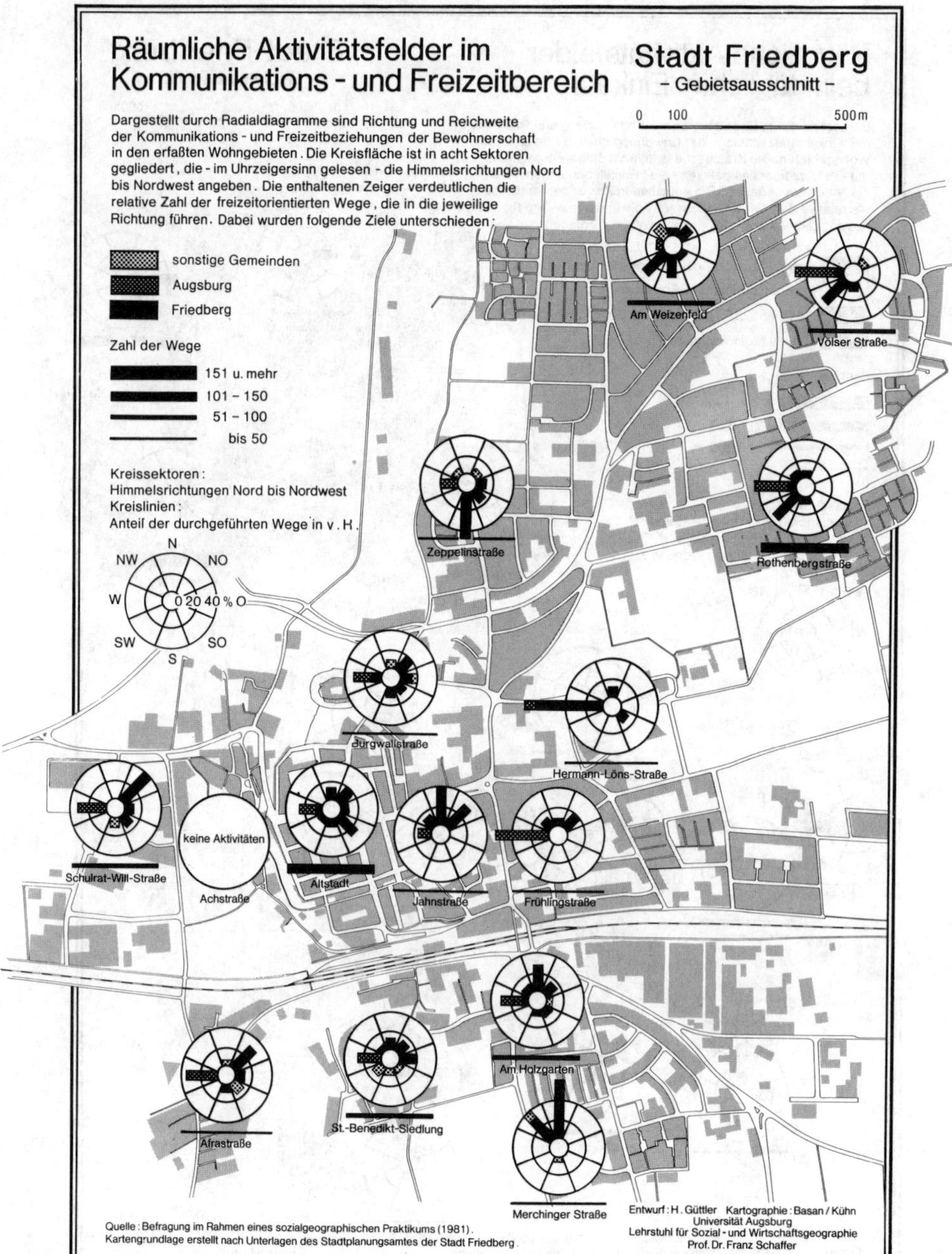
Räumliche Aktivitätsfelder im Kommunikations - und Freizeitbereich
Stadt Friedberg
- Gebietsausschnitt -
0 100 500m
Dargestellt durch Radialdiagramme sind Richtung und Reichweite der Kommunikations - und Freizeitbeziehungen der Bewohnerschaft in den erfaßten Wohngebieten. Die Kreisfläche ist in acht Sektoren gegliedert, die - im Uhrzeigersinn gelesen - die Himmelsrichtungen Nord bis Nordwest angeben. Die enthaltenen Zeiger verdeutlichen die relative Zahl der freizeitorientierten Wege, die in die jeweilige Richtung führen. Dabei wurden folgende Ziele unterschieden:
sonstige Gemeinden
Augsburg
Friedberg
Zahl der Wege
151 u. mehr
101 - 150
51 - 100
bis 50
Kreissektoren:
Himmelsrichtungen Nord bis Nordwest
Kreislinien:
Anteil der durchgeführten Wege in v. H.
N
NO
O
SO
S
SW
W
NW
0 20 40 %
Am Weizenfeld
Völser Straße
Zeppelinstraße
Rothenbergstraße
Burgwallstraße
Hermann-Löns-Straße
Schulrat-Will-Straße
keine Aktivitäten
Achstraße
Altstadt
Jahnstraße
Frühlingstraße
Am Holzgarten
St.-Benedikt-Siedlung
Afrastraße
Merchinger Straße
Quelle: Befragung im Rahmen eines sozialgeographischen Praktikums (1981).
Kartengrundlage erstellt nach Unterlagen des Stadtplanungsamtes der Stadt Friedberg.
Entwurf: H. Güttler Kartographie: Basan / Kühn
Universität Augsburg
Lehrstuhl für Sozial- und Wirtschaftsgeographie
Prof. Dr. Franz Schaffer

Abbildung 9

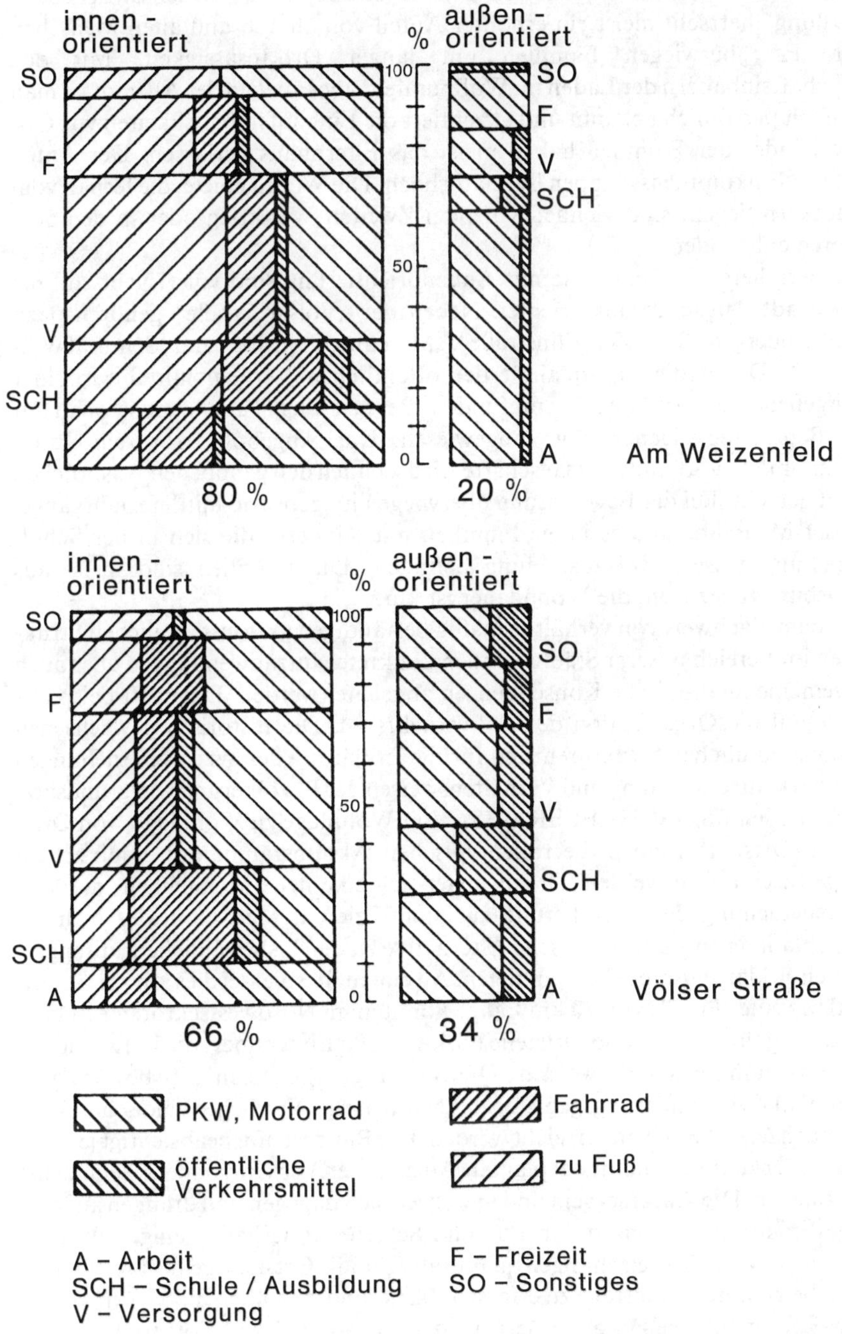

Innen - und Außenorientierung der Bewohner in zwei Wohnlagen von Friedberg nach Tätigkeiten und benutztem Verkehrsmittel

In den äußeren Wohnlagen mit starker Innenorientierung, wie zum Beispiel „Am Weizenfeld" aber auch „An der Achstraße" und „In der St.Benedikt-Siedlung" herrscht meist ein erhöhter Anteil von älteren und alten Menschen vor. Es überwiegen Familien mit langer Ortsansässigkeit. Mit den Geschäftsinhabern der Läden im Wohnumfeld aber auch in der Altstadt ist man vielfach persönlich bekannt und akzeptiert die Einkaufsmöglichkeiten vor Ort. Die Kinder der Familien haben meist das Elternhaus verlassen. Der Anteil unterer Einkommensgruppen ist relativ hoch. Die Wohngebiete, die fernab vom Stadtkern liegen, sind vielfach vor dem Zweiten Weltkrieg oder in den 50er Jahren entstanden.
Die peripheren Wohngebiete mit Außenorientierung sind vorwiegend auf die Kernstadt Augsburg ausgerichtet. Neben der „Völser Straße" gehören dazu „Rothenbergstraße", „Zeppelinstraße", „Merchinger Straße" und „Schulrat Will-Straße". Die Bedienungsqualität der öffentlichen Verkehrsmittel wird hier weitgehend als unzulänglich empfunden. Bei fast allen Tätigkeiten ist man auf die Benutzung eigener Pkws angewiesen. Das Angebot der vereinzelt im Wohnumfeld vorhandenen Geschäfte wird vielfach den gehobenen Ansprüchen nicht gerecht. Bei der Bevölkerung überwiegen jüngere und mittlere Jahrgänge. In der Mehrzahl sind es junge Familien mit Kindern, die sich in der Schul- beziehungsweise Berufsausbildung befinden. Die Familien sind meist aus Augsburg zugezogen, die Wohndauer ist kurz.
Aus dem Nachweis von verhältnismäßig beständigen aktionsräumlichen Strukturen im Bereich unserer Städte können konkrete Nutzanwendungen aber auch allgemeine methodische Konsequenzen abgeleitet werden. Das trifft beispielsweise auf die Organisation des Nahverkehrs zu. Die historisch gewachsenen aktionsräumlichen Strukturen sind für die Erklärung der Wechselbeziehungen von Verkehrsentstehung und Verhaltensweisen der Bevölkerung von grundsätzlicher Bedeutung (SCHAFFER 1985). Von Wohnlage zu Wohnlage, von Ortsteil zu Ortsteil, können die rollentypischen Aktionsräume auf empirischem Wege rasch erfaßt werden. Damit bietet sich eine neue Möglichkeit, die Verkehrsbedienung der Bevölkerung zu quantifizieren. Man kann der Nahverkehrsplanung eine geographische Alternative zu den bisher üblichen „disaggregierten Erklärungsmodellen" anbieten. An einem Beispiel sei dies kurz erläutert: Entlang eines Profils von 30 km Länge konnten im Nordwestsektor der Region Augsburg für 16 Orte und Ortsteile (zirka 22 000 Einwohner) die individuellen Aktionsräume ermittelt werden. Die Siedlungen liegen in den bevorzugten Wohn- und Zuwanderungsgebieten des Naturparks Westliche Wälder und können auch über die Schiene erreicht werden. Die Bundesbahn beabsichtigt jedoch, diese Strecke innerhalb des geplanten Augsburger Verkehrsbundes demnächst stillzulegen. Die Anrainergemeinden wehren sich dagegen und drängen auf eine abgestimmte Bedienung durch Bus und Schiene. Innerhalb weniger Wochen sollten die Verkehrsbeziehungen quantitativ für alle Ortsteile geklärt werden. Es galt, die gesamte Nachfrage zu erfassen. Insbesondere sollten die Merkmale der Pkw-Fahrer sehr genau analysiert werden, um daraus das Potential für eine teilweise Umschichtung auf Bus und Bahn exakt darstellen zu können (SCHAFFER, PEYKE, SCHLICKUM 1985). Auf Wunsch der Bürgermeister wurde auch der modal-split, die Aufteilung der Fahrten nach privaten und

öffentlichen Verkehrsmitteln, berücksichtigt. Das schlechte Qualitätsprofil von Bus und Bahn hat nämlich den Anteil des öffentlichen Personennahverkehrs (ohne Schüler) auf etwa 23 Prozent absinken lassen (SCHLICKUM 1985).
Je näher ein Ort der Kernstadt liegt, desto niedriger wird sein modal-split bei Bus und Bahn. Daran hat die Stadt-Umland-Wanderung kräftig Anteil. In die Naturpark-Gemeinden ziehen jährlich etwa 1 000 Augsburger neu zu, vor allem in die nahen Randgemeinden wie Aystetten. Für die Neubürger aus Augsburg ist zunächst eine größere Fahrtenhäufigkeit, aber auch die Neigung, für fast alle Fahrten in die Kernstadt eigene Pkw zu benutzen, sehr charakteristisch (vgl. Karte 18). Die aktionsräumliche Struktur eines Ortsteils wird jedoch vom Faktor Zeit, der Wohndauer, entsprechend mitgeprägt. Eine signifikante Veränderung im modal-split tritt aber erst nach zirka 15 Jahren Ortsansässigkeit auf. Danach benutzt man häufiger die öffentlichen Verkehrsmittel und die individuellen Aktionsräume werden stabil (vgl. Karte 19).

Für die aktionsräumliche Grobgliederung des Großstadtrandes sind die Steuerwirkungen der Verkehrs-Infrastruktur sowie die Ausstrahlung des Standortgefüges der Arbeitsplätze, Schulen, Behörden, Einkaufsmöglichkeiten in der Kernstadt sehr wichtig:

— Am Beispiel der zirka 20 km entfernten Gemeinde Adelsried (1 900 Einwohner) kann dieser „Rektions-Effekt" der Stadtstruktur beispielsweise auf den modal-split veranschaulicht werden.
— Die Fahrten mit dem privaten Pkw zielen in die verschiedensten Stadtbezirke von Augsburg (vgl. Karte 20).
— Die Fahrten mit Bus und Bahn sind stark gebündelt und zentrieren sich fast ausschließlich nur auf zwei Stadtbezirke, das Umfeld von Hauptbahnhof und Königsplatz (vgl. Karte 21).
— Aus dieser „Rektion" lassen sich die Grundstrukturen einer aktionsräumlichen Gliederung für die Nahverkehrsbeziehungen der gesamten Region ableiten. Durch Zählung und Beobachtung der zeitlichen und räumlichen Verteilung aller Fahrten in die Kernstadt konnte die Gliederung des Nahverkehrsraumes ermittelt werden, die vom Augsburger Verkehrsbund weitgehend übernommen worden ist.

Karte 18

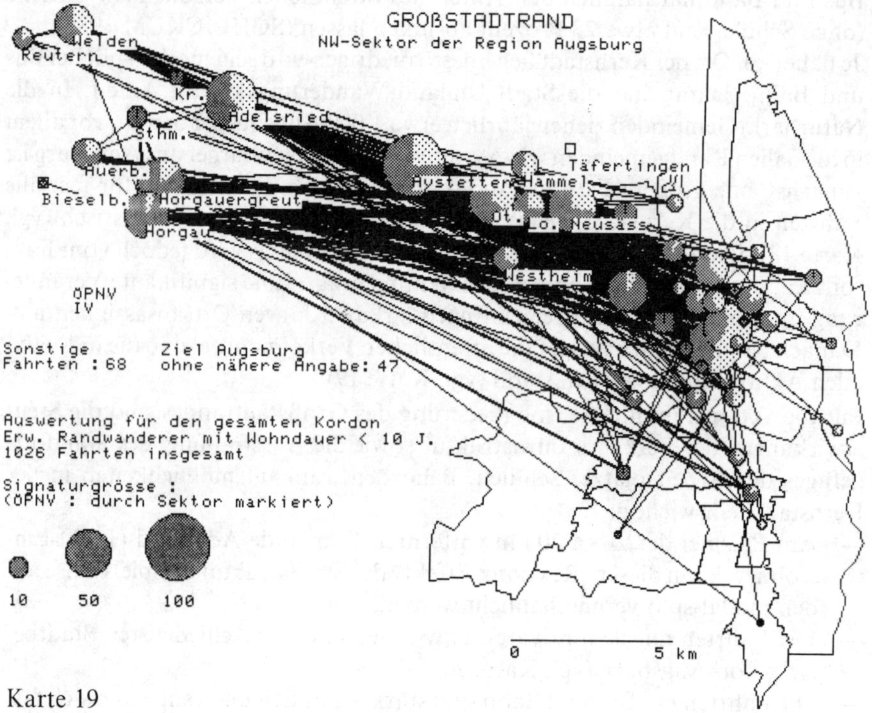

Karte 19

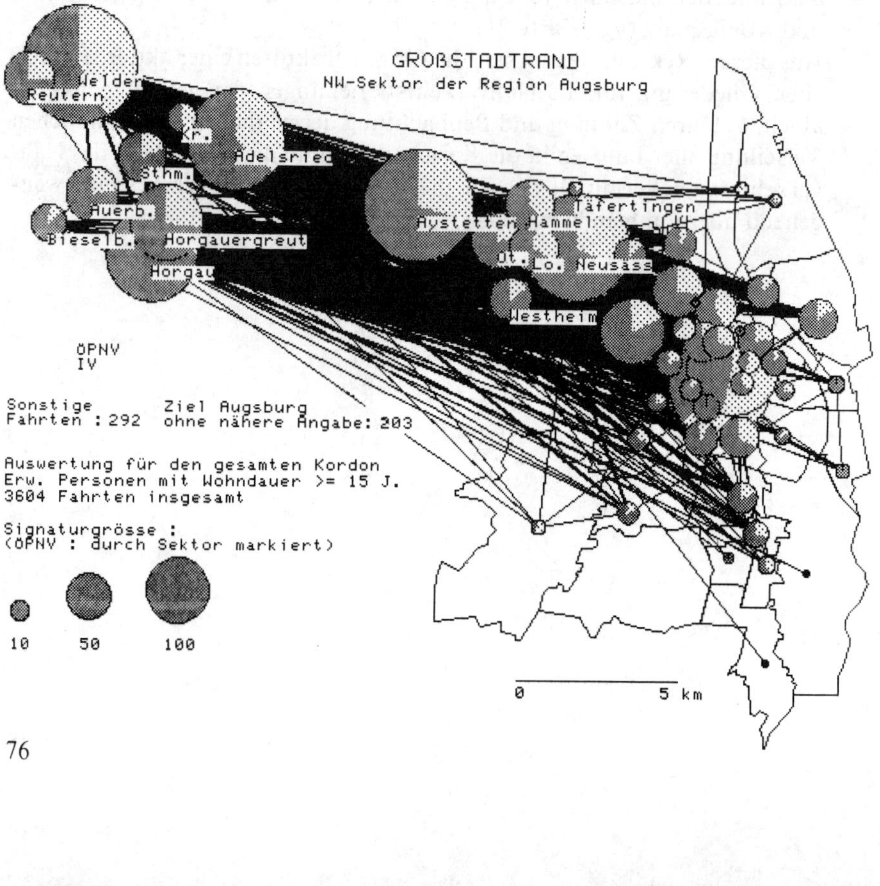

Karte 20

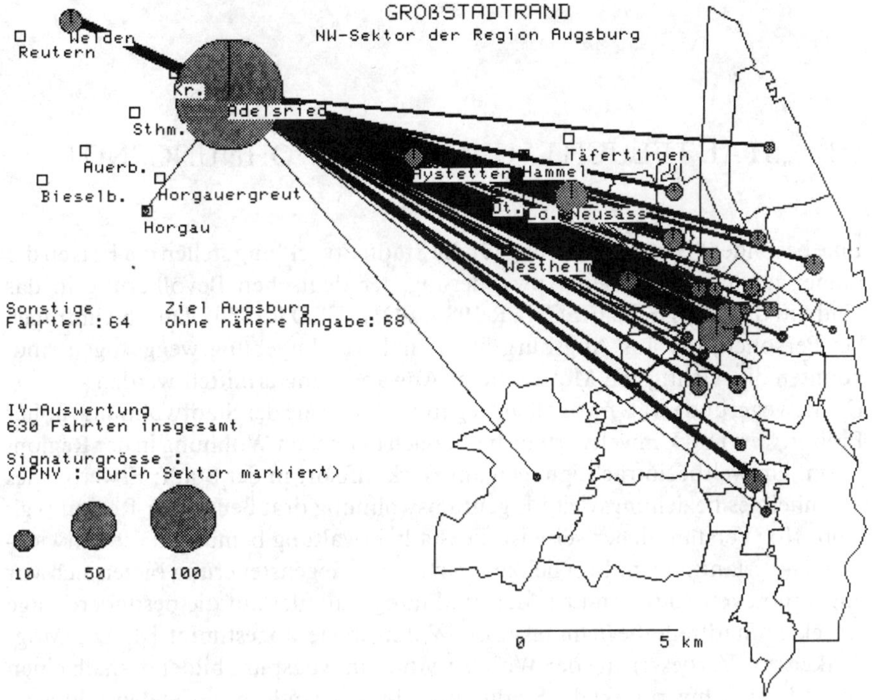

Karte 21

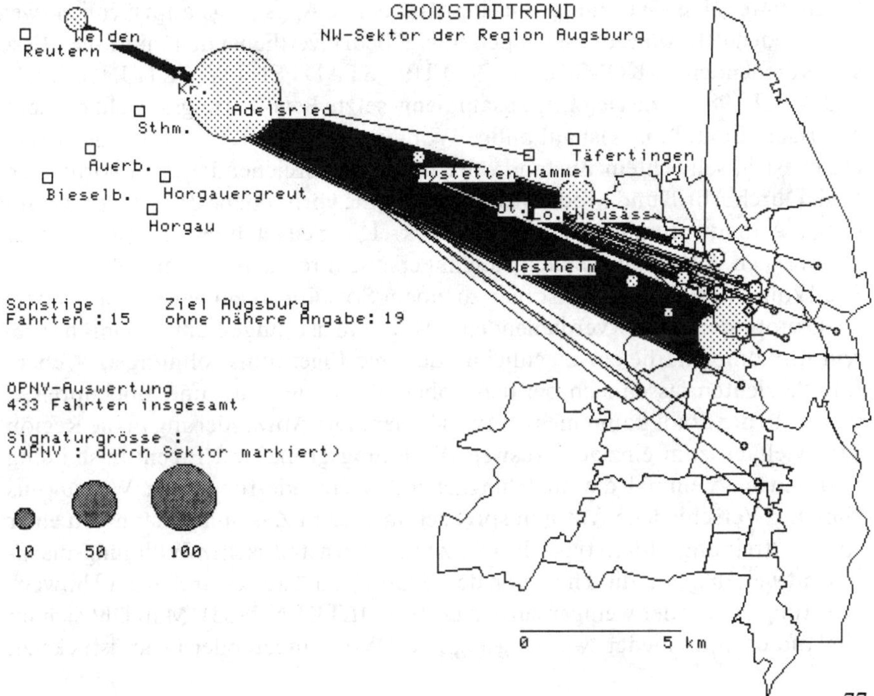

6. DUALISMUS VON STADT UND REGION

6.1 „STADTFLUCHT" UND „NEUE WOHNUNGSNOT"

Eine besondere Herausforderung für die Stadtentwicklung stellen die Folgen der immer noch anhaltenden Abwanderung der deutschen Bevölkerung in das Umland dar (DICK & FISCHER 1985, BOUSTEDT 1980). Durch Umfragen bei Personen, die aus Augsburg in die nähere Umgebung weggezogen sind, konnten die wichtigsten Motive dieser Anwanderung ermittelt werden.
Die Beweggründe waren vor allem negative Merkmale der Stadtwohnung; hoher Freizeitwert und Umweltvorteile im Bereich der neuen Wohnung in der Region; Lärm, Umweltbeeinträchtigungen am Herkunftsort in der Stadt; Erwerb eines Eigenheimes beziehungsweise Eigentumswohnung draußen in der Region (vgl. Abb. 10). Verständlicherweise ist die Stadtverwaltung bemüht, diese Entwicklung zu verlangsamen. Möglichkeiten zu einer Gegensteuerung bieten sich vor allem in neuen Anreizen über den Wohnungsbau, der auf die besondere Lage einzelner Stadtteile beziehungsweise Wohngebiete abgestimmt ist. Die Möglichkeit zur Verbesserung der Wohnsituation in Augsburg bildet deshalb einen besonderen Schwerpunkt der Stadtentwicklung. Gerade in den letzten Jahren ist in den Großstädten ein typischer Wohnungsmangel entstanden, mit dem man angesichts der rückläufigen Bevölkerungszahl nicht mehr gerechnet hatte. Die sogenannte „Neue Wohnungsnot" betrifft auch in Augsburg hauptsächlich zwei verschiedene Bevölkerungsgruppen, die „Niedrigverdienenden" und die „Besserverdienenden" (KOMMISSION FÜR STADTENTWICKLUNG 1983; GÖDERT 1985). Die vielfältig zusammengesetzte Bevölkerungsschicht mit sehr niedrigem Einkommen ist auf billige Wohnungen in der Kernstadt angewiesen, die meist in schlechtem Zustand oder in nicht ausreichender Zahl vorhanden sind. Durch Abriß und Modernisierung geht die vorhandene Zahl der preisgünstigen Altbauwohnungen ständig zurück. Die neugebauten, meist zu teuer gewordenen Wohnungen bieten diesem Personenkreis keinen geeigneten Ersatz. Die Wohnungsversorgung ist hier zu einem Sozialproblem geworden. Anders die Gruppe der „Besserverdienenden", es sind meist junge Familien mit mittlerem Einkommen, die ein Eigenheim oder eine Eigentumswohnung anstreben. Ihre Absichten lassen sich bei den hohen Wohnungsbau- und Bodenpreisen innerhalb der Stadt kaum mehr verwirklichen. Die Abwanderung in die Region wird vielfach zum einzigen Ausweg. Wohnungsgröße und Eigentumsbildung sind zunächst einmal die ausschlaggebenden Gründe für diesen Wegzug ins Umland. Verschiedene Autoren sprechen in diesem Zusammenhang von einer Art „Vertreibung" durch typische Defizite des kernstädtischen Wohnungsmarktes und weisen damit die These von der „Stadtflucht" aus Gründen der Umweltbelastung mehr oder weniger zurück (z. B. BÖLTKEN 1983). Man läßt sich im Umland eben da nieder, wo die geeigneten Wohnungen oder Grundstücke zu

Abbildung 10

Motive für den Umzug bei Rand- und Stadtwanderern

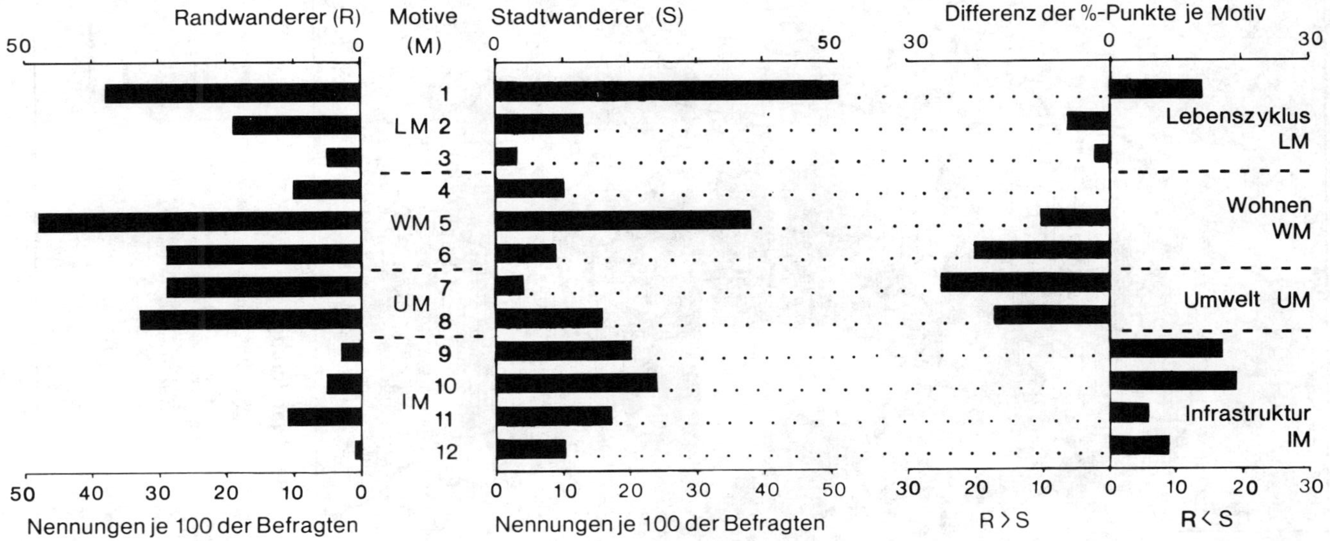

Erklärung der Abkürzungen für die Motive:

LM = Lebenszyklus
1 = Persönlich/familiäre Motive
2 = Kinder (Geburt, Verlassen des Elternhauses)
3 = Pensionierung
WM = Wohnen
4 = finanzielle Belastung für Wohnung
5 = negative Merkmale der Wohnung
6 = Erwerb eines Eigenheimes, Eigentumswohnung

UM = Umwelt
7 = Lärm, Abgase etc. am Herkunftsort
8 = Freizeitwert der jetzigen Umgebung
IM = Infrastruktur
9 = gute Einkaufs- und Versorgungsmöglichkeiten
10 = gute Verkehrsanbindung
11 = rasche Erreichbarkeit des Arbeitsplatzes
12 = rasche Erreichbarkeit der Ausbildungsstätte

Karte 22

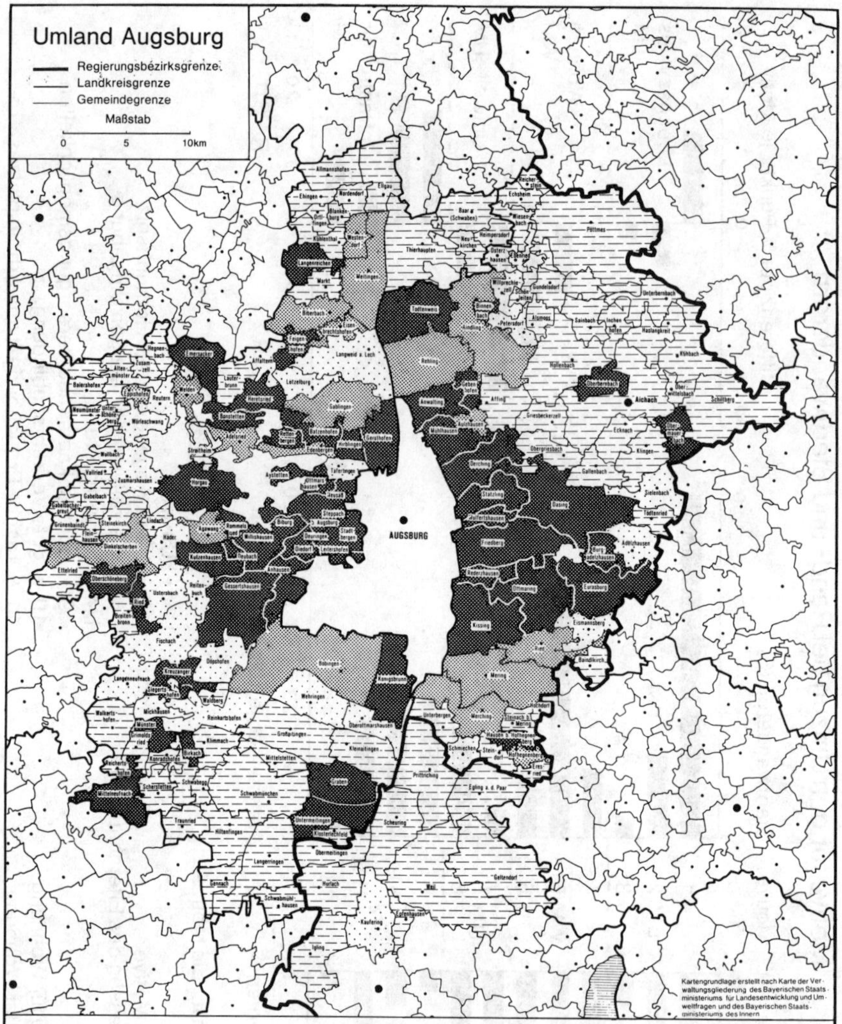

Randwanderung

Die Karte kennzeichnet die unterschiedlich starke Wanderungsverflechtung der Gemeinden mit Augsburg und die sich daraus ergebende Wanderungsbilanz. Die Verflechtung ergibt sich aus der Mobilität (Wanderungen von/nach Augsburg auf 1000 Einwohner) von Deutschen und Ausländern; die Wanderungsbilanz (Wanderungssaldo auf 1000 Einwohner) berücksichtigt nur deutsche Wanderer.

Randwanderungsgemeinden mit	Mobilität	Wanderungsbilanz
starker bis sehr starker Verflechtung	hoch bis sehr hoch (über 15 ‰)	Gewinn (über 5 ‰)
starker bis sehr starker Verflechtung	hoch bis sehr hoch (über 15 ‰)	ausgeglichen (0 - 5 ‰)
	hoch (über 15 ‰)	Verlust
	niedrig (bis 15 ‰)	unterschiedlich

Lehrstuhl für Sozial- und Wirtschaftsgeographie, Prof. Dr. F. Schaffer
Universität Augsburg

Entwurf: W. Poschwatta

Kartographie: D. Musielak

Karte 23

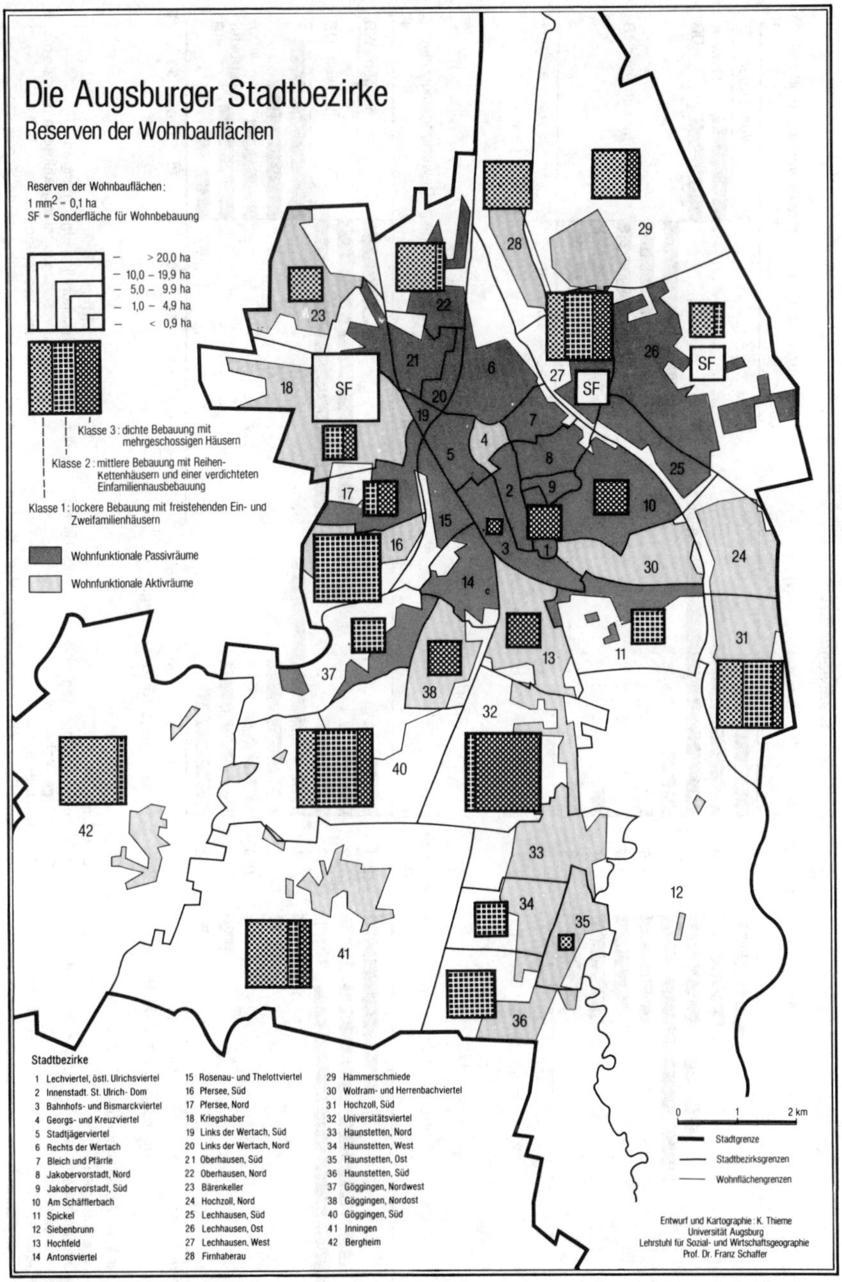

Quelle: Daten des Amts für Stadtentwicklung und Statistik der Stadt Augsburg, Datenstand 31.12.1980. Kartengrundlage erstellt nach Vorlagen des Stadtplanungsamts der Stadt Augsburg

Abbildung 11

Beurteilung des jetzigen bzw. vorherigen Wohnumfeldes bei Rand- und Stadtwanderern

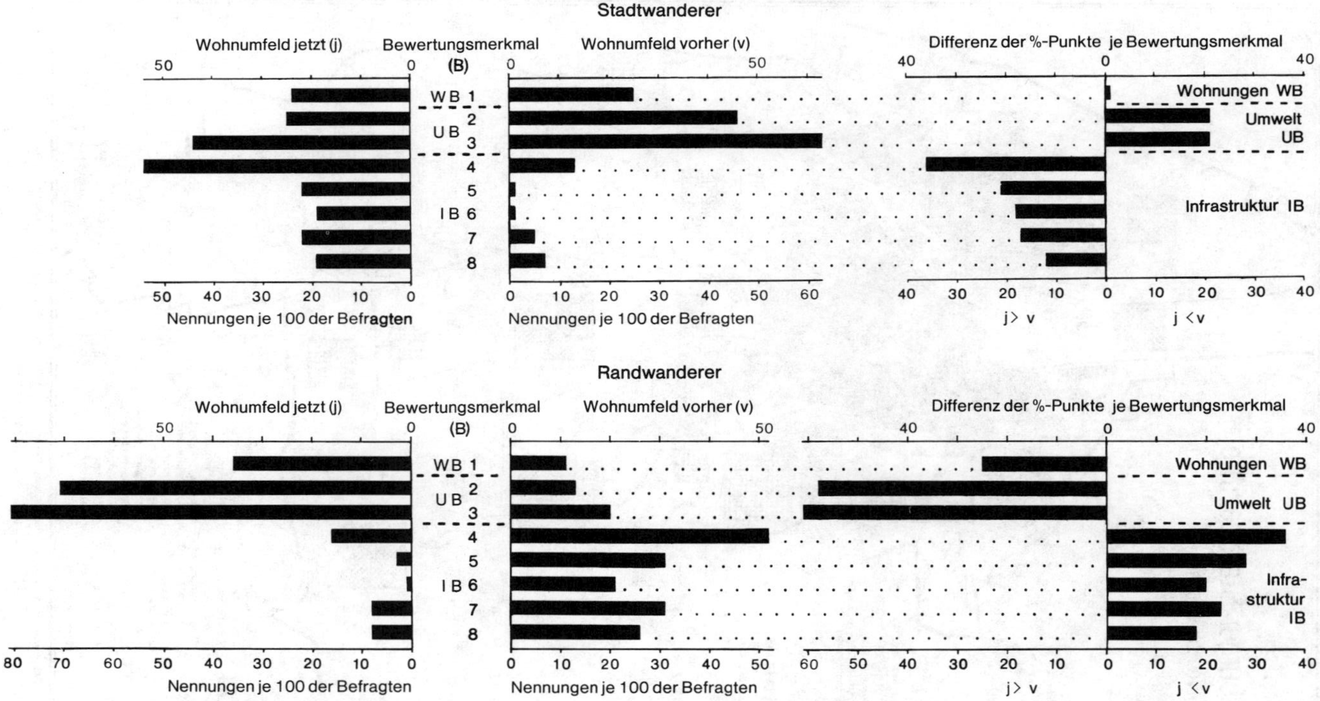

Erklärung der Abkürzungen für die Bewertungsmerkmale:

WB = Wohnungen
1 = angemessene Auswahl gut ausgestatteter Wohnungen

UB = Umwelt
2 = gute Erholungsmöglichkeit gesunde Umwelt
3 = ruhige Wohnlage

IB = Infrastruktur
4 = gute Einkaufs- u. Versorgungsmöglichkeiten
5 = Nähe zu kulturellen Einrichtungen
6 = Nähe zu Vergnügungsmöglichkeiten, Lokale etc.
7 = Nähe zum Arbeitsplatz
8 = Nähe zur Ausbildungsstätte, Schule etc.

* Umfrage 1975, (Max. 3 Antw. waren möglich, Befragter = Haushaltsvorstand).

erschwinglichen Kosten zu haben sind. Die angenehme Wohnlage im Grünen ist eher eine willkommene Zugabe, nicht das ausschlaggebende Motiv für den Wohnungswechsel (vgl. Karte 22).
Für den Zeitraum von 1982 bis 1990 wird in Augsburg ein Mindestbedarf von etwa 9000 Wohnungen angenommen (KOST 1983, 1985). Einschließlich der Baulücken und Abbruchflächen standen im Stadtgebiet zirka 255 ha Reservefläche für den Wohnungsbau zur Verfügung (vgl. Karte 23). Die größten Erweiterungsmöglichkeiten liegen jedoch in den südlichen Außenvierteln der Stadt. Lockere Bebauung mit Ein- und Zweifamilienhäusern sind beispielsweise in Inningen und Bergheim geplant. Abgesehen von gewissen Ansätzen im Bahnhofs- und Bismarckviertel, im östlichen Ulrichsviertel und am Schäfflerbach sind jedoch entsprechende Erweiterungsmöglichkeiten für den Wohnungsbau in der Innenstadt so gut wie ausgeschlossen. Aus Befragungen von Familien, die aus dem Stadtzentrum fortzuziehen beabsichtigen, ist bekannt, daß sie ihre Ansprüche gegenüber der angestrebten Wohnung zunächst möglichst innerhalb der näheren Umgebung des vertrauten Viertels verwirklichen möchten. Es liegt daher nahe, den möglichen Abwanderern die gewünschte Wohnung in einer akzeptablen Wohnumgebung anzubieten.
Die harten Zwänge auf dem Wohnungsmark bedeuten jedoch nicht, daß die Bewertung der Wohnumgebung, die Qualität des lokalen Wohnumfeldes bei längerer Wohndauer nicht zu beachten wären. Das ergibt sich beispielsweise aus dem Vergleich der vorausgehenden und jetzigen Situation bezüglich Umwelt- und Infrastruktur bei Regions- wie Stadtwanderern (vgl. Abb. 11). Die positive Einschätzung der neuen Wohnumgebung wird bei den Randwanderern zunächst ganz von den veränderten Umwelteinflüssen bestimmt. Der sogenannte „Umweltvorteil“ schlägt etwa fünfmal häufiger zu Buche als am früheren Wohnbereich innerhalb Augsburgs. Die Infrastrukturvorteile der Stadtwohnung wissen die Zuwanderer in der Innenstadt beispielsweise sehr zu schätzen, weil sie den Mangel an entsprechenden Einrichtungen mit zunehmender Wohndauer in den Randgemeinden besonders nachteilig empfunden haben.

6.2 BESSERE WOHNUMFELDER FÜR DIE INNENSTADT

In der Innenstadt von Augsburg konnte das Wohnumfeld-Verhalten von Familien, die in modernisierte und neu errichtete Wohnungen gezogen sind, von Wolfgang POSCHWATTA (1977) sehr genau untersucht werden. Unter Wohnumfeld wird jener Bereich verstanden, der die täglichen oder zumindest häufig wiederkehrenden, zu Fuß durchgeführten Wege aller Familienmitglieder umfaßt. Das „aktionsräumliche Verhalten" und die Lebenslage der Bewohner sind bei der Typisierung der auftretenden Verhaltensweisen in vierfacher Weise berücksichtigt worden: Gestalt der Aktionsräume bei den täglich zu Fuß erledigten Spazier- und Einkaufswegen; überwiegende Orientierung dieser Wege

Karte 24

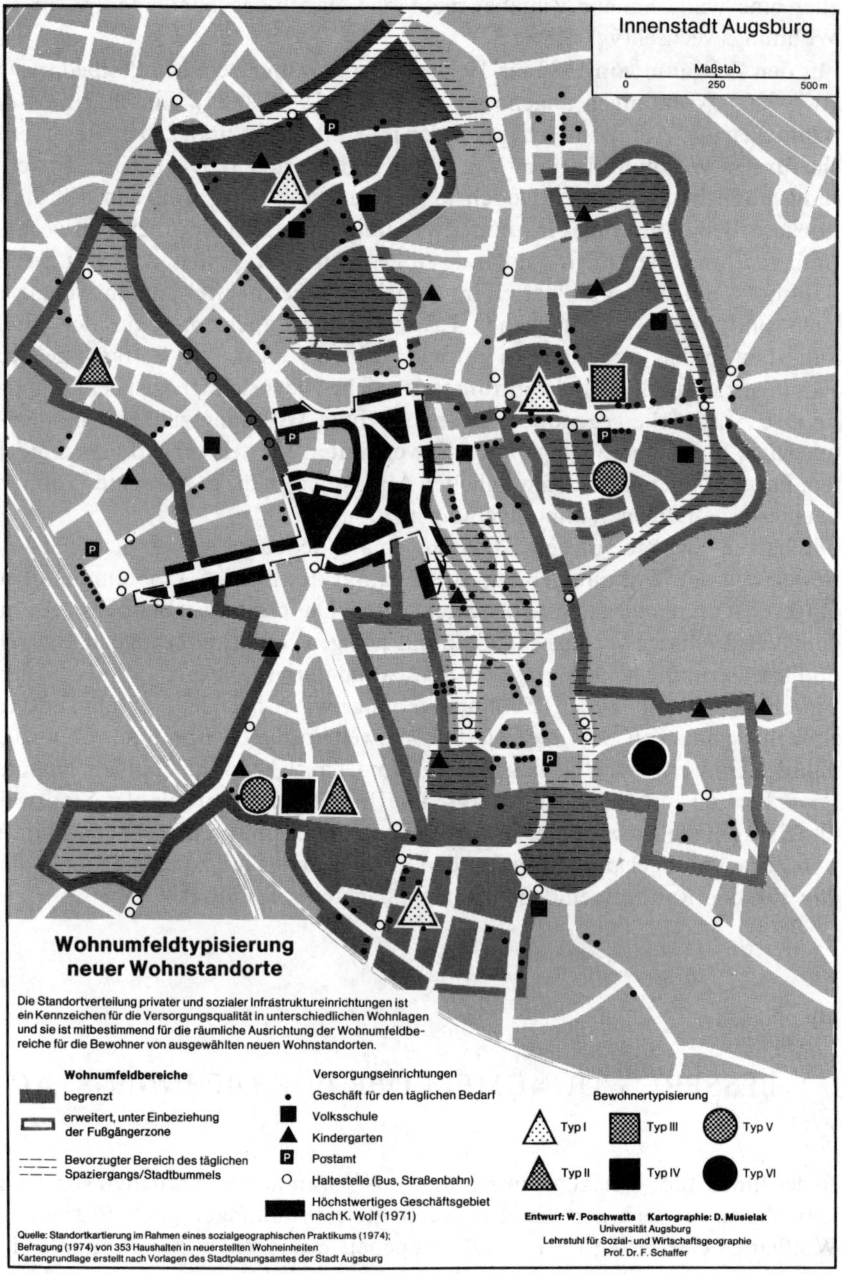

Innenstadt Augsburg
Maßstab
0
250
500 m
P
Wohnumfeldtypisierung neuer Wohnstandorte
Die Standortverteilung privater und sozialer Infrastruktureinrichtungen ist ein Kennzeichen für die Versorgungsqualität in unterschiedlichen Wohnlagen und sie ist mitbestimmend für die räumliche Ausrichtung der Wohnumfeldbereiche für die Bewohner von ausgewählten neuen Wohnstandorten.
Wohnumfeldbereiche
begrenzt
erweitert, unter Einbeziehung der Fußgängerzone
Bevorzugter Bereich des täglichen Spaziergangs/Stadtbummels
Versorgungseinrichtungen
Geschäft für den täglichen Bedarf
Volksschule
Kindergarten
Postamt
Haltestelle (Bus, Straßenbahn)
Höchstwertiges Geschäftsgebiet nach K. Wolf (1971)
Bewohnertypisierung
Typ I
Typ II
Typ III
Typ IV
Typ V
Typ VI
Entwurf: W. Poschwatta Kartographie: D. Musielak
Universität Augsburg
Lehrstuhl für Sozial- und Wirtschaftsgeographie
Prof. Dr. F. Schaffer
Quelle: Standortkartierung im Rahmen eines sozialgeographischen Praktikums (1974); Befragung (1974) von 353 Haushalten in neuerstellten Wohneinheiten
Kartengrundlage erstellt nach Vorlagen des Stadtplanungsamtes der Stadt Augsburg

zum Beispiel auf das Wohnviertel, die Innenstadt, das übrige Stadtgebiet oder auch darüberhinaus; Veränderungstendenzen bei den Wegebeziehungen; Kennzeichnung der Lebenslage der Bewohner und Haushalte nach dem sozialen Status und dem Lebenszyklus.
In der Augsburger Innenstadt lassen sich danach mehrere Bewohnergruppen mit deutlich abgrenzbaren Wohnumfeldern unterscheiden, die ihrerseits in enger Beziehung zu den Versorgungseinrichtungen der Innenstadt stehen (vgl. Karte 24). Dreieckssignaturen kennzeichnen in der Karte ältere Haushalte unterer Einkommensschichten mit überwiegend gleichbleibenden räumlichen Beziehungen und der Neigung, die Aktionsradien einzuschränken. Quadratsignaturen kennzeichnen jüngere Alleinstehende der unteren Schichten mit stärkerer Veränderungsbereitschaft in ihren räumlichen Beziehungen. Kreissignaturen verdeutlichen jüngere Familien der oberen Schichten mit teilweise wechselnden Raumbeziehungen. Die Versorgungsqualität im Einzugsbereich der untersuchten Standorte ist für die Ausrichtung der Wohnumfelder der Bevölkerung bestimmend und abhängig von der Bewertung und Inanspruchnahme des vorhandenen Angebots bei den Geschäften, Schulen usw. Beispielsweise besteht bei älteren Personen mit niedrigerem Einkommen eine besondere Abhängigkeit von Geschäften und Infrastruktur im Bereich der Wohnungen. Das zeigt die Lage der Dreieckssignaturen. Bei den täglichen Aktivitäten sind die Wohnumfelder dieser Personen eng auf den Bereich um die Wohnung orientiert. Die günstige Lage von Freiflächen entlang der ehemaligen Stadtmauer und Wallanlagen fördert die Ausbildung solcher Begrenzungen. Es sind stabil und positiv bewertete Wohnumfelder entstanden. Die Gliederung der Innenstadt in ein Zellengefüge von positiv und negativ bewerteten Wohnumfeldern macht Vorzüge und Mängel der unterschiedlichen Wohnbereiche in der Altstadt sehr deutlich. Die Infrastrukturausstattung im Innenstadtbereich ist deshalb bei allen Entwicklungsmaßnahmen der Wohnfunktion von nicht zu unterschätzender Bedeutung. Bei der Gestaltung wieder attraktiv gewordener Wohnlagen in der Altstadt sollte vor allem auf eine Durchmischung mit verschiedenen sozialen Schichten durch den Ausbau von Wohnungen unterschiedlicher Größe und Ausstattung geachtet werden. Ausgestaltung und Erhaltung von Grünflächen und Freizeiteinrichtungen sowie Maßnahmen der Verkehrsberuhigung spielen dabei eine außerordentlich wichtige Rolle.

6.3 INNENSTADT ALS „PARKHAUS DER REGION"

Die Wanderung von der Stadt ins Umland und die entsprechende Gegenbewegung wird nur in sehr geringem Umfang von einem Wechsel des Arbeitsplatzes begleitet. Bei 9 von 10 Berufstätigen, bei Rand- wie Stadtwanderern, blieb nach dem Umzug die räumliche Bindung zur Arbeitsstätte unverändert. Auch der

Karte 25

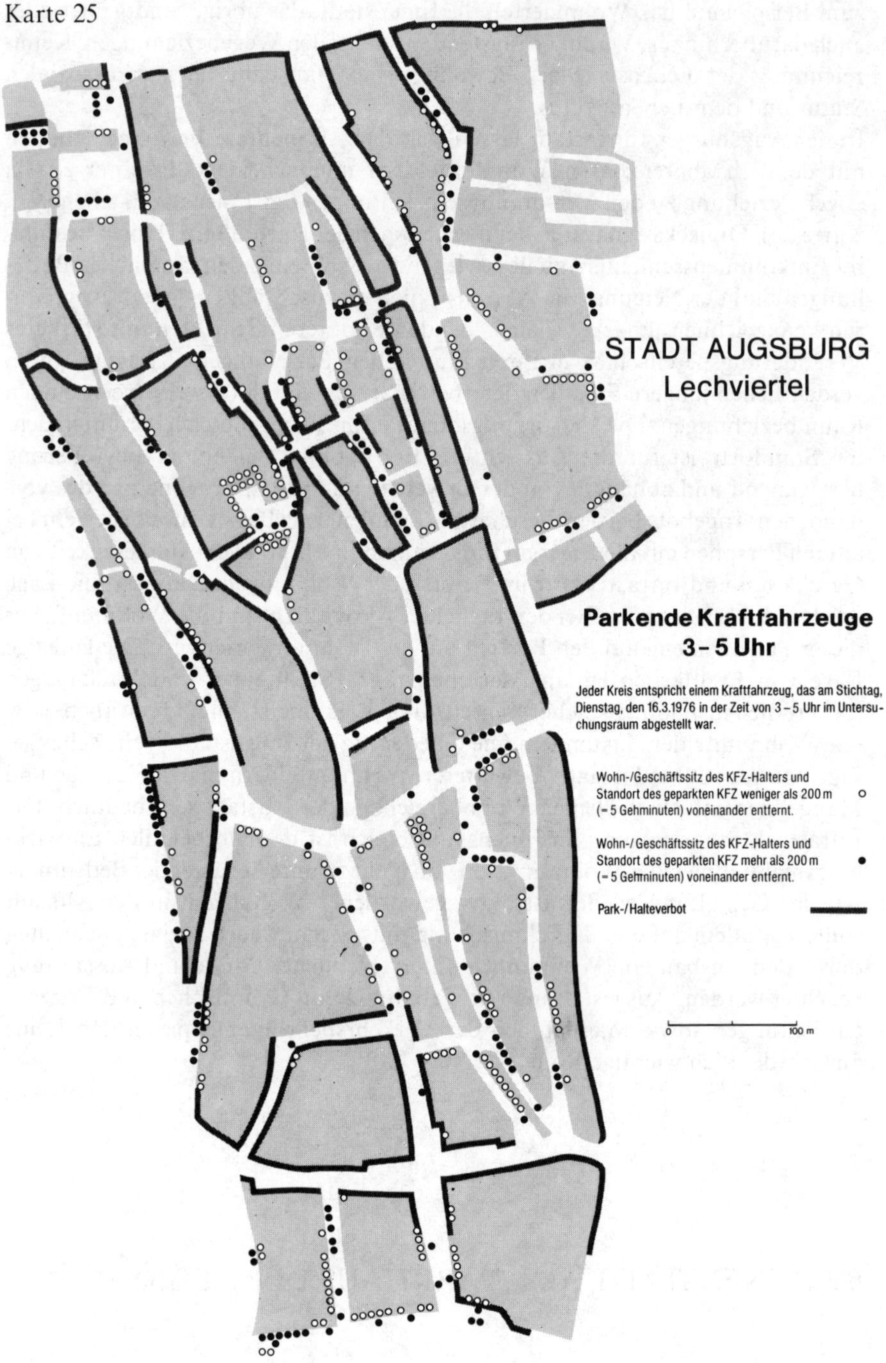

STADT AUGSBURG
Lechviertel

**Parkende Kraftfahrzeuge
3 – 5 Uhr**

Jeder Kreis entspricht einem Kraftfahrzeug, das am Stichtag, Dienstag, den 16.3.1976 in der Zeit von 3 – 5 Uhr im Untersuchungsraum abgestellt war.

Wohn-/Geschäftssitz des KFZ-Halters und Standort des geparkten KFZ weniger als 200 m (= 5 Gehminuten) voneinander entfernt.   ○

Wohn-/Geschäftssitz des KFZ-Halters und Standort des geparkten KFZ mehr als 200 m (= 5 Gehminuten) voneinander entfernt.   ●

Park-/Halteverbot   ▬▬▬

0   100 m

Karte 26

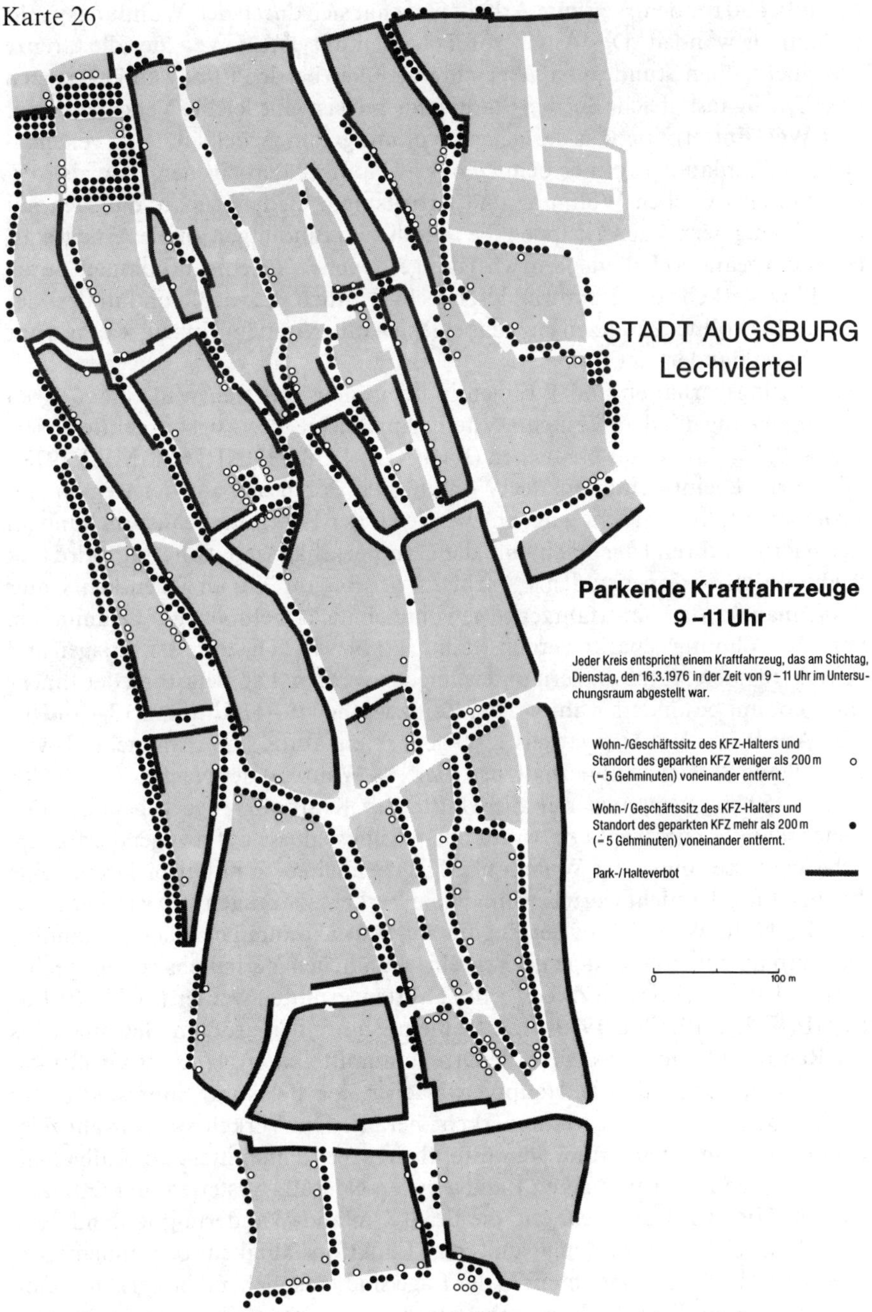

STADT AUGSBURG
Lechviertel

**Parkende Kraftfahrzeuge
9 –11 Uhr**

Jeder Kreis entspricht einem Kraftfahrzeug, das am Stichtag, Dienstag, den 16.3.1976 in der Zeit von 9 – 11 Uhr im Untersuchungsraum abgestellt war.

Wohn-/Geschäftssitz des KFZ-Halters und Standort des geparkten KFZ weniger als 200 m (≈ 5 Gehminuten) voneinander entfernt.   ○

Wohn-/Geschäftssitz des KFZ-Halters und Standort des geparkten KFZ mehr als 200 m (≈ 5 Gehminuten) voneinander entfernt.   ●

Park-/Halteverbot   ▬

0   100 m

Zeitaufwand für den Weg zum Arbeitsplatz hat sich durch den Wohnungswechsel kaum gewandelt. Der Anteil von Personen mit einem Weg, der die Grenze von einer halben Stunde nicht überschreitet, blieb bei den Randwanderern nach dem Umzug fast gleich. Bei den Stadtwanderern ist eine leichte Verkürzung der Zeit-Weg-Entfernung von der neuen Wohnung zum Arbeitsplatz zu verzeichnen. Die Umlandbewohner benutzen weit häufiger den eigenen Pkw als Verkehrsmittel zwischen Wohnung und Arbeitsplatz. Bedenkt man, daß sich mit dem Umzug der beiden Gruppen die räumlichen Bindungen an die Arbeitsstätten kaum geändert haben, dann wird das gestiegene Verkehrsaufkommen durch den Pkw-Verkehr der Randwanderer recht deutlich. Etwa 70 von hundert der Umlandbewohner benutzen jetzt das eigene Auto. Vor dem Umzug war dies nur bei 50 von hundert der Fall.
Wanderungsverhalten und Wohnen in der Innenstadt stehen in einem engen Zusammehang mit dem Verkehrssystem. Am Beispiel des Augsburger Lechviertels läßt sich das veranschaulichen (DREXEL 1978, HUNDHAMMER 1978). Die starke Beeinträchtigung der Wohnumwelt durch den aus der Region einströmenden Pkw-Verkehr zeigt ein Vergleich der Parkraumbeanspruchung im Lechviertel während der Nacht und der Hauptgeschäftszeit. Untertags wird hier die Funktion der Innenstadt als „Parkhaus der Region" nur allzu deutlich. Unter der Annahme, daß Kraftfahrzeuge gewöhnlich nicht mehr als fünf Gehminuten von der Wohnung geparkt werden, konnte grob zwischen viertelsansässigen und viertelsfremden Autobesitzern unterschieden werden. Die Belastung der Innenstadt kommt besonders während der Zeit zwischen 9—11 Uhr und 13—15 Uhr zum Ausdruck. Von den jeweils 1500 geparkten Autos stammen mehr als vier Fünftel aus Bereichen außerhalb des Viertels. Während der Nacht, 20—22 Uhr und 3—5 Uhr, war etwa nur die Hälfte der Kraftfahrzeuge gegenüber den Zeitabschnitten des Tages zu verzeichnen. Rückschlüsse auf dringend erforderliche Verbesserungen der Wohnumfeldgegebenheiten, zum Beispiel durch eine Reduzierung des nicht viertelsgebundenen Verkehrs, drängen sich geradezu auf.
Für den Nord-West-Sektor der Region Augsburg konnten bei allen Umlandbewohnern an einem Stichtage die verkehrsräumlichen Verhaltensweisen, gegliedert nach den wichtigsten Zwecken der Fahrten, ermittelt werden (SCHAFFER, SCHIFFLER, PEYKE 1979). Die Gemeinden mit den größten Gewinnen aus der Randwanderung, das heißt die Orte in unmittelbarer Nähe der Großstadt, stellen sich dabei als die Hauptverursacher der Belastung innerstädtischer Wohnumfelder durch den Autoverkehr heraus. Die Verkehrsmittelwahl zeigt deutlich die Umorientierung vom öffentlichen Verkehrsmittel zum Individualverkehr in den kernstadtnahen Randgebieten Neusäß, Aystetten und Ottmarshausen. Hier wird deutlich, wie die Stadt-Umland-Wanderung laufend neue Verkehrsbeziehungen erzeugt und die Funktionsfähigkeit der Innenstädte gefährdet, die längst nicht mehr in der Lage sind, ausreichenden Verkehrsraum für die privaten Pkws der Regionsbevölkerung bereitzustellen. Ein Ausbau des öffentlichen Nahverkehrs unter angemessener Kostenbeteiligung des Umlandes ist damit zu einem vorrangigen Anliegen der Großstadt geworden. Die städtische Verkehrspolitik verlangt heute — nach zwei Jahrzehnten Anpassungsplanung an die Motorisierungswelle — eine Einschränkung des arbeitsplatzbezogenen Autoverkehrs und den Ausbau der öffentlichen Verkehrsmittel. Die

zielorientierte Verkehrsplanung sollte jedoch die Verflechtungen des gesamten Verdichtungsraumes berücksichtigen. Die Kenntnis der Zusammenhänge zwischen der Verkehrsbelastung der Kernstadt, der sozialräumlichen Struktur der großstadtnahen und ländlichen Gebiete und der vorhandenen Verkehrsinfrastruktur ermöglicht die Beurteilung der räumlichen Wirkung von Investitionen in das Verkehrssystem (SCHAFFER, PEYKE, SCHLICKUM 1985).

6.4 NEUORDNUNG DES REGIONALEN NAHVERKEHRS

Diese akute Problematik hat den Augsburger Stadtrat beim Beschluß des Gesamtverkehrsplanes darin bestärkt, einen möglichst hohen Anteil des Nahverkehrs auf öffentliche Beförderungsmittel zu lenken (STADT AUGSBURG 1978). Die Schienenäste der Deutschen Bundesbahn, die radial auf die Stadt Augsburg zulaufen, sollen die Magistralen des Netzes bilden. Ihnen fällt die vorrangige Aufgabe zu, die Verkehrsströme aus dem Umland zu bündeln und über diese Hauptachsen schnell in die Kernstadt Augsburg zu leiten. Die Buslinien sollen im Umland bevorzugt die Fläche erschließen und darüberhinaus das Schienensystem dort ergänzen, wo eine Omnibuserschließung wirksamer und wirtschaftlicher gestaltet werden kann. Dazu hat die Arbeitsgruppe „Regionaler Nahverkehrsplan" eine Aufteilung des Augsburger Umlandes in sieben erschließungsbezogene Einzugssektoren sowie drei kleinere Sonderräume vorgenommen (FORNER 1980, 1982). Da größere Mittel für Investitionen im Nahverkehr dem Großraum Augsburg nicht verbindlich in Aussicht gestellt werden können, scheint es besonders wichtig, die bestehenden Bahnlinien in die Verkehrskonzeption von Stadt und Region einzubeziehen. Zur Koordinierung der bestehenden Planungen wurden die Verflechtungen des Nahverkehrsraumes zwischen Kernstadt und Umland in beiden Richtungen durch eine groß angelegte Zählung ermittelt und vor allem die regionalen, zeitlichen und mengenmäßigen Verteilungen des öffentlichen Personen-Nahverkehrs analysiert (SCHAFFER, PEYKE, SCHLICKUM 1985).

Die räumliche Auswirkung des einströmenden Verkehrs auf Augsburg wird von Sektor zu Sektor besonders betrachtet. Für diesen Zweck wurde das Stadtgebiet in Verkehrszellen aufgeteilt und nach dem Muster der Modelluntersuchung im NW-Sektor der Region beobachtet (vgl. Karte 27). Der Flächenumriß der Zellen ergibt sich aus der Erschließung durch Haltestellen über öffentliche Verkehrsmittel. In der Karte ist der einströmende Verkehr für den Weg zum Arbeitsplatz zu sehen. Obwohl im Osten und Süden der Stadt größere Gewerbegebiete bestehen, wird eine deutliche Bevorzugung für die Arbeitsstätten in verkehrsgünstiger Lage zum Einzugsbereich aus dem Regionssektor sichtbar. Ähnliche Zusammenhänge können für die verschiedenen Einzugsbereiche der Nahverkehrsregion nachgewiesen werden. An Haltestellen, wo der Nahverkehr die Stadtgrenze überschreitet, wurden die ein- und aussteigenden Fahrgäste in

Karte 27

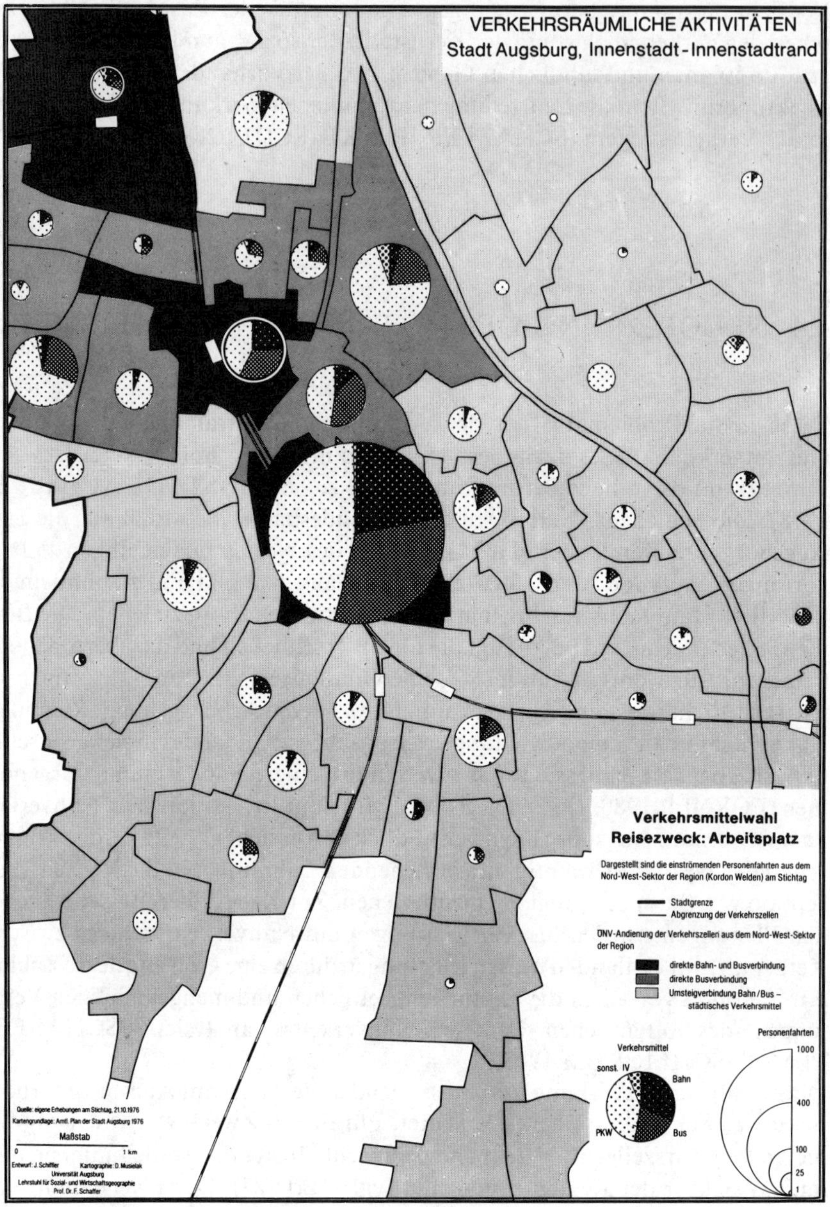
VERKEHRSRÄUMLICHE AKTIVITÄTEN
Stadt Augsburg, Innenstadt - Innenstadtrand
Verkehrsmittelwahl
Reisezweck: Arbeitsplatz
Dargestellt sind die einströmenden Personenfahrten aus dem Nord-West-Sektor der Region (Kordon Welden) am Stichtag
Stadtgrenze
Abgrenzung der Verkehrszellen
ÖNV-Andienung der Verkehrszellen aus dem Nord-West-Sektor der Region
direkte Bahn- und Busverbindung
direkte Busverbindung
Umsteigverbindung Bahn / Bus – städtisches Verkehrsmittel
Verkehrsmittel
sonst. IV
Bahn
PKW
Bus
Personenfahrten
1000
400
100
25
1
Quelle: eigene Erhebungen am Stichtag, 21.10.1976
Kartengrundlage: Amtl. Plan der Stadt Augsburg 1976
Maßstab
0
1 km
Entwurf: J. Schiffler
Kartographie: D. Musielak
Universität Augsburg
Lehrstuhl für Sozial- und Wirtschaftsgeographie
Prof. Dr. F. Schaffer

öffentlichen Verkehrsmitteln gezählt und kartographisch festgehalten (vgl. Karte 28). In mehreren Sektoren der Region (z. B. Sektor 1, 4, 6, 7) erreichen die Zahlen von Personen, die die Bahn benutzen, recht beachtliche Werte.

Für alle Sektoren und Sonderräume ist zu beobachten, daß ein sehr hoher Anteil (zirka 80 %) der mit öffentlichen Verkehrsmitteln in die Stadt kommenden Personen im unmittelbaren Bereich der Bahnstationen innerhalb Augsburgs aussteigt. Das gilt auch dann, wenn die Bahn nicht als Verkehrsmittel benutzt wurde. Allein im Bereich des Hauptbahnhofes strömen auf diese Weise zirka zwei Drittel aller in die Stadt kommenden Fahrgäste ein. Die Drehscheibenfunktion der Augsburger Hauptbahnhofszone ist deshalb eines der schlagkräftigsten Argumente für ein „Regionalbahnsystem" im Großraum Augsburg. Neuerdings besteht auch die Möglichkeit, diese Lösung schrittweise zu verwirklichen. Dadurch könnte es gelingen, auch die Siedlungsentwicklung von Stadt und Region (vgl. Karte 33) künftig wirksamer über den Ausbau des öffentlichen Personen-Nahverkehrs zu beeinflussen (DIETRICH 1984).

Für die wirtschaftliche Entwicklung der Region Augsburg kommt es wesentlich darauf an, daß durch geeignete Maßnahmen die Orientierung des Einzugsbereiches auf das Oberzentrum Augsburg erhalten und neu gefestigt wird. Nimmt man das regionale Pendleraufkommen als Maß für Umfang und Richtung der Verkehrsströme im Verdichtungsraum, dann ergibt sich aus dem Vergleich der Erschließungspotentiale entlang der einzelnen Schienenäste um Augsburg durchaus eine Realisierungschance für ein regionales Bahnsystem. Aufgrund des skizzierten Rektions-Effektes (vgl. Karten 18—21) sollte darüberhinaus an bestimmten Knotenpunkten innerhalb Augsburgs die Verknüpfung von städtischem und regionalem Verkehr angestrebt werden. Aus den Analysen der „aktionsräumlichen Gliederung" des Verdichtungsraumes konnten wir 1979 Grundzüge eines Nahverkehrskonzeptes für die Region Augsburg vorschlagen, das sich unter anderem auf folgende Prinzipien stützt:

— Regionales Bahnsystem: Verknüpfung der vorhandenen Schienenäste zu durchgehenden Linien, die ein strahlenförmiges Rückgrat bilden, das Fahrtenaufkommen aus der Fläche sammeln, bündeln und schnell zur Kernstadt führen.
— Regionales Bussystem: Die Erschließung der Fläche, insbesondere im Außenbereich des Verdichtungsraumes, soll verstärkt durch private Buslinien erfolgen.
— Integrations-Prinzip: Durch die teilweise Bündelung der Schienenstrecken im Zentrum sowie die Verknüpfung der regionalen Linien mit den innerstädtischen Verkehrsmitteln, beispielsweise im Bereich der Bahnhöfe und Stellen hoher Konzentration von Arbeitsplätzen, soll das Qualitätsprofil der öffentlichen Verkehrsverbindungen gegenüber dem Auto verbessert werden. Insbesondere sollen spürbare Reisezeitvorteile im Kernbereich dadurch Verzögerungen im Außenbereich mehr als ausgleichen.
— Innovationsprinzip: Die Netzwirkung und Attraktivitätssteigerung im entstehenden Augsburger Verkehrsbund sollen durch einen Versuchsbetrieb in Sektoren der Region erprobt werden.
— Aktionsraumprinzip: Schrittweise soll ein neues Linien-, Fahrplan- und Fahrzeugkonzept den aktionsräumlichen Verhaltensweisen in der Region

Karte 28

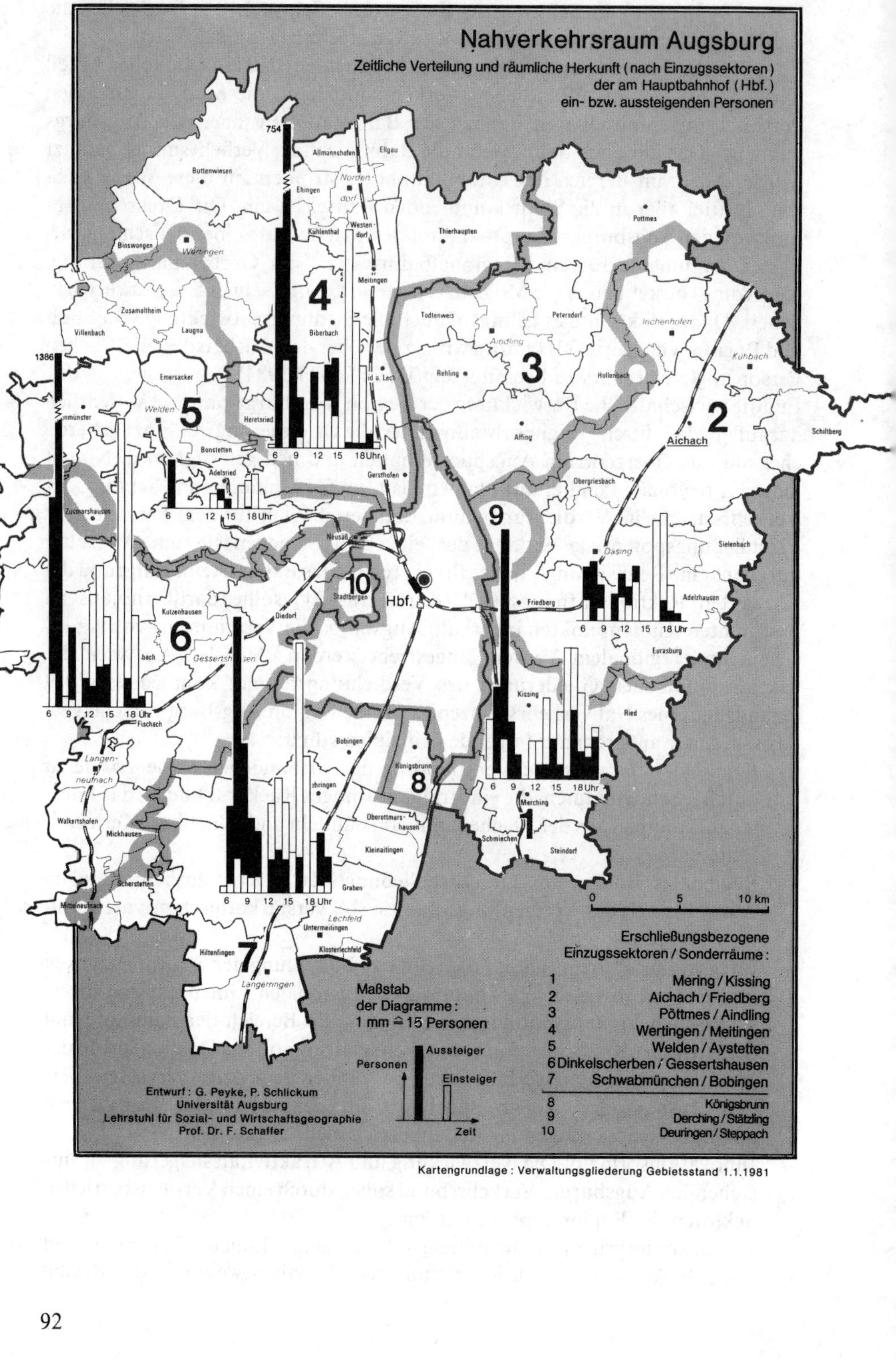

Kartengrundlage: Verwaltungsgliederung Gebietsstand 1.1.1981

angepaßt werden mit dem Ziel, den modal-split zugunsten des öffentlichen Verkehrs zu verbessern.

Mit den Ergebnissen der bereits vorhandenen Untersuchungen wurden diese Vorstellungen von der „Arbeitsgruppe Regionaler Nahverkehrsplan Augsburg“ in ein Netzkonzept umgesetzt (FORNER 1980). Mit dem Vorschlag dieses Netzes, der Darlegung von Möglichkeiten einer tariflichen Kooperation und einer verwaltungsrechtlichen Lösung wurden die wichtigsten Komponenten für die Abstimmung eines „Regionalen Nahverkehrsplanes“ angesprochen. Das vorläufige Grundkonzept mündete in ein breites öffentliches Beteiligungsverfahren ein, das die Vorstellungen der betroffenen Gemeinden, der Verkehrsbetreiber und weiterer Träger öffentlicher Belange berücksichtigte und die finanziellen und organisatorischen Handlungsmöglichkeiten für eine Kooperation im Raume Augsburg konkretisierte (FORNER 1982).

Aus dem umfassenden Prüfungs- und Anhörungsverfahren konnte schließlich ein realisierbares Konzept für den „Regionalen Nahverkehrsplan Augsburg“ entwickelt werden (FORNER 1982). Danach bilden die Schienenäste der Deutschen Bundesbahn die Magistralen, die radial auf die Kernstadt Augsburg zulaufen. Sie haben die Aufgabe, die Verkehrsströme aus dem Umland entlang der Entwicklungsachsen zu bündeln und in die Kernstadt zu führen. Zahlreiche Buslinien erschließen die Fläche im äußeren Umland und wirken weitgehend als Zubringer zur Schiene. An zentralen Verknüpfungspunkten in der Region sind „Gelenkstellen“ für die kombinierte Beförderung durch Bus und Schiene vorgesehen. Spürbare Reisezeitgewinne und/oder häufigere Fahrtenfolgen sollen die Attraktivität des ÖPNV erhöhen. In einem äußeren, mittleren und inneren Ring der Region sind unterschiedliche Prioritäten für die Bedienung durch Bus und Bahn gesetzt worden (vgl. Abb. 12). Mit einem Park+Ride-System sollen die Vorzüge des Pkws für die Erschließung der Fläche genutzt, gleichzeitig aber den Autofahrern spürbare Fahrzeitverkürzungen mit öffentlichen Verkehrsmitteln in die Kernstadt angeboten werden.

Von den täglich 50 000 Einpendlern nach Augsburg benutzt heute kaum jeder dritte die öffentlichen Verkehrsmittel. Vierzig verschiedene Verkehrsunternehmen sind dabei im öffentlichen Nahverkehr tätig. Die meisten haben eigene Tarife. Die unterschiedlichen Linien und Fahrpläne sind kaum aufeinander abgestimmt. Konkrete Vorstellungen von den positiven Auswirkungen eines Verbundsbetriebes konnten sich in der Bevölkerung deshalb kaum herausbilden.

Zumindest im Sektor Augsburg/Schwabmünchen begann sich die Lage mit der Einführung eines zweijährigen Modellversuchs Ende September 1985 allmählich zu wandeln. Der Probebetrieb in diesem Regionsabschnitt ist die erste Stufe einer Neuordnung des Nahverkehrs im Sinne des skizzierten Gestaltungsvorschlags (vgl. Abb. 13). 18 Linien bedienen die Gemeinden im südlichen Landkreis Augsburg und befördern ihre Fahrgäste zu den Umsteigepunkten der Bahn in Schwabmünchen, Klosterlechfeld, Lagerlechfeld und Bobingen. Verschiedene Busse fahren auch auf dem direkten Wege nach Augsburg. Gegenüber früher wurde das Zugangebot auf der Schiene deutlich erhöht. In dem Busnetz sind die bewährten Linien belassen, aber auch neue Strecken aufgenommen worden. Die Busse verkehren häufiger und erschließen den ländlichen Raum

Abbildung 12

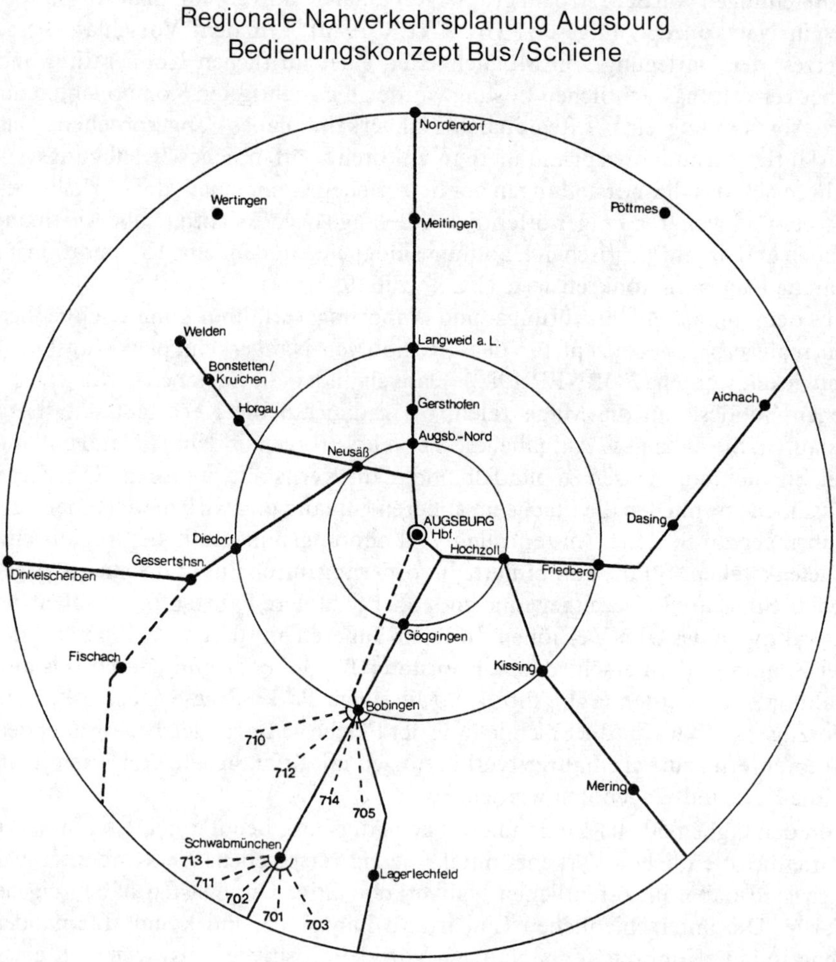

Äußerer Ring: Busverkehre sollen zu Übergangsorten auf die Schiene geführt werden, Reisezeitgewinne, Kombinationszone.

Mittlerer Ring: Bus und Bahn haben gleiche Priorität bei Fahrt nach Augsburg, ungünstig gelegene Bahnhöfe werden aufgegeben.

Innerer Ring: Kernstadt Augsburg mit verdichteten Haltepunkten der Schiene, auch hier können Busse abholen und zubringen.

Abbildung 13

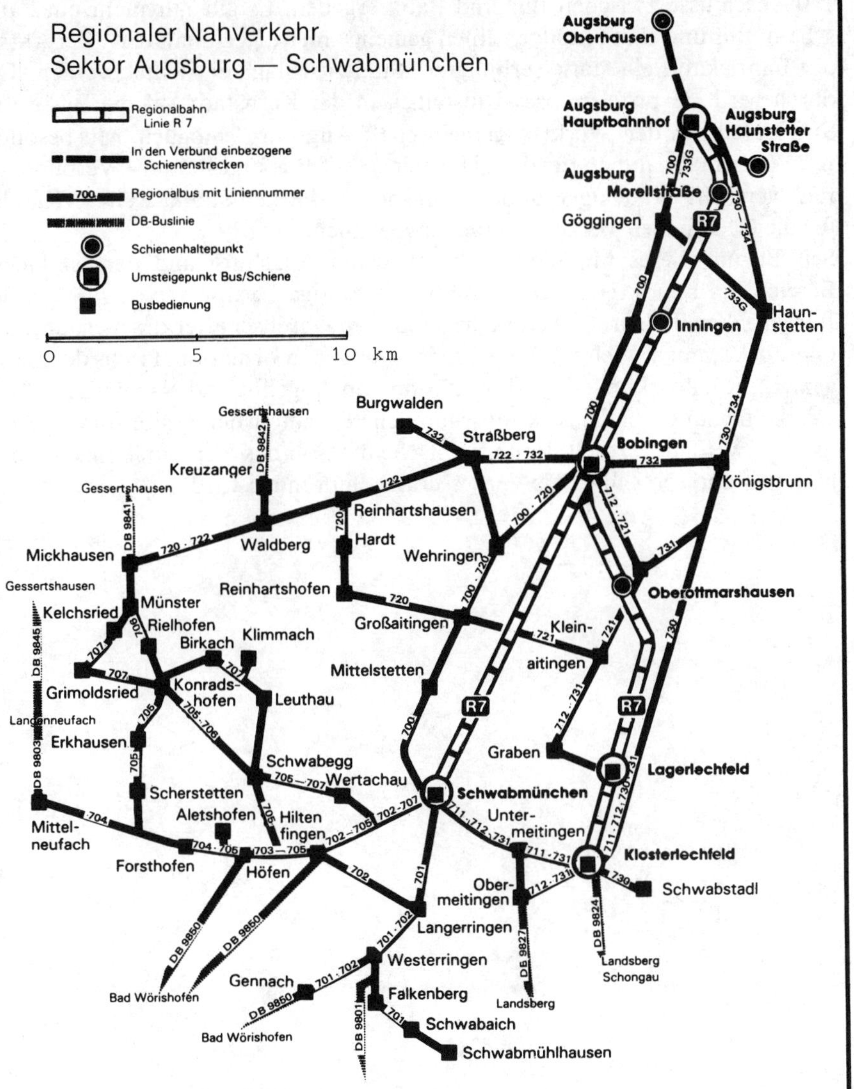

Erprobung des Konzepts im Modellversuch

seit September 1985

Vorteile: Ein Fahrschein für Bus und Bahn — mit Übergang in der Stadt. Ein dichteres Liniennetz. Mehr Busse und Züge. Vier Umsteigepunkte Bus/Bahn in der Region. Direkte Buslinien in der Kernstadt. Abgestimmte Fahrpläne. Verdichtete Zugfolge auf der Schiene.

besser als vorher. Busfahrzeiten und Zugfahrpläne sind aufeinander abgestimmt, so daß sich zwischen Bobingen und Schwabmünchen täglich etwa 140 Anschlüsse zwischen Bus und Bahn ergeben. Es gilt nur mehr ein Fahrschein. Bus und Bahn besitzen einen gemeinsamen „Regionaltarif". Bei Antritt der Fahrt kann ein stark verbilligter „Stadtzuschlag" entrichtet werden. Dadurch wird ein problemloses Umsteigen in der Kernstadt auf die Busse und Straßenbahnen der „Verkehrsgemeinschaft Augsburg" möglich. Mit besonderen Werbemaßnahmen für das „Umsteigen auf Bus und Bahn — Verbundfahren" versucht der neugegründete Augsburger Verkehrsbund weitere Kunden für die öffentlichen Verkehrsmittel zu gewinnen.

Seit Beginn dieses Modellversuchs zwischen Augsburg und dem südlichen Bereich des Landkreises sind erste wechselseitige Lernprozesse zwischen den Bürgern, den Trägern des Verkehrs und dem Gesellschafter des Verbundes in Gang gekommen. Vielschichtige Prozesse — wie Information, Praxis des Management, Rückwirkungen der Interaktion von Angebot und Nachfrage auf den „Verkehrsmarkt" und das aktionsräumliche Verhalten der Regionsbevölkerung usw. — werden letztlich darüber entscheiden, ob das Verkehrskonzept angenommen und schließlich als Verbesserung empfunden wird.

7. ANPASSUNGSDRUCK AN VERÄNDERTE STRUKTUREN

7.1 AKTIVIERUNG DER AUSSTRAHLUNGSKRAFT

Über die Autobahn München-Stuttgart, die am nördlichen Stadtrand vorbeiführt, ist Augsburg mit dem Fernstraßennetz verbunden. Vier Bundesstraßen bestimmen darüberhinaus die überregionale Erreichbarkeit der Bezirkshauptstadt. Die B 2 führt von Nürnberg über Donauwörth nach Augsburg und läuft von dort aus weiter in Richtung München. Sie wirkt gleichsam als Verbindungsstrang zwischen den drei wichtigsten Wirtschaftsräumen in Bayern. Die B 17 verlängert die B 2 in Richtung Süden nach Füssen, zum Grenzübergang nach Österreich. Die Teilstrecken dieser beiden Bundesstraßen bilden in ihrem jetzigen Ausbaustand nur sehr bedingt eine angemessene Verkehrsverknüpfung in der Nord-Süd-Richtung. Die Bundesstraßen 2 und 17 sollen deshalb neu und zweibahnig von Donauwörth über Augsburg nach Landsberg ausgebaut werden (SCHMITT, 1980; BAYER. STAATSREGIERUNG 1980, 1986). Die Bundesstraße 300 führt von Memmingen her durch Augsburg in den nordöstlich gelegenen Verdichtungsraum von Ingolstadt. Vor der Westflanke Augsburgs mündet die Bundesstraße 10 in die B 300 und knüpft so die Verbindung nach Ulm. Schließlich führen aus dem näheren Umland recht unterschiedlich ausgebaute Staatsstraßen beispielsweise von Welden, Wertingen, Rain, Pöttmes, Mering, Schwabmünchen und Fischach nach Augsburg (vgl. Karte 29, nach SCHMITT, S. 82).

Die Erreichbarkeit Augsburgs aus dem Umland läßt sich mit Hilfe von Zonen gleicher Fahrtzeiten, den Isochronen, veranschaulichen (WIENCKE 1969). Man kann danach beispielsweise die tatsächliche Fahrtdauer mit dem Pkw bis zum Augsburger Stadtzentrum am Königsplatz betrachten (vgl. Karte 30). Entlang der Ost-West-Achse gestalten sich im Großraum Augsburg die Erreichbarkeitsverhältnisse durch die Autobahn München-Stuttgart recht günstig. Der Verlauf der 40-Minuten-Fahrtzeitgrenze bis zum Augsburger Königsplatz beispielsweise zeigt aber bereits die unzulängliche Erschließung in den NW-, NO- und SW-Sektoren der Region auf. In Reisezeiten, die man beispielsweise bis zu den Autobahnausfahrten Dachau oder Günzburg benötigt, kommt man hier nicht weiter als nach Wertingen, Pöttmes oder Mittelneufnach. Außer entlang der Autobahn sind für gleiche Wegstrecken in fast allen übrigen Richtungen der Region 20 bis 40 Prozent längere Fahrtzeiten mit dem Pkw in Kauf zu nehmen!

Die Konkurrenz mit den benachbarten Oberzentren sowie Probleme der Verkehrserschließung in und um Augsburg haben die Ausstrahlung der Bezirkshauptstadt sehr unterschiedlich beeinflußt. Auf der Grundlage von Befragungen und Zählungen konnte Horst GÜTTLER (1977) die wichtigsten Stadt-Umland-Aktivitäten von Augsburg aufzeigen und danach die Ausstrahlungen als Oberzentrum abgrenzen (vgl. Karte 30). Augsburgs Verflechtungen

Karte 29

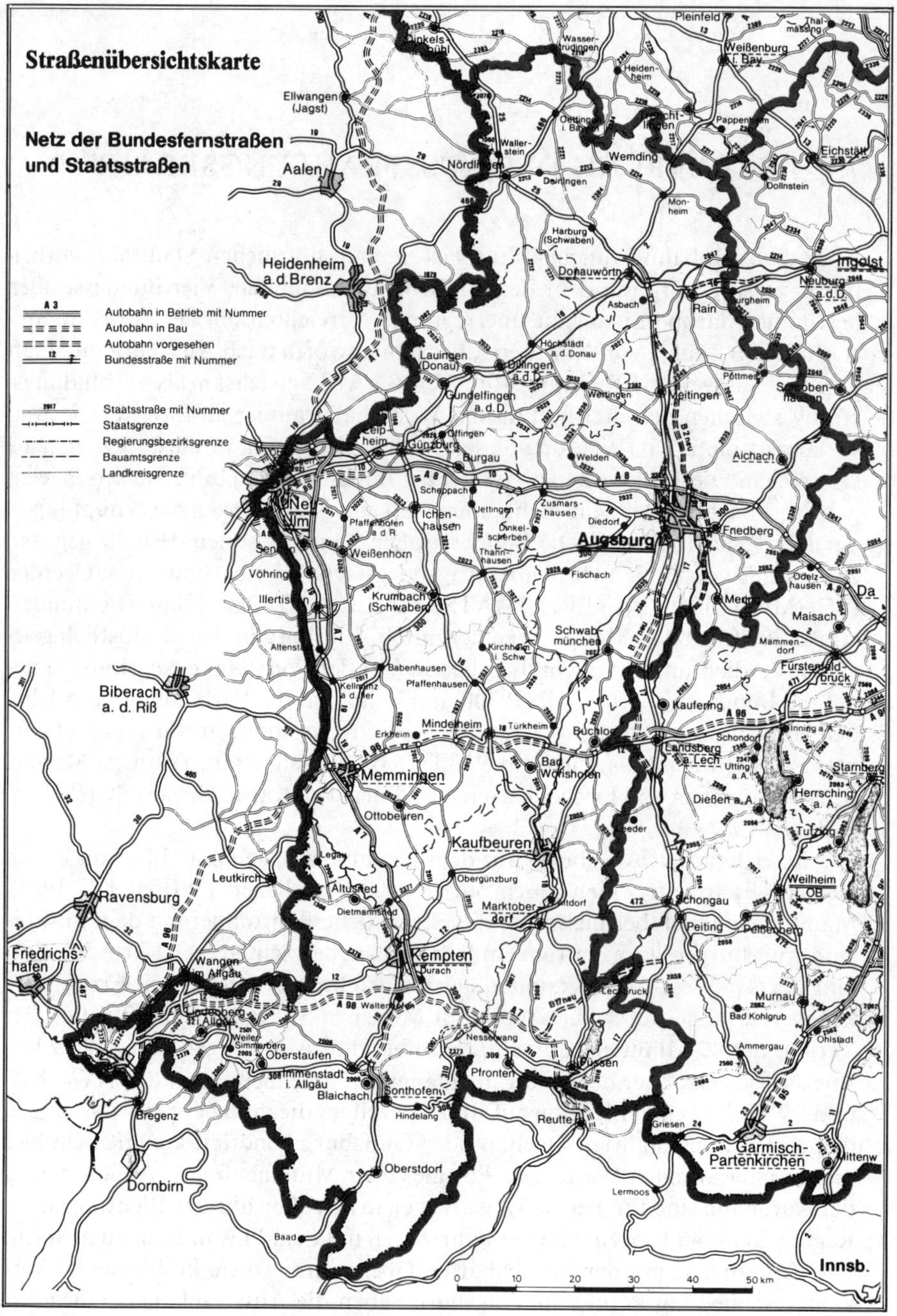
Straßenübersichtskarte
Netz der Bundesfernstraßen und Staatsstraßen
Autobahn in Betrieb mit Nummer
Autobahn in Bau
Autobahn vorgesehen
Bundesstraße mit Nummer
Staatsstraße mit Nummer
Staatsgrenze
Regierungsbezirksgrenze
Bauamtsgrenze
Landkreisgrenze
Pleinfeld
Weißenburg i. Bay
Ellwangen (Jagst)
Aalen
Nördlingen
Oettingen i. Bay
Wemding
Eichstätt
Heidenheim a.d.Brenz
Harburg (Schwaben)
Donauwörth
Neuburg a.d.D.
Rain
Lauingen (Donau)
Dillingen a.d.D.
Gundelfingen a.d.D.
Höchstädt a.d.Donau
Wertingen
Meitingen
Pöttmes
Günzburg
Burgau
Aichach
Neu Ulm
Ichenhausen
Augsburg
Friedberg
Weißenhorn
Krumbach (Schwaben)
Fischach
Mering
Schwabmünchen
Fürstenfeldbruck
Biberach a. d. Riß
Babenhausen
Mindelheim
Türkheim
Buchloe
Kaufering
Landsberg a. Lech
Memmingen
Bad Wörishofen
Dießen a. A.
Starnberg
Herrsching a. A.
Ottobeuren
Kaufbeuren
Tutzing
Leutkirch
Ravensburg
Obergünzburg
Marktoberdorf
Schongau
Weilheim i. OB
Peiting
Friedrichshafen
Wangen im Allgäu
Kempten
Murnau
Lindenberg i. Allgäu
Oberstaufen
Immenstadt i. Allgäu
Sonthofen
Füssen
Pfronten
Bregenz
Reutte
Garmisch-Partenkirchen
Mittenwald
Oberstdorf
Dornbirn
Lermoos
Innsb.
50 km

Karte 30

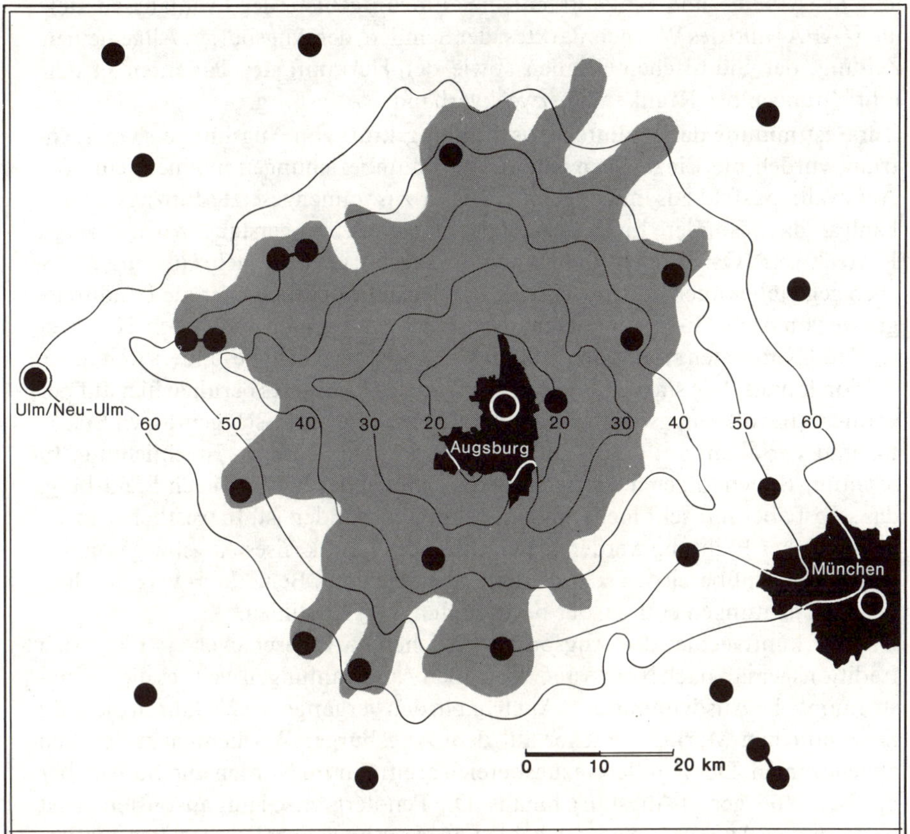

Augsburg
Ausstrahlung und Erreichbarkeit

40 30	Isochronen 10 Minuten Abstand
	Ausstrahlung der Augsburger Arbeitsstätten - Großkaufhäuser - Frühjahrsausstellung - Wochenmarkt - Schulen und Bühnen
	Oberzentren München, Augsburg, Ulm/Neu-Ulm
	Mittelzentren
	Stadtgebiete von Augsburg und München

Entwurf F.Schaffer

mit seinem Umland werden in den folgenden Beziehungen dargestellt: Ausstrahlung als Arbeits- und Einkaufszentrum, Einzugsgebiete der Frühjahrsausstellung (AFA) und des Wochenmarktes, der Schulen, der Augsburger Allgemeinen Zeitung, der Städtischen Bühnen sowie der Herkunft der Patienten in den Einrichtungen des Krankenhauszweckverbandes Augsburg.

Zur Bestimmung der gesamten Ausstrahlungskraft von Augsburg als Oberzentrum wurden die Einzugsbereiche dieser Raumbeziehungen in einem einzigen Ausstrahlungsfeld zusammengefaßt. Dieser zusammengesetzte Einzugsbereich kann als **das** besondere Einflußgebiet des Oberzentrums verstanden werden (vgl. Karte 30). Im Osten reicht die Dynamik Augsburgs nicht mehr aus, um München gegenüber auch nur eine einzige Bereichslinie deutlich über die Landkreisgrenze von Aichach-Friedberg hinauszuschieben! Auch im Südwesten, Nordwesten und Nordosten strahlt der Einfluß von Augsburg nicht besonders weit in die Region hinaus. Die starken Einschnürungen des Einflusses beruhen hier auf der geringen Bevölkerungsdichte, einer vergleichsweise agrarisch geprägten Struktur und vor allem auf der unzulänglichen verkehrsmäßigen Erschließung. In Richtung Süden folgen die meisten Bereichslinien der B 17 bis nach Landsberg, das selbst aber nur sehr locker mit Augsburg verbunden ist. In westlicher sowie in nördlicher Richtung werden die Grenzen des Landkreises Augsburg von den meisten Einflußbereichen sehr deutlich überschritten. Bemerkenswert sind hier die Ausbuchtungen entlang der bevorzugten Verkehrslinien.

Das Herkunftsgebiet der Augsburger Wochenmarktbeschicker erstreckt sich traditionsgemäß nach Nordosten. Von allen Ausstrahlungen weist es die geringste räumliche Ausdehnung auf. Auch hat in den vergangenen 20 Jahren die Zahl der ländlichen Marktbeschicker auf dem Augsburger Wochenmarkt deutlich abgenommen. Der Pendlereinzugsbereich greift nur im Norden und Süden über das Landkreisgebiet Augsburg hinaus. Die Pendlergrenze läuft ansonsten meist nahe an den Außensäumen der beiden an Augsburg anrainenden Landkreise. Die 45-Minuten-Zone stellt für die täglichen Berufspendler um Augsburg näherungsweise eine Obergrenze der zeitlichen zumutbaren Belastung dar.

Die Einzugsbereiche von Augsburg als Einkaufsstadt, insbesondere seiner Großkaufhäuser aber auch der Frühjahrsausstellung führen am weitesten in die Region hinaus (GÜTTLER, 1977). Der größte Besucherstrom der Frühjahrsausstellung (AFA) pflegt aus Augsburg und seinen Nachbargemeinden zu kommen. Ähnlich viele Kunden stammen aus dem Raum Donauwörth und Landsberg. Beide Städte liegen an der B 2 beziehungsweise B 17 und bestimmen deutlich die Nord-Süd-Ausdehnung des Einzugsbereiches der AFA. Im Westen reicht die Ausstrahlung bis nach Krumbach, Jettingen-Scheppach und Günzburg. Aus dem Landkreis Neu-Ulm kommen jedoch nur mehr sehr wenige Ausstellungsbesucher. Die Ausstrahlung der AFA erstreckt sich dagegen bis in den Nordwesten des Landkreises Dillingen. Die verhältnismäßig hohen Kundenzahlen aus Gundelfingen, Lauingen und Dillingen deuten an, daß die Bewohner dieser Städte bei ihren Einkaufsbeziehungen auch deutlich auf Augsburg ausgerichtet sind. Im Nordosten verringert das Einkaufszentrum Ingolstadt, vergleichbar wie Ulm im Westen, die Attraktivität der AFA. Die Dominanz und gute Erreichbarkeit Münchens als Einkaufs- und Messenzentrum zeichnet dafür verantwortlich, daß die Ostgrenze des Landkreises

Aichach-Friedberg mit dem Einzugsbereich der AFA nahezu trennscharf identisch ist. Die Konkurrenz ähnlicher regionaler Verbraucherausstellungen in Kaufbeuren und Kempten engen die Ausstrahlungen der AFA in Richtung Südwesten spürbar ein.
Im Einkaufsverhalten der Bevölkerung des Regierungsbezirkes Schwaben und den angrenzenden Landkreisen Neuburg/Schrobenhausen und Landsberg nimmt Augsburg bei allen gehobenen Verbrauchsgütern den ersten Platz ein, gefolgt von Kempten, Ulm und München (GÜTTLER, 1977). Die Einwohner der Landkreise Augsburg und Aichach-Friedberg bevorzugen ganz eindeutig Augsburg als Einkaufsstadt. Ähnliches gilt für die Landkreise Dillingen, Donau-Ries, Unterallgäu und Neuburg/Schrobenhausen, sowohl von dort her anteilmäßig weniger Einkaufsfahrten nach Augsburg unternommen werden. Für Käufer aus Günzburg und Landsberg ist Augsburg bereits nicht mehr das Hauptziel. man fährt genauso häufig nach Ulm wie nach München. Alle weiteren Städte und Landkreise des Regierungsbezirkes Schwaben, nämlich Kaufbeuren, Memmingen, Neu-Ulm, Lindau, Ostallgäu liegen überwiegend im Einzugsbereich der Zentren Kempten oder Ulm.
Darüberhinaus ist der Einfluß von München für den schwäbischen Raum besonders bemerkenswert. Große Teile des Landkreises Landsberg sind bereits unmittelbar auf die Landeshauptstadt ausgerichtet. Autofahrten von Landsberg nach München über die Schnellstraße B 12 werden dem Weg nach Augsburg nicht selten vorgezogen. Entlang der gleichen Schnellstraße hat die Landeshauptstadt ihren Einkaufsbereich für längerfristige Bedarfsgüter zu Lasten von Augsburg in den Kaufbeurer Raum vorgeschoben. Auch die wenigen Augsburger, die langfristig benötigte Artikel außerhalb ihrer Stadt einkaufen, fahren zu diesem Zwecke nach München. Besonders für Großkaufhäuser wird der Einzugsbereich im Osten und Nordosten von Augsburg durch die Attraktivität Münchens und zum Teil auch von Ingolstadt deutlich zurückgedrängt.
Die Verkehrserschließung des Oberzentrums Augsburg ist heute zu einer der wichtigsten Aufgaben der Raumordnung in und um den drittgrößten Verdichtungsraum Bayerns geworden (vgl. Karte 31). Auch muß alle Aufmerksamkeit darauf konzentriert werden, daß es dem Wirtschaftsraum Augsburg gelingt, künftig in die Nord-Süd-Verbindung des Hochgeschwindigkeitsnetztes der Bundesbahn einbezogen zu werden (BUCHNER 1985). Im Vergleich der drei großen Verdichtungsräume in Bayern beginnt Augsburg durch besonders günstige Wohn- und Freizeitaspekte und nicht zuletzt wegen neuer Beschäftigungsperspektiven auf seinem Arbeitsmarkt wieder an Attraktivität zu gewinnen.
Von Bedeutung ist dabei die große kulturelle Tradition der Stadt. Gerade anläßlich der Feierlichkeiten zur 2000jährigen Geschichte der Stadt sind in Augsburg Bürgerbewußtsein und überregionale Ausstrahlungskräfte sehr augenfällig aktiviert worden: „Vereine, Verbände und Standesorganisationen hielten in Augsburg große Tagungen ab, so die Spitzenorganisationen der Wirtschaft, der Deutsche Industrie- und Handelstag und der Deutsche Handwerkskammertag. Es läßt sich schon heute sagen, daß von diesen Veranstaltungen wichtige Impulse ausgingen, nicht zuletzt auch für das Selbstbewußtsein der heimischen Wirtschaft. Internationales Interesse fanden die Weltkongresse der Patentanwälte und der Esperantisten“ (BREUER 1986, S. 3). In das renovierte

Karte 31

Raumstruktur

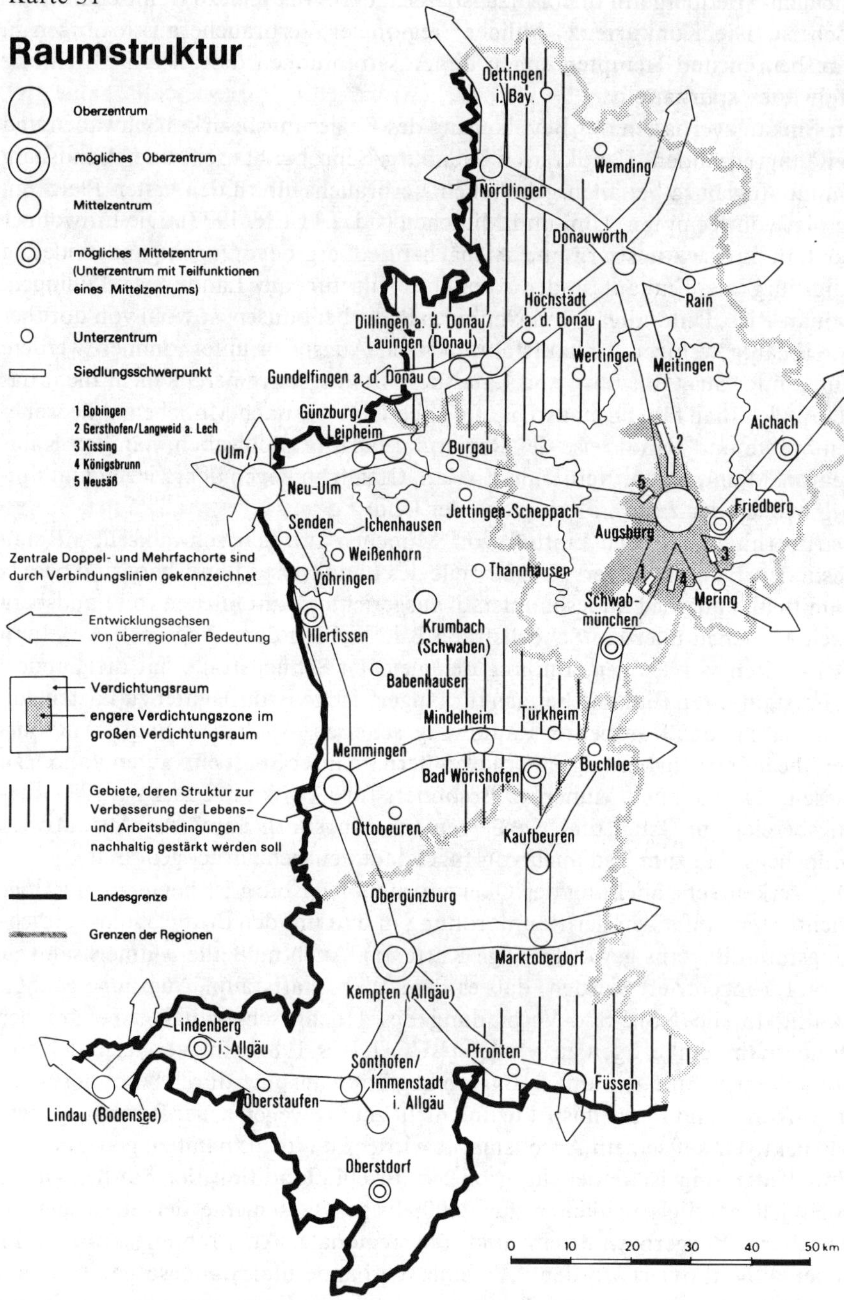

Oberzentrum
mögliches Oberzentrum
Mittelzentrum
mögliches Mittelzentrum (Unterzentrum mit Teilfunktionen eines Mittelzentrums)
Unterzentrum
Siedlungsschwerpunkt
1 Bobingen
2 Gersthofen/Langweid a. Lech
3 Kissing
4 Königsbrunn
5 Neusäß
Zentrale Doppel- und Mehrfachorte sind durch Verbindungslinien gekennzeichnet
Entwicklungsachsen von überregionaler Bedeutung
Verdichtungsraum
engere Verdichtungszone im großen Verdichtungsraum
Gebiete, deren Struktur zur Verbesserung der Lebens- und Arbeitsbedingungen nachhaltig gestärkt werden soll
Landesgrenze
Grenzen der Regionen
Oettingen i. Bay.
Wemding
Nördlingen
Donauwörth
Rain
Höchstädt a. d. Donau
Dillingen a. d. Donau/ Lauingen (Donau)
Wertingen
Meitingen
Gundelfingen a. d. Donau
Aichach
Günzburg/ Leipheim
Burgau
(Ulm/)
Neu-Ulm
Jettingen-Scheppach
Friedberg
Augsburg
Senden
Ichenhausen
Weißenhorn
Thannhausen
Vöhringen
Schwab-münchen
Mering
Illertissen
Krumbach (Schwaben)
Babenhausen
Mindelheim
Türkheim
Memmingen
Buchloe
Bad Wörishofen
Ottobeuren
Kaufbeuren
Obergünzburg
Marktoberdorf
Kempten (Allgäu)
Lindenberg i. Allgäu
Pfronten
Sonthofen/ Immenstadt i. Allgäu
Füssen
Oberstaufen
Lindau (Bodensee)
Oberstdorf
0 10 20 30 40 50 km

Rathaus, mit dem sich alle Bürger der Stadt identifizieren, strömten allein im Jubliläumsjahr etwa eine Million Besucher. Zusammen mit Münchnern, Ulmern, Gästen aus dem schwäbischen Umland und Touristen feierten die Augsburger 17 Tage lang ihr historisches Elias-Holl-Bürgerfest. Fast eine dreiviertel Million Besucher kam zu diesem Anlaß in die Innenstadt (LANDGRAF & STOLL 1986). Etwa 1,28 Millionen Menschen sahen im Jubiläumsjahr die Landesgartenschau (KELLER, SEIFFERT, SCHMIDT 1985). Der Schwabenumzug, der vom Bezirk der Jubilarin gewidmet wurde, zog an einem einzigen Tag 200 000 Schwaben aus allen Richtungen in die Bezirkshauptstadt (FREI 1985). Mehr als 112 000 Besucher verfolgten im Zeughaus interessiert die Spuren der „Römer in Schwaben". 90 000 betrachteten das „Hildesheimer Tafelsilber" im Augsburger Maximilianmuseum. Ähnlich viele Gäste besuchten die Ausstellung „Aufbruch ins Industriezeitaler". Mehr als 100 000 kamen zu einer Dia-Schau, die der kulturellen Identität der Stadt Augsburg gewidmet war, usw. Unter dem Eindruck des großartig gelungenen Stadtjubiläums ist Augsburgs Eigenständigkeit gegenüber der Landeshauptstadt besonders deutlich geworden. Im Wechselbezug von historischer Identität und konkreten künftigen Entwicklungsinteressen zeigen sich gelegentlich aber auch irrationale Komponenten. BÖVENTER und Mitarbeiter haben kürzlich die Situation mit folgenden Sätzen resümiert: „Dieses eigene Selbstbewußtsein trägt dazu bei, daß man natürlich nicht alle Anstöße, die aus München kommen, verwenden will und umgekehrt. Einerseits ist die Entfernung zu München so klein, daß man sich weniger als Partner, wohl aber als Mitkonkurrent um mögliche Zuwanderer oder auch Firmenansiedlungen fühlt. Andererseits ist die Entfernung keineswegs groß genug, als daß man hier eine völlig unabhängige Eigenentwicklung vollziehen könnte. Auch scheint der Gedanke, den Wirtschaftsraum Augsburg in Verbindung mit München zu fördern, bisher (noch) nicht akzeptiert worden zu sein: In Augsburg hat offiziell bisher noch niemand versucht, die zweifellos vorhandenen „spill-over Effekte" der Landeshauptstadt zu nutzen, obwohl dort für manche Entwicklungen die Voraussetzungen weit weniger günstig als in Augsburg sind. So gab es auch bis heute keine Veranlassung, Augsburg mit dem Nahverkehrsnetz von München zu verknüpfen. Die ausgezeichneten Verbindungen zwischen beiden Städten beruhen vor allem auf dem Intercity-System. Sie werden bisher nicht entsprechend genutzt, obwohl sie an Frequenz und Geschwindigkeit das öffentliche Verkehrssystem in München noch übertreffen" (v. BÖVENTER, HAMPE, KOLL 1985, S. 174).

Ähnliche Anregungen fanden sich im Jubiläumsjahr übrigens auch in einem „Augsburg Programm" der bayerischen SPD-Landtagsfraktion. Darin wurde der Stadt geraten, ihre geringe räumliche Entfernung zu München strukturpolitisch gezielt in einen Standortvorteil umzusetzen. Durch die Konzipierung beispielsweise eines eigenen Elektronikzentrums könne man in Augsburg vom Sog sehr dynamischer Forschungseinrichtungen auf diesem Gebiet in München großen Nutzen ziehen und neue Kräfte für die eigene industrielle Umstrukturierung mobilisieren. Die Aktivierung der „Magnetfunktion" Münchens in Augsburg könne durch eine eigene S-BahnVerbindung zwischen den Städten wesentlich gefördert werden (Bayerischer Landtag 1985, S. 17). Bei der Festlegung der großen Verdichtungsräume in Bayern hat die Bayerische Staatsregierung aber in besonderer Weise auf die Eigenständigkeit und Anpassungsfähigkeit des Wirtschaftsraumes Augsburg gesetzt. Eher negativ wirkende Ballungseffekte aus dem Münchner Bereich sollten dadurch auf Augsburg weniger leicht übergreifen können.

Heute sieht man in der erhalten gebliebenen hohen Wohnattraktivität der Stadt sehr positive Standortbedingungen für die eigene Wirtschaft: „Bei steigenden Realeinkommen und sinkender Arbeitszeit gewinnen Wohnortaspekte, klimatische und kulturelle Rahmenbedingungen an Bedeutung. Der Freizeitwert einer Region ist seit langem ein ernstzunehmender Aspekt der Standortwahl von Unternehmen. Das alles läßt den Schluß zu, daß die Region Augsburg nach der Region München, aber vor der Industrieregion Mittelfranken auf eine positive zukünftige Entwicklung hoffen darf. Die jüngste Entscheidung der Firma Siemens zur Errichtung neuer Betriebskapazitäten in Augsburg unterstreicht diese Einschätzung in eindrucksvoller Weise" (BUCHNER 1985, S. 14). Auch die Verantwortlichen der Stadt sehen heute eine ganze Reihe von Anzeichen, die darauf hindeuten, daß wesentliche Schwierigkeiten der jüngsten wirtschaftlichen Umstrukturierung in Augsburg überwunden werden konnten: Bei der neuesten Entwicklung des Bruttoinlandsproduktes nehme Augsburg unter den bayerischen Großstädten einen Spitzenplatz ein. Augsburg habe heute die ausgeglichenste Wirtschaftsstruktur seit je. So habe der Dienstleistungsbereich in den letzten zehn Jahren um über 10 Prozent auf jetzt 55 Prozent zugenommen (FERGG 1985).

Bei allen Auseinandersetzungen über den besten Weg einer staatlichen Strukturpolitik in Augsburg sollte man die große kulturelle und wirtschaftliche Tradition der Stadt und damit verbunden freilich auch gewisse Empfindlichkeiten nicht übersehen. Wolfgang ZORN, einer der besten Kenner der Geschichte Augsburgs, hat das wechselseitige Verhältnis zwischen Augsburg und München mit folgenden Sätzen gekennzeichnet: „Eine Stadt wie Augsburg kann über Parteirichtungen hinweg eine Stütze, ein Pfeiler eines Staates sein, der gleich seiner früheren Könige nicht vergißt, daß er vor 175 Jahren keine beliebige wichtige Provinzstadt eroberte, sondern eine freie Stadtrepublik, die erste schwäbische Kaiserstadt anvertraut erhielt. Die Zeichen Zirbelnuß, Reichsadler und Löwe verbinden uns Vergangenheit, Gegenwart und Zukunft hier an der Stelle der Stadtübergabe von 1806. Möge die inzwischen 2000jährige Augusta einst deren 200. Jubiläum in Frieden und Freiheit, in Blüte und mit Dank begehen dürfen" (ZORN 1981, S. 16).

Innerhalb der historisch gewachsenen Vielfalt und einer zum Teil spannungsreichen Identität des schwäbischen Raumes fällt Augsburg als Hauptstadt des Bezirks Schwaben eine besondere Rolle zu. Es gilt der Eigenständigkeit Frankens mit seiner Wirtschaftsmetropole Nürnberg und dem „zentrierenden Sog" Münchens gegenüber, ein spürbares Gegengewicht aufzubauen und als regionalpolitisches Zentrum für Bayerisch-Schwaben zu wirken. Dieser Anspruch kann heute weniger aus der großen Geschichtstradition der Stadt als vielmehr aus der wirtschaftlichen und politischen Vitalität des Heute und Morgen erfüllt werden (POSCHWATTA 1985; DORSCH CONSULT 1984). Erfreulicherweise sind jedoch für die Stadt hier einige recht positive Entwicklungen zu erkennen. Die neu gegründete Universität Augsburg hat die Ausstrahlung in das weitere

Umland kräftig gestärkt (KNÖPFLE 1979). Von den fast 7000 Studenten im Wintersemester 1984/85 kamen etwa 4600 aus Schwaben, 3000 davon aus dem Wirtschaftsraum Augsburg selbst. Eine ähnliche Wirkung dürfte das jüngst fertiggestellte Zentralklinikum haben. Es ist ein Krankenhaus der dritten Versorgungsstufe und besitzt eine hohe Ausstrahlungskraft in die Region.
Von den Studenten, die in den drei Planungsregionen Schwabens beheimatet sind, kommen an die Universität Augsburg mehr als 40 Prozent aus der Region Augsburg, zirka 30 Prozent aus der westlich gelegenen Region Donau-Iller und nur 15 Prozent aus der südlich angrenzenden Region Allgäu (BECKER 1985).
Anfangs der 80er Jahre ließ das Bayerische Staatsministerium für Unterricht und Kultus die Einzugsgebiete der wissenschaftlichen Hochschulen in Bayern untersuchen. Für die Universitätsneugründungen konzentrierte sich die Studie dabei auf die Sprach- und Kulturwissenschaften, Wirtschafts-, Sozial- und Rechtswissenschaften sowie die Naturwissenschaften. Beim Vergleich der Einzugsgebiete der Neugründungen schneidet die Universität Augsburg am besten ab (HARNIER 1984). Ihr Einzugsbereich entsprach weitgehend den Erwartungen der Hochschulplanung (vgl. Karte 32). Bei einer Betrachtung des Einzugsgebietes der Universität Augsburg fällt vor allem die starke Nord-Süd-Komponente auf (GEIPEL 1984). Die Einengung des Einzugsbereichs im Osten resultiert hauptsächlich aus der Sogwirkung der Münchner Hochschulen. In Richtung Baden-Württemberg ist die Westgrenze weitgehend mit der Landesgrenze identisch. Der Augsburger Einzugsbereich befindet sich hier in Konkurrenz mit den Universitäten Stuttgart, Tübingen und Konstanz. Für das Medizinstudium, das bisher in Augsburg nicht möglich ist, steht der Standort Ulm im Vordergrund. Bei einer Bewertung der Einzugsbereiche von neuen Hochschulen muß man das ziemlich eingeschränkte Fächerangebot berücksichtigen. HARNIER (1984) hat die Aufbausituation bei allen bayerischen Neugründungen besonders berücksichtigt und den sogenannten „Ausschöpfungsgrad" in den Herkunftsorten von Studienanfängern in jenen Fächern betrachtet, die an den betreffenden neuen Hochschulen auch studiert werden können (vgl. Karte 32). Die junge Universität Augsburg übt danach eine erfreulich hohe Anziehungskraft auf Studienanfänger aus, die vor allem aus der Stadt und dem Landkreis Augsburg sowie den Landkreisen Aichach-Friedberg, Günzburg, Neu-Ulm und dem Unterallgäu kommen. Ebenfalls recht deutlich wirkt sich die Ausstrahlung der Hochschule auf die Landkreise Dillingen, Donau-Ries, Ostallgäu und Lindau sowie auf die Stadt Kempten aus. Überraschend niedrig ist dagegen der „Ausschöpfungsgrad" noch gegenüber den Städten Memmingen und Kaufbeuren sowie dem Landkreis Landsberg und dem Oberallgäu. Die nach wie vor sehr problematische Verkehrsanbindung dieser Räume an Augsburg dürfte dafür einen der Hauptgründe darstellen (vgl. Karten 30 und 31).

Karte 32

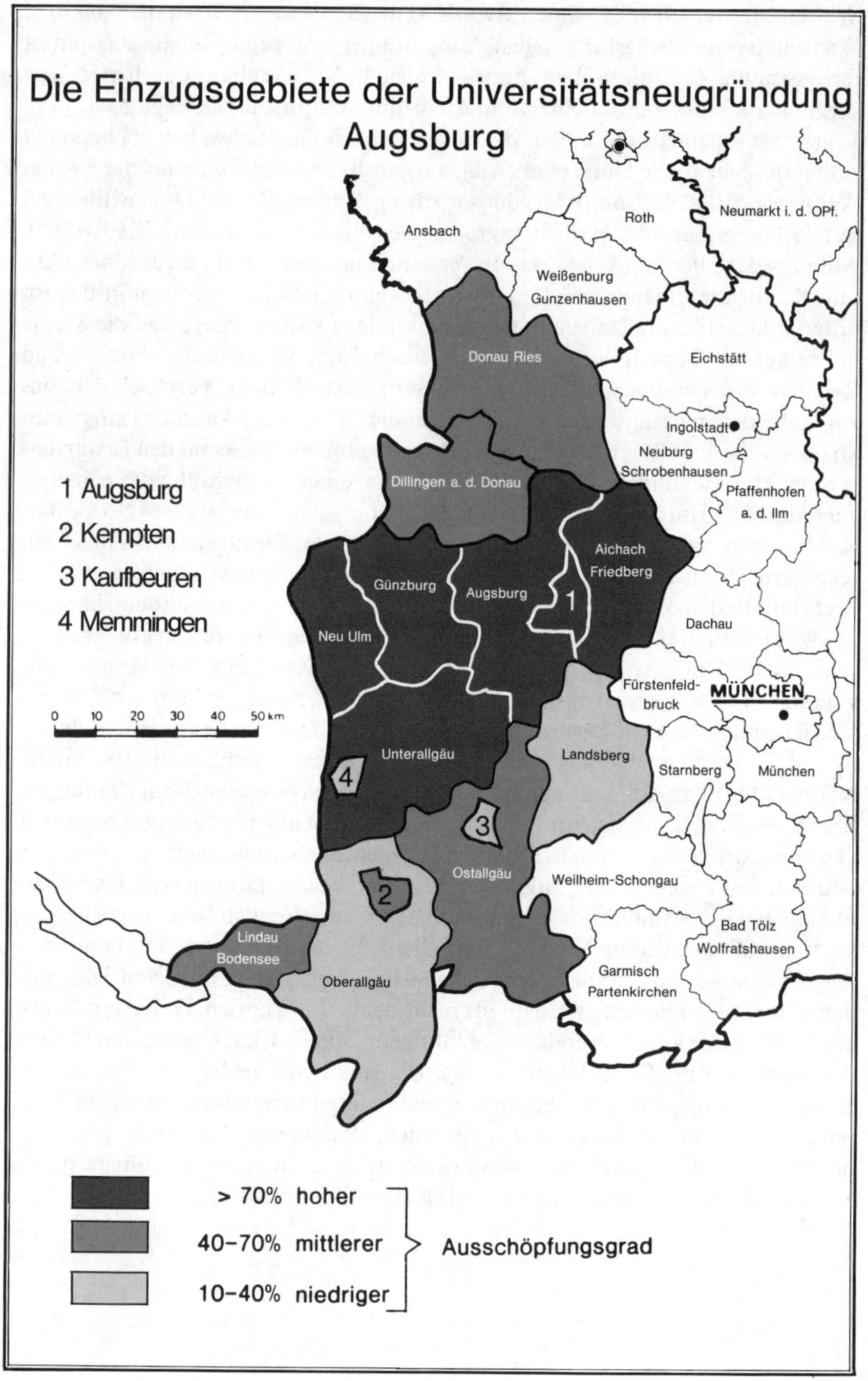

Die Einzugsgebiete der Universitätsneugründung Augsburg
Ansbach
Roth
Neumarkt i. d. OPf.
Weißenburg Gunzenhausen
Donau Ries
Eichstätt
Ingolstadt
Neuburg Schrobenhausen
Pfaffenhofen a. d. Ilm
Dillingen a. d. Donau
1 Augsburg
2 Kempten
3 Kaufbeuren
4 Memmingen
Aichach Friedberg
Günzburg
Augsburg
Neu Ulm
Dachau
Fürstenfeld-bruck
MÜNCHEN
0 10 20 30 40 50 km
Unterallgäu
Landsberg
Starnberg
München
Ostallgäu
Weilheim-Schongau
Lindau Bodensee
Oberallgäu
Bad Tölz Wolfratshausen
Garmisch Partenkirchen
> 70% hoher
40–70% mittlerer
10–40% niedriger
Ausschöpfungsgrad

7.2 INDUSTRIE IM STRUKTURWANDEL

Bei einer kritischen Beurteilung von Wachstum und Konjunktur in der Wirtschaftsregion Augsburg sind wesentliche innere Unterschiede zu den benachbarten Verdichtungsräumen nicht zu übersehen (LAMPERT 1979; HANUSCH & RAUSCHER 1984). Die wirtschaftliche Entwicklung Augsburgs ist speziell in den 70er Jahren ungünstig verlaufen, weniger konjunkturell als strukturell bedingt. Von den 156 000 Arbeitsplätzen im Jahr 1970 hat Augsburg in den zwölf Jahren bis 1982 im Saldo mehr als 12 000 verloren. In Augsburg reichte eine im Städtevergleich nur schwache Zunahme von 10 500 Beschäftigten im Dienstleistungsbereich nicht annähernd aus, um die rapide Abnahme von fast 23 000 Industriebeschäftigten auszugleichen. Obwohl 1985 über 55 Prozent der Augsburger Beschäftigten (148 000) in Handel-, Büro- und Dienstleistungen arbeiten, wird die Wirtschaftskraft der Stadt nach wie vor im höheren Maße vom warenproduzierenden Gewerbe, der Industrie bestimmt. Im Vergleich zu Augsburg ziehen jedoch die meisten anderen bayerischen Großstädte ihre Wirtschaftskraft vorwiegend aus dem Dienstleistungssektor: Würzburg und München beispielsweise sogar zu drei Vierteln!

Als Industriestadt hat Augsburg den Strukturwandel noch nicht abgeschlossen. Vor allem beschäftigungspolitisch sind heute die Hypotheken des Aufblühens mancher Branchen aus der Gründerzeit und später auch der Nachkriegszeit noch abzutragen und zum Teil durch harte Anpassungen zu bewältigen. Nahezu zwei Drittel der industriellen Arbeitsplätze in Augsburg gehören den bestimmenden Branchen Maschinenbau, Textil und Elektrotechnik an. Nach Vorausschätzungen dürfte das Produzierende Gewerbe in Augsburg zwischen 1970 und 1990 um immerhin 12 000 bis 15 000 Beschäftigte abnehmen. Am stärksten war dieser Rückgang bereits Mitte der 70er Jahre zu erkennen (GLÖCKNER & KÖNIG 1977). Besonders gravierende Einbußen zeichnen sich im Textilgewerbe ab. Vor allem die Industriegebiete in der Innenstadt, Oberhausen, Lechhausen und Pfersee, daneben auch in Göggingen und Haunstetten waren beziehungsweise werden von diesen Beschäftigungsrückgängen besonders betroffen sein (vgl. Karte 33). In der zweiten Hälfte der 70er Jahre fand in Augsburg bei fast allen Industrie- und Gewerbebetrieben eine Befragung über die Einschätzung ihrer Standorte statt (FINKBEINER 1978). Insbesondere sind Absichten bezüglich Erweiterung, Verlagerung, Grundstücksverkäufen beziehungsweise Verpachtung oder Stillegung erfaßt worden. Etwa jeder zehnte Betrieb plante damals in Augsburg zum Teil mehrere dieser Vorhaben. Die meisten Betriebe mit Veränderungswünschen liegen vor allem in den traditionellen Gewerbegebieten der Stadt (vgl. Karte 34). Gliedert man die Veränderungswünsche nach Wirtschaftszweigen auf, dann wird deutlich, daß besonders der Handel und das Verarbeitende Gewerbe zukünftig den stärksten Einfluß auf die raumstrukturelle Entwicklung der Augsburger Wirtschaft ausüben werden. Im Verarbeitenden Gewerbe, der Industrie, bekundete jede achte Firma die Absicht, ihren Betrieb ganz oder teilweise zu verlagern, beziehungsweise eine Filiale oder neue Arbeitsstätten errichten zu wollen. Bei Handel und Dienstleistungen wollte sich fast jeder zehnte Betrieb verändern. Bei einer beachtlichen Zahl von Betrieben werden bestimmte Grundstücke nicht mehr beansprucht beziehungsweise zum

Karte 33

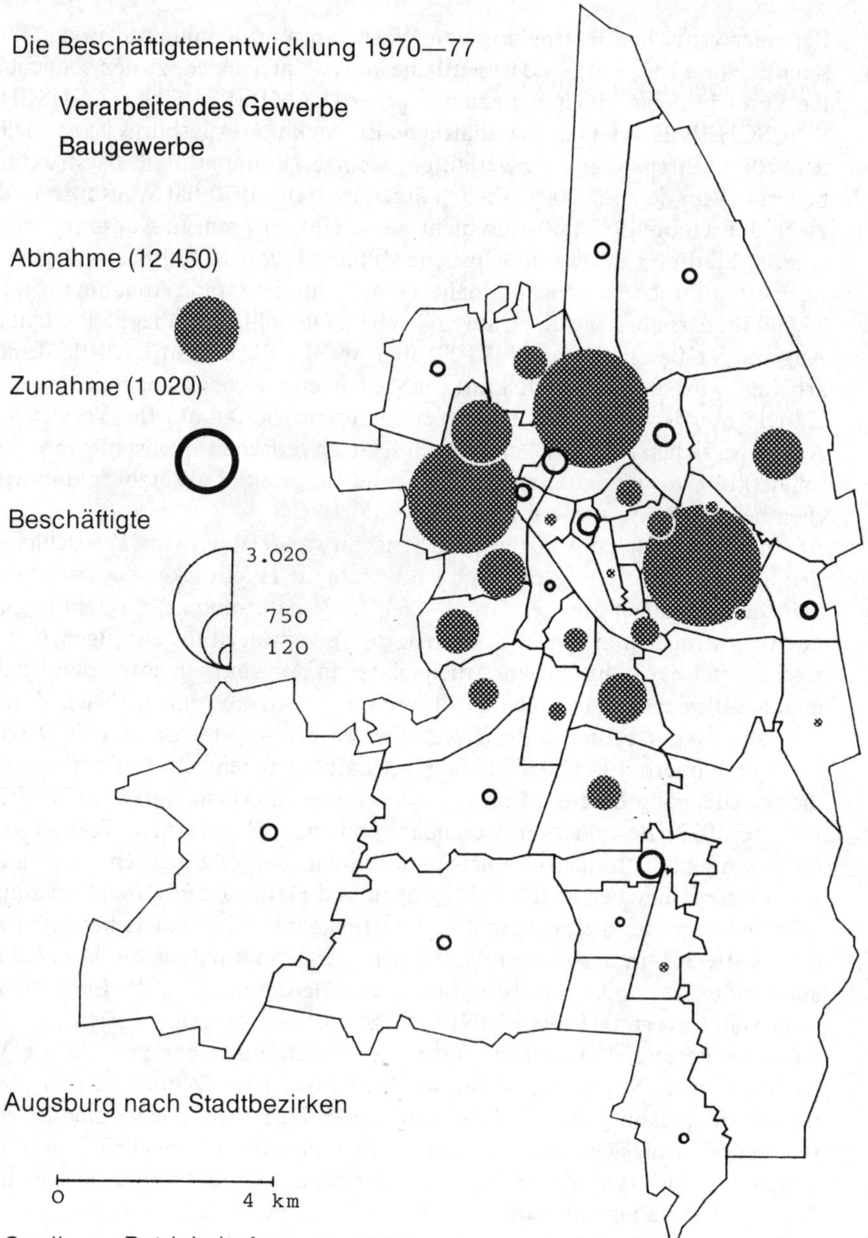

Quelle: Betriebsbefragung 1977

Karte 34

Die Verlagerungsabsichten der Betriebe

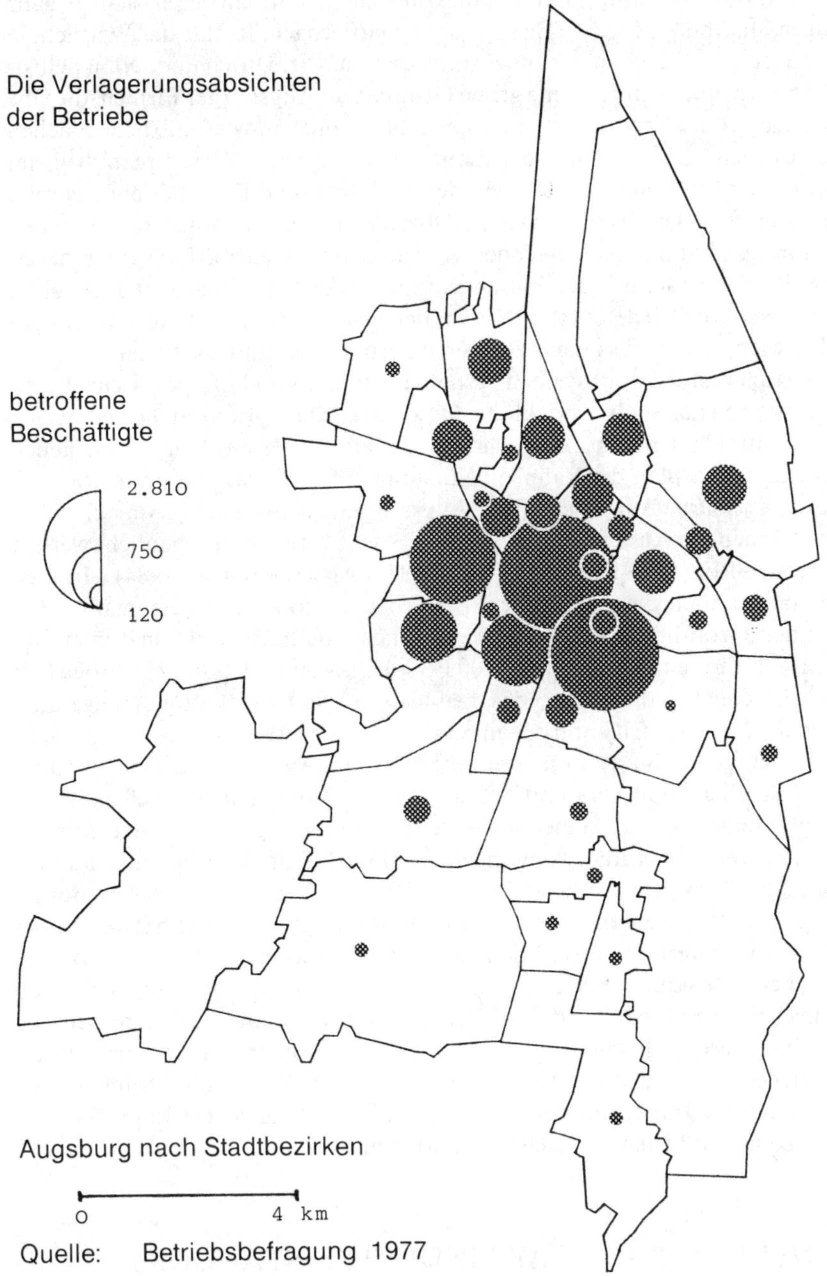

Verkauf angeboten. Die Flächen, die keine betriebliche Verwendung finden, beziehungsweise künftig zum Verkauf anstehen, konzentrieren sich in ganz wenigen Stadtbezirken, zum Beispiel am Schäfflerbach, Rechts der Wertach, in Lechhausen aber auch in der Innenstadt zwischen St. Ulrich und Dom. Selbstverständlich gibt es ebenso eine große Gruppe von Augsburger Firmen, die eine Erweiterung oder Verlagerung ihres Betriebes planen und deshalb neue Flächen beanspruchen und suchen. Jeder zweite zu verlagernde Arbeitsplatz liegt im Zentrum der Stadt, im Bereich zwischen St. Ulrich und Dom beziehungsweise im Bahnhofs- oder Bismarckviertel. Überblickt man die angestrebten neuen Standorte, so kann damit gerechnet werden, daß sich jeder dritte verlagerungswillige Betrieb außerhalb der Stadt bevorzugt in den benachbarten Landkreisen niederlassen wird. Jeder zweite Betrieb, der sich erweitern möchte, hat erhebliche Schwierigkeiten, geeignete Flächen innerhalb der Stadt zu finden.
Die Wirtschaftsförderung genießt deshalb heute eine sehr hohe politische Priorität im Rahmen der Stadtentwicklung. Obwohl die Stadt grundsätzlich nur wenig für eine direkte Unterstützung der Wirtschaft tun kann, will sie im neuen Flächennutzungsplan die Rahmenbedingungen für die örtliche Industrie sehr gezielt verbessern. Am Beispiel des Augsburger Textilviertels „Am Schäfflerbach“ können die Auswirkungen auf die Stadtstruktur veranschaulicht werden (MAHNKOPF, OHREM, KÖNIG, SCHWARZENBÖCK 1984). In den Gewerbebetrieben dieses Stadtbezirkes arbeiten zirka 6500 Personen (1977). Unter den Großfirmen weist die Textilbranche die höchste Beschäftigtenzahl auf. In acht Firmen arbeiten etwa 3700 Personen. Von 1970 bis 1977 wurden hier im Textilbereich jeder dritte, das heißt zirka 1900 Beschäftigte freigesetzt! Wegen der Nähe zur City und der guten Erschließung ist die Lage des Textilviertels im Gefüge der Stadt insgesamt sehr günstig. „Am Schäfflerbach“ grenzen verschiedentlich Industrie- und Wohngebiete eng aneinander. Auf manchem Firmengrundstück, das keine betriebliche Verwendung mehr findet, können sehr attraktive Innenstadtwohnungen entstehen. Mit Blickrichtung auf die besonderen Anliegen der gewerblichen Wirtschaft hat sich der Augsburger Stadtrat jedoch gegen eine schrittweise Umwandlung des Textilviertels in ein citynahes Wohngebiet entschieden. Mit einem besonderen Konzept soll die gewerbliche Struktur des Viertels verbessert und vor allem Planungssicherheit für ansässige und neu sich ansiedelnde Industrie- und Zuliefererbetriebe geschaffen werden. Bisher ungenutzte Freiflächen sollen der Betriebserweiterung dienen. Gleichzeitig will man Grünzonen erhalten, Hilfen beim Immissionsschutz gewähren, um den Industriebetrieben langfristige Entwicklungsmöglichkeiten anbieten und sichern zu können.

7.3 NEUE DYNAMIK ALS INDUSTRIESTANDORT

Im Vergleich zu Südbayern und der Bundesrepublik liegt 1980 der Beschäftigtenanteil der Industrie im Raum Augsburg (Stadt- und Landkreis Augsburg, Landkreis Aichach-Friedberg) um nahezu 6 Prozent höher. Sowohl im Handel, im Verkehr und Nachrichtenwesen, als auch bei Banken und Versicherungen weist Augsburg Beschäftigtenanteile auf, die unter dem Durchschnitt der Bundesrepublik liegen. Verhältnismäßig niedrig ist der Beschäftigtenanteil im Dienstleistungsbereich, nämlich um 3 bis 4 Prozent unter dem Durchschnitt von 1980. Auch bei der Entwicklung des Beschäftigtenzuwachses bleibt Augsburg in der Zeit von 1977 bis 1980 im Bereich Banken und Versicherungen sowie bei den anderen Dienstleistungen deutlich hinter Südbayern und der Bundesrepublik zurück.

Tabelle 1: Augsburg im Strukturvergleich mit benachbarten Räumen
Beschäftigte 1974, 1978, 1983

	Jahr	Umland[1] München	Wirtschaftsraum[2] Augsburg	Stadt Augsburg	Mischgebiet[3] Augsburg München	Bayern
Beschäftigte absolut	1974	68 900	189 800	134 800	258 700	3 502 700
	1978	72 100	179 700	125 300	251 800	3 515 300
	1983	82 000	182 500	123 000	264 500	3 654 600
		Sektorale Anteile				
Land- und Forstwirtschaft	1974	2,2	0,8	0,2	1,2	1,1
	1978	1,9	0,9	0,3	1,2	1,3
	1983	2,0	1,0	0,3	1,3	1,3
Energie, Wasser	1974	1,5	1,2	1,4	1,3	1,2
	1978	1,4	1,2	1,5	1,3	1,1
	1983	1,4	1,3	1,6	1,3	1,1
Verarbeitendes Gewerbe (Industrie)	1974	46,5	49,4	45,1	48,6	47,0
	1978	44,1	47,4	43,4	46,4	44,9
	1983	38,4	43,9	40,3	42,2	41,8
Baugewerbe	1974	12,2	9,0	7,6	9,8	9,9
	1978	10,5	8,2	6,8	8,9	9,1
	1983	11,3	8,6	7,0	9,4	9,0
Handel	1974	11,4	13,0	15,6	12,6	12,6
	1978	13,1	13,6	16,2	13,5	13,1
	1983	15,0	13,4	15,1	13,9	13,3
Verkehr und Nachrichtenwesen	1974	2,8	4,6	5,4	4,1	4,5
	1978	3,3	4,1	4,7	3,9	4,2
	1983	4,2	4,3	5,1	4,3	4,2
Banken, Versicherungen	1974	2,8	3,2	3,6	3,1	3,6
	1978	2,8	3,2	3,5	3,1	3,6
	1983	3,1	3,4	3,8	3,3	3,9
Sonstige Dienstleistungen	1974	13,3	11,3	12,9	11,8	13,0
	1978	15,6	13,1	14,7	13,8	15,3
	1983	17,1	16,0	18,1	16,4	17,5
Organisationen ohne Erwerbscharakter	1974	0,9	1,5	1,8	1,3	1,5
	1978	0,8	2,1	2,6	1,7	1,6
	1983	0,8	2,2	2,9	1,8	1,8
Gebietskörperschaften und Sozialversicher.	1974	6,5	6,1	6,5	6,2	5,7
	1978	6,6	6,3	6,3	6,3	5,8
	1983	6,7	6,0	5,9	6,2	6,1

Ziffern 1, 2, 3 vgl. Tab. 2, S. 112

Tabelle 2: Augsburg im Strukturvergleich mit benachbarten Räumen
Lokalisationsquotienten/Beschäftigte 1974, 1978, 1983

	Jahr	Umland[1] München	Wirtschaftsraum[2] Augsburg	Stadt Augsburg	Mischgebiet[3] Augsburg München
Beschäftigte absolut	1974	68 900	189 800	134 800	258 700
	1978	72 100	179 700	125 300	251 800
	1983	82 000	182 500	123 000	264 500
Land- und Forstwirtschaft	1974	1,92	0,70	0,18	1,02
	1978	1,47	0,70	0,21	0,92
	1983	1,50	0,74	0,22	0,98
Energie, Wasser	1974	1,28	1,02	1,24	1,09
	1978	1,27	1,09	1,35	1,14
	1983	1,25	1,16	1,48	1,19
Verarbeitendes Gewerbe (Industrie)	1974	0,99	1,05	0,96	1,03
	1978	0,98	1,06	0,97	1,03
	1983	0,92	1,05	0,96	1,01
Baugewerbe	1974	1,23	0,91	0,76	0,99
	1978	1,15	0,90	0,74	0,97
	1983	1,26	0,96	0,78	1,05
Handel	1974	0,91	1,03	1,24	1,00
	1978	1,00	1,04	1,24	1,03
	1983	1,13	1,01	1,14	1,04
Verkehr und Nachrichtenwesen	1974	0,63	1,03	1,21	0,92
	1978	0,79	0,98	1,12	0,92
	1983	0,99	1,02	1,20	1,01
Banken, Versicherungen	1974	0,78	0,89	1,00	0,86
	1978	0,77	0,87	0,97	0,84
	1983	0,78	0,88	0,98	0,85
Sonstige Dienstleistungen	1974	1,02	0,87	0,99	0,91
	1978	1,02	0,86	0,96	0,90
	1983	0,98	0,91	1,03	0,93
Organisationen ohne Erwerbscharakter	1974	0,61	0,98	1,19	0,88
	1978	0,48	1,30	1,64	1,06
	1983	0,46	1,25	1,59	1,00
Gebietskörperschaften und Sozialversicherung	1974	1,14	1,08	1,14	1,10
	1978	1,14	1,09	1,10	1,10
	1983	1,14	0,98	0,97	1,02

1 Landkreise Fürstenfeldbruck, Dachau und Freising
2 Stadt und Landkreis Augsburg, Landkreis Aichach-Friedberg
3 Landkreise Augsburg, Aichach-Friedberg, Fürstenfeldbruck, Dachau, Freising und Stadt Augsburg

Quelle: v. BÖVENTER, HAMPE, KOLL 1985, S. 160

In der Tabelle 1 werden die Veränderungen der Beschäftigten in und um Augsburg mit einem Teil des Münchner Umlandes sowie mit Bayern insgesamt verglichen. Die Beobachtungen erstrecken sich etwa über 10 Jahre hinweg. Der Ausschnitt des Raumes um München macht einen schnellen Strukturwandel durch. Der industrielle Sektor nimmt deutlich ab, während die Dienstleistungen rasch an Bedeutung gewinnen. Der Raum Augsburg muß zwischen 1974 und 1978 einen starken Rückgang der Beschäftigten hinnehmen. Das war insbesondere auf die gravierenden Arbeitsplatzverluste in der Stadt Augsburg selbst zurückzuführen. Zur näheren Kennzeichnung der strukturellen Unterschiede Augsburgs gegenüber den benachbarten Gebieten haben v. BÖVENTER und Mitarbeiter (1985) die Lokalisations- beziehungsweise Standortquotienten der betreffenden Gebiete für die Jahre 1974, 1978 und 1983 miteinander verglichen. Die Berechnung solcher Standortquotienten bietet gewisse Möglichkeiten, die regionalen Besonderheiten in der Branchenstruktur aufzuzeigen. Standortquotienten informieren über die Konzentration einzelner Wirtschaftszweige in einem Teilgebiet im Verhältnis zu einem Vergleichsraum und lassen dadurch gewisse Rückschlüsse auf Spezialisierungen zu (H. J. MÜLLER 1973; LAUSCHMANN 1973). In wirtschaftlichen Aktivitäten, die für die Ausstrahlungskraft von Augsburg als Oberzentrum besonders wichtig sind, werden im Zeitverlauf Rückgänge besonders deutlich. Das gilt für die Bereiche Handel, Banken, Versicherungen, Verwaltung und soziale Dienste (vgl. Tabelle 2). Obwohl die Zahl der Arbeitsplätze im Dienstleistungssektor in Augsburg absolut gestiegen ist (z. B. Universität, Zentralklinikum etc.), hat sich das auf die Erhöhung der Standortquotienten in diesem Sektor nicht ausgewirkt, da die Arbeitsplatzzahl im tertiären Sektor bei den benachbarten Gebieten im gleichen Zeitraum ebenfalls gestiegen ist (vgl. Tabellen 3 und 4).
Besonders gerne werden Standort- und Lokalisationsquotienten dazu verwendet, um das Gewicht von „regionalen Exportindustrien“ zu beurteilen. Sehr hohe Standortquotienten (zwischen 2 und 10) haben im Wirtschaftsraum Augsburg vergleichsweise die Computer- und Elektronikbranche, Textil, Maschinenbau und Luftfahrt. Relativ hohe Quotienten (zwischen 1 und 2) besitzen Chemie, Stahlbau, Druck und Papier. Sehr hohe Zuwachsraten weisen vor allem die Computer- und Elektronikbranchen aber auch die Papierindustrie auf (Tabelle 4). Experten der örtlichen Industrie- und Handelskammer und der Stadt Augsburg weisen auf diesen bedeutenden Strukturwandel in der Augsburger Industrie hin, der sich insbesondere auf dem Gebiet der Datentechnik und Mikorelektronik im Bereich von Großbetrieben (z. B. Siemens, NCR) abzeichnet. Auch einige mittelständische Firmen haben die Datentechnik in ihr Produktionsprogramm aufgenommen. Diversifikation tritt meist dadurch ein, daß konventioneller Maschinenbau mit moderner Elektronik kombiniert wird. Auch einige kleinere Firmen spezialisieren sich auf die Mikroelektronik und Informationstechnologie. Die Software-Entwicklung von jungen Unternehmen ist meist auf bestimmte Großfirmen im Raume Augsburg selbst ausgerichtet. Darüberhinaus gibt es andere innovationsfreudige mittelgroße Betriebe, die die Marktchancen eingeführter Produkte zu nutzen verstehen. Sie bauen beispielsweise Waagen, Autowascheinrichtungen, chemische Reinigungsmaschinen, Offsetdruckmaschinen, Armaturen für Pipelines und Gasleitungen. Neue Pro-

Tabelle 3: Augsburg — Dynamik als Industriestandort
Anteile der Beschäftigten 1978, 1983 in %

Sektoren	Umland[1] München		Wirtschaftsraum[2] Augsburg	
	1978	1983	1978	1983
Steine, Erden, Feinkeramik, Glas	2,5	2,3	1,2	1,1
Chemische Industrie			3,3	3,2
Kunststoffverarbeitung	3,8	3,1	1,1	1,1
Stahl-/Leichtmetallbau	1,8	1,6	1,7	1,8
Maschinenbau	5,1	4,2	10,3	9,8
Fahrzeugbau			2,1	2,1
Luftfahrt	2,6	2,6	1,3	1,3
Computer, Datenverarbeitung			3,4	3,5
Elektronik	7,4	6,3	3,1	3,0
Feinmechanik, Optik, Uhren			0,6	0,6
Metallverformung	3,0	2,4	0,9	0,9
Holzverarbeitung	3,9	3,6	2,4	2,0
Papier	2,9	1,9	0,8	0,8
Druckerei	0,8	0,7	1,2	1,2
Textil			7,3	5,7
Bekleidung	3,8	2,6	1,2	1,0
Nahrungsmittel	5,3	4,8	3,6	3,6
Verarbeitendes Gewerbe	43,6	37,3	47,1	43,8
Baugewerbe	10,7	12,1	8,2	8,8
Handel	12,3	13,8	13,8	13,3
Transport, Nachrichtenwesen	3,2	4,0	4,0	4,4
Banken, Versicherungen	2,9	3,2	3,1	3,4
Wissenschaft, Kunst, Medien	3,9	4,3	2,8	3,4
Gesundheitswesen	4,3	4,6	3,5	4,8
Consulting	1,0	1,2	0,7	0,8
Andere Dienstleistungen	2,6	3,2	2,9	3,4
Dienstleistungen	14,9	16,4	13,2	16,0
Organisationen o. Erwerbscharakter	0,8	0,8	2,1	2,2
Gebietskörpersch./Sozialvers.	4,1	8,7	6,2	5,8
Beschäftigte (absolut)	90 400	103 700	183 500	185 000

1 Landkreise Fürstenfeldbruck, Dachau und Freising
2 Stadt und Landkreis Augsburg, Landkreis Aichach-Friedberg

Quelle: v. BÖVENTER, HAMPE, KOLL 1985, S. 180

Tabelle 4: Augsburg — Dynamik als Industriestandort
Vergleich von Lokalisationsquotienten 1978, 1983

Sektoren	Umland[1] München		Wirtschaftsraum[2] Augsburg	
	1978	1983	1978	1983
Steine, Erden, Feinkeramik, Glas	0,71	0,73	0,34	0,36
Chemische Industrie	1,16	0,96	0,99	1,74
Kunststoffverarbeitung			0,82	0,80
Stahl-/Leichtmetallbau	1,24	1,03	1,13	1,12
Maschinenbau	1,05	0,91	2,13	2,13
Fahrzeugbau	0,50	0,49	0,40	0,46
Luftfahrt			2,05	1,98
Computer, Datenverarbeitung	0,83	0,80	8,20	10,49
Elektronik			0,43	0,45
Feinmechanik, Optik, Uhren			0,51	0,58
Metallverformung	1,53	1,39	0,46	0,50
Holzverarbeitung	1,38	1,34	0,86	0,75
Papier	2,77	2,46	0,90	1,04
Druckerei	0,73	0,68	1,15	1,12
Textil	0,67	0,58	3,42	3,45
Bekleidung			0,41	0,42
Nahrungsmittel	1,30	1,14	0,84	0,86
Verarbeitendes Gewerbe	0,97	0,89	1,05	1,05
Baugewerbe	1,18	1,31	0,90	0,95
Handel	0,94	1,05	1,06	1,01
Transport, Nachrichtenwesen	0,79	0,97	0,99	1,04
Banken, Versicherungen	0,80	0,83	0,88	0,88
Wissenschaft, Kunst, Medien	1,17	1,21	0,84	0,95
Gesundheitswesen	1,08	0,97	0,87	1,03
Consulting	1,09	1,03	0,75	0,75
Andere Dienstleistungen	0,81	0,84	0,93	0,91
Dienstleistungen	0,97	0,94	0,86	0,92
Organisationen o. Erwerbscharakter	0,51	0,46	1,32	1,26
Gebietskörpersch./Sozialvers.	0,71	1,45	1,08	0,97

1 Landkreise Fürstenfeldbruck, Dachau und Freising
2 Stadt und Landkreis Augsburg, Landkreis Aichach-Friedberg

Quelle: v. BÖVENTER, HAMPE, KOLL 1985, S. 179.

dukte sind aber ebenfalls vertreten wie zum Beispel Industrieroboter und Katalysatoren. Nur in wenigen Fällen werden die Produkte aufgrund eigener Forschungsaktivitäten am Standort entwickelt. Die junge Universität Augsburg und die örtliche Fachhochschule könnten hier künftig sehr attraktive Aufgaben wahrnehmen. Gemeinsame Forschungen der ansässigen Firmen mit Hochschulen werden nämlich in der Regel außerhalb Augsburgs betrieben! Trotz großer Produktionsstätten fehlt der Region noch der direkte Zugang zu Forschungseinrichtungen am Ort. Allgemein setzen die bemerkenswerten Strukturveränderungen seit Mitte der 70er Jahre ein. Sie finden zum einen innerhalb der Industrie selbst und zum anderen zwischen der Industrie und dem Dienstleistungssektor statt.

Die großen Firmen im Wirtschaftsraum Augsburg werden ihrem Strukturwandel mit Rationalisierung und Personaleinsparungen begegnen. Mittelfristig werden Neuansiedlungen, insbesondere im Hochtechnologiesektor, diesen Beschäftigtenabbau noch nicht ausgleichen können. Gerade die mittelgroßen Firmen werden künftig im Strukturwandel eine besonders wichtige Rolle spielen. Firmen zwischen 200 und 1000 Beschäftigten sind so leistungsfähig, daß sie ihrem bisherigen Entwicklungsstand neue Abteilungen mit neuen Produkten hinzufügen können, ohne dadurch ihre gesamte innere Struktur verändern zu müssen. Kleinere Firmen befinden sich dagegen dann in einer recht schwierigen Lage, wenn hochqualifiziertes Personal den Betrieb verläßt (v. BÖVENTER, HAMPE, KOLL 1985). Diese Tendenzen spiegeln sich in den Resultaten neuerer Unternehmerbefragungen und somit auch in den Beschäftigtenperspektiven der Industrie im Augsburger Wirtschaftsraum wider.

7.4 NEUE BESCHÄFTIGUNGSPERSPEKTIVEN

In einer repräsentativen Umfrage bei Industriebetrieben konnte geklärt werden, wie sich die skizzierten technischen Neuerungen und organisatorischen Veränderungen auf den Arbeitskräftebedarf im Wirtschaftsraum Augsburg künftig auswirken werden (HURLER, BUSS 1983). Befragt wurden Unternehmer, Geschäftsführer sowie leitende Angestellte aus dem technischen und Personalbereich. Die in die Untersuchung einbezogenen Firmen stellten mehr als drei Viertel aller Beschäftigten des Verarbeitenden Gewerbes im Wirtschaftsraum Augsburg dar.

In der jüngsten Vergangenheit hat bei jedem zweiten Betrieb vor allem die Produktionssteigerung durch den Einsatz von arbeitssparenden technischen beziehungsweise organisatorischen Neuerungen zur Freisetzung von Beschäftigten geführt (vgl. Tabelle 5). Als zweithäufigsten Grund nannte jeder dritte Betrieb Arbeitsrückgänge wegen sinkender Inlandsnachfrage. Nur jeder siebte Betrieb sah in rückläufigen Exportmöglichkeiten das entscheidende Motiv. Standortnachteile spielten lediglich bei jedem zwölften Betrieb eine Rolle. Die-

ser Punkt wurde eher von wachsenden als in ihrer Dynamik zurückgehenen Firmen genannt.
Technische und/oder organisatorische Neuerungen sowie neue Produkte sind die wichtigsten Ursachen für Neueinstellungen gewesen (vgl. Tabelle 6). Insbesondere die expandierenden Firmen führen diese Entwicklung auf die gestiegene Inlandsnachfrage zurück. Auch verstärkte Anstrengungen im Bereich der Forschung und Entwicklung üben wichtige Beschäftigungsimpulse aus.
Nach den Angaben der Unternehmen und der örtlichen Arbeitsverwaltung kann angenommen werden, daß die Zahl der Beschäftigten in den Industriebetrieben des Verarbeitenden Gewerbes bis 1986 um ein Zwanzigstel auf zirka 80 700 sozialversicherungspflichtige Arbeitnehmer zurückgehen wird (vgl. Tabelle 7). Die Entwicklung wird vor allem von den Veränderungen im Maschinenbau und der Textilindustrie beherrscht. Der Rückgang der Arbeitsplätze in der Textilbranche wird den Beschäftigtenanteil unter 13 Prozent sinken lassen. Etwas stabilisierend dürfte sich die Tatsache auswirken, daß im Wirtschaftsraum Augsburg Hauptniederlassungen von Textilfirmen angesiedelt sind, die sich bis zu einem gewissen Grad über den Abbau von Beschäftigten in Zweigbetrieben außerhalb der Region den veränderten Bedingungen angepaßt haben.
Die Strukturanteile bei „Datenverarbeitung", der „Elektrotechnik" und der „Chemie" werden relativ zunehmen. Trotz allgemein optimistischer Grundstimmung dürften hier die absoluten Beschäftigtenzahlen aber stagnieren oder leicht zurückgehen. Bei den Industriezweigen „Stahl- und Leichtmetallbau", „Lüftungs-, Wärme-, Klimatechnik", EBM-Waren und in einigen Bereichen der Nahrungsmittelbranche sowie der Kunststoffverarbeitung kommt es zu einer Ausweitung der Beschäftigung. Eine stabile Entwicklung zeigt der Bereich Papier (vgl. Tabelle 7).
Von den befragten Betrieben beklagten mehr als 60 Prozent der Firmen, sie könnten mangels geeigneter Bewerber aus der Region bestimmte Arbeitsplätze überhaupt nicht beziehungsweise erst nach längerer Suche besetzen. Besetzungsprobleme waren bei folgenden Berufen aufgetreten:
— Datenverarbeitungs- und Organisationsfachleute,
— Maschinenbauingenieure,
— Elektroingenieure,
— Elektrotechniker,
— Ingenieure beziehungsweise Techniker in der Arbeitsvorbereitung,
— Schlosser, insbesondere Blech- und Kunststoffschlosser,
— NC-Dreher und NC-Fräser sowie Bohrwerkdreher,
— Metallverbinder, vor allem Schutzgas-, Dünnblech- und Schmelzschweißer,
— Feinblechner und Installateure, speziell Lüftungsfeinblechner und Rohrinstallateure,
— Elektriker mit Elektronikkenntnissen,
— Chemiearbeiter (für Schichtarbeit),
— Kunststoffverarbeiter, vor allem Kunststoffspritzgießer,
— Druckformhersteller, Flach- und Tiefdrucker (Mehrfarben-Rollenoffsetz) sowie Setzer (Lichtsatz, Computersatz),
— einige Ernährungsberufe, wie Fleischer und Fleisch- und Wurstwarenhersteller.

Tabelle 5: Kräfte, die in Richtung auf eine **Abnahme** der Beschäftigung im Verarbeitenden Gewerbe wirken (Wirtschaftsraum Augsburg)

Kräfte und Ursachen	Nennungen in %	Nennungen absolut	**davon:** Betriebe, deren Beschäftigtenstand abgenommen hat	gleichgeblieben ist	zugenommen hat
Produktivitätssteigerungen durch den Einsatz arbeitssparender technischer und/oder organisatorischer Neuerungen	50,5	93	39	8	46
Absatzrückgänge auf Grund sinkender Inlandsnachfrage	38,0	70	38	7	25
Mangel an qualifizierten Arbeitskräften	25,0	46	8	3	35
Absatzrückgänge auf Grund sinkender Exportnachfrage	14,1	26	8	4	14
Verlagerung von Teilen der Produktion/Arbeitsleistungen auf Unterauftragnehmer	12,0	22	4	1	17
Regionale Standortnachteile .	7,6	14	2	1	11
Verlagerung von Teilen der Produktion in andere inländische Niederlassungen des Unternehmens	7,1	13	4	1	8
Mangel an Hilfskräften	6,0	11	1	2	8
Verlagerung von Teilen der Produktion in ausländische Niederlassungen des Unternehmens .	4,3	8	5	1	2
Abbau von Teilzeitbeschäftigung	3,3	6	3	0	3
Unternehmenszusammenschlüsse (Fusion, Kooperationsvereinbarungen, etc.)	1,6	3	1	0	2
Sonstige Gründe	25,5	47	15	5	27

184 Betriebe wurden befragt, es waren jeweils bis zu drei Nennungen möglich! Von den befragten Betrieben hatten 107 eine Zunahme des Beschäftigtenstandes und 61 Betriebe eine Abnahme zu verzeichnen. In 16 Betrieben hatte sich der Beschäftigtenstand nicht bzw. nicht nennenswert geändert.

Quelle: Stadt Augsburg 1983, Amt für Wirtschaftsförderung

Tabelle 6: Kräfte, die in Richtung auf eine **Zunahme** der Beschäftigung im Verarbeitenden Gewerbe wirken (Wirtschaftsraum Augsburg)

Kräfte und Ursachen	Nennungen in %	Nennungen absolut	davon: Betriebe, deren Beschäftigtenstand zugenommen hat	gleichgeblieben ist	abgenommen hat
Verbesserung der Konkurrenzfähigkeit auf Grund technischer und/oder organisatorischer Neuerungen im Betrieb	56,5	104	63	11	30
Absatzsteigerungen auf Grund steigender Inlandsnachfrage .	47,8	88	68	10	10
Verbesserungen der Konkurrenzfähigkeit auf Grund neuer/neuartiger Produkte	46,7	86	52	2	32
Absatzsteigerungen auf Grund steigender Nachfrage aus dem Ausland	28,8	53	36	1	16
Verstärkte Anstrengungen im Bereich der Forschung und Entwicklung	15,8	29	19	0	10
Verstärkte Anstrengungen im Bereich der betrieblichen Ausbildung	9,8	18	14	1	3
Verlagerung von Arbeitsleistungen aus anderen Niederlassungen in den Betrieb (u. a. Kooperationsverträge, Fusion, Zusammenlegung von Betriebsstätten) .	7,1	13	7	2	4
Verringerung von Zulieferungen/weniger Unteraufträge	6,5	12	7	3	2
Auswirkungen von Arbeitszeitverkürzungen	5,4	10	1	3	6
Sonstige Gründe	18,5	34	12	7	15

184 Betriebe wurden befragt, es waren jeweils bis zu drei Nennungen möglich! Von den befragten Betrieben hatten 107 eine Zunahme des Beschäftigtenstandes und 61 Betriebe eine Abnahme zu verzeichnen. In 16 Betrieben hatte sich der Beschäftigtenstand nicht bzw. nicht nennenswert geändert.

Quelle: Stadt Augsburg 1983, Amt für Wirtschaftsförderung

Tabelle 7: Die Entwicklung der Beschäftigtenstruktur im Verarbeitenden Gewerbe seit 1977 und ihre voraussichtliche Veränderung bis zum Jahr 1986 (Wirtschaftsraum Augsburg), Angaben in %

Wirtschaftszweig	1977	1978	1979	1980	1981	1982	(1986)
Chemische Industrie	7,6	7,0	6,8	6,7	6,9	7,0	6,9
Kunststoffverarbeitung	2,4	2,4	2,5	2,4	2,5	2,6	2,7
Steine und Erden, Feinkeramik, Glas	1,5	1,5	1,5	1,4	1,6	1,6	1,6
Eisen-/Stahlerzeugung, Gießerei	1,0	1,0	1,1	1,1	1,1	1,0	0,9
Metallverformung	1,8	1,9	1,8	1,9	1,9	1,9	1,9
Stahl-/Leichtmetallbau	3,4	3,6	3,7	3,9	4,0	3,8	4,4
Maschinenbau	21,9	21,9	22,0	21,7	22,1	23,0	21,9
Fahrzeugbau	6,9	7,2	7,5	7,7	8,0	8,0	7,5
DV-Anlagen	6,7	7,3	7,9	8,3	7,9	7,9	8,4
Elektrotechnik	6,9	6,7	6,1	6,9	7,0	7,0	7,3
Feinmechanik, Optik, Uhren	1,3	1,3	1,4	1,4	1,5	1,4	1,5
EBM-Waren, Musikinstrumente, Spielwaren, Schmuck	1,7	1,8	1,8	1,8	1,7	1,9	2,0
Holzverarbeitung	4,8	5,1	5,1	5,1	4,6	4,4	4,4
Papierherstellung, -verarbeitung	1,6	1,7	1,6	1,6	1,8	1,8	2,0
Druckerei	2,4	2,6	2,6	2,6	2,7	2,7	2,6
Ledererzeugung, -verarbeitung	1,7	1,6	1,4	1,3	1,2	0,7	0,7
Textil	16,1	15,4	15,0	14,4	13,6	13,3	12,7
Bekleidung	2,7	2,6	2,6	2,5	2,4	2,3	2,2
Nahrungsmittelherstellung	7,4	7,6	7,5	7,4	7,5	7,7	8,4
Verarbeitendes Gewerbe	jeweils 100 %						

Quelle: Stadt Augsburg 1983, Amt für Wirtschaftsförderung

Ganz allgemein werden auf dem Augsburger Arbeitsmarkt im Verarbeitenden Gewerbe gegenwärtig Ingenieure, Techniker, Datenverarbeitungs- und Organisationsfachleute gesucht. Kaufleute und Bürokräfte werden dagegen vom Personalabbau überdurchschnittlich betroffen sein. Dies wird sich ganz besonders in einer charakteristischen Veränderung der Berufsstruktur im Wirtschaftsraum Augsburg zeigen. Der Stellenabbau wird in erster Linie zu Lasten der Angestellten und der einfachen Tätigkeiten gehen, zum Beispiel der Kaufleute, Rechnungskaufleute, traditionellen Bürokräfte. Dennoch wird in der Industrie der Bedarf an qualifizierten Sekretärinnen mit Assistentenfunktionen, Fremdsprachen und Erfahrungen mit Textverarbeitung zunehmen.

Techniker- und Ingenieurberufe werden im Verarbeitenden Gewerbe sehr nachgefragt sein. Das gilt zum Beispiel für Elektroingenieure in Entwicklung und Konstruktion, für Informationsingenieure und Elektrotechniker. Ein steigender Bedarf zeichnet sich darüberhinaus ab bei Maschinenbauingenieuren, vor allem für Konstruktion, Fertigung sowie Außendienst, Ingenieure der Arbeitsvorbereitung und Maschinenbautechniker.

Bei den Fertigungsberufen bietet sich ein recht unterschiedliches Bild. Betriebsspezifische Entwicklungen werden hier besonders deutlich. Abnahmen werden vor allem erwartet in den klassischen Druckberufen, in einigen Metallberufen, in einem großen Teil der Textilberufe. Auch sind generell alle Helfer- und Hilfsarbeitertätigkeiten in erheblichem Maß vom Personalabbau betroffen, was nicht ohne Rückwirkungen auf die Beschäftigung von Gastarbeitern in diesen Tätigkeiten bleiben wird.

Andererseits gibt es Fertigungsberufe, in denen die Augsburger Industrie mit einem steigenden Arbeitskräftebedarf rechnet. Dazu zählen hauptsächlich:

- Kunststoffverarbeiter, darunter Kunststoff-Formgeber, -schweißer und vor allem Kunststoffspritzgießer,
- bei den Drucker-Berufen Setzer für neuere Verfahren (Lichtsatz, Computersatz), Druckformhersteller (Offsetmontierer, Offsetätzer, Klischeeätzer) sowie Flachdrucker (Offset, Mehrfarben-Rollenoffset),
- NC-Dreher und NC-Fräser,
- Schweißer, insbesondere Schutzgas-, Schmelz- und Dünnblechschweißer,
- Feinblechner,
- Rohrinstallateure,
- Blech- und Kunststoffschlosser,
- Elektriker mit Elektronikkenntnissen,
- Zimmerer.

Aus diesen Entwicklungen am Arbeitsmarkt des Wirtschaftsraumes können wertvolle Rückschlüsse auf Bildungs- und Umschulungsmaßnahmen gezogen und von den verschiedenen Ausbildungsträgern der betroffenen Bevölkerung im Raum Augsburg entsprechende Fortbildungsprogramme offeriert werden (HURLER & BUSS 1982, 1983; PFAFF & HURLER 1984). Hier liegt auch eine Chance für die junge Universität Augsburg, durch praxisnahe Aus- und Weiterbildung für qualifiziertes Personal zu sorgen und in Forschung und Beratung verbesserte Entscheidungs- und Informationsgrundlagen für Wirtschaft und Verwaltung anzubieten.

7.5 BEVÖLKERUNG UND WOHNSITUATION

Bis Anfang der 70er Jahre war die Entwicklung der Bevölkerungszahl der Stadt Augsburg durch eine stetige Zunahme gekennzeichnet gewesen. In der vorindustriellen Zeit, etwa bis 1860, dauerte es fast sieben Jahrzehnte, bis sich die Einwohnerzahl verdoppelt hatte. Danach jedoch begann sich das Wachstum deutlich zu beschleunigen. Nur im Zweiten Weltkrieg trat eine vorübergehende Einbuße ein, während andererseits die Eingemeindungen um 1915 und die Gebietsreform 1972 zu den charakterischen Sprüngen der Einwohnerzahlen führten. Seit Beginn der 70er Jahre verzeichnen die Großstädte in der Bundesrepublik besonders bei der deutschen Bevölkerung empfindliche Einwohnerrückgänge. Etwa die eine Hälfte dieses Schwundes rührte von Geburtenrückgang, die andere hauptsächlich von der Abwanderung von Menschen und Betrieben in das nahe Umland her. Gleiche Tendenzen setzten sich auch in Augsburg durch. Nach neuen Prognosen soll die Wohnbevölkerung in Augsburg von 1979 bis 1990 wahrscheinlich um weitere 10 500 Personen auf etwa 235 000 Einwohner zurückgehen (vgl. Abb. 14). Für die deutsche Bevölkerung wird wegen den weit

Abbildung 14

Vorausschätzung der Bevölkerungszahl Augsburgs von 1974 bis 1990

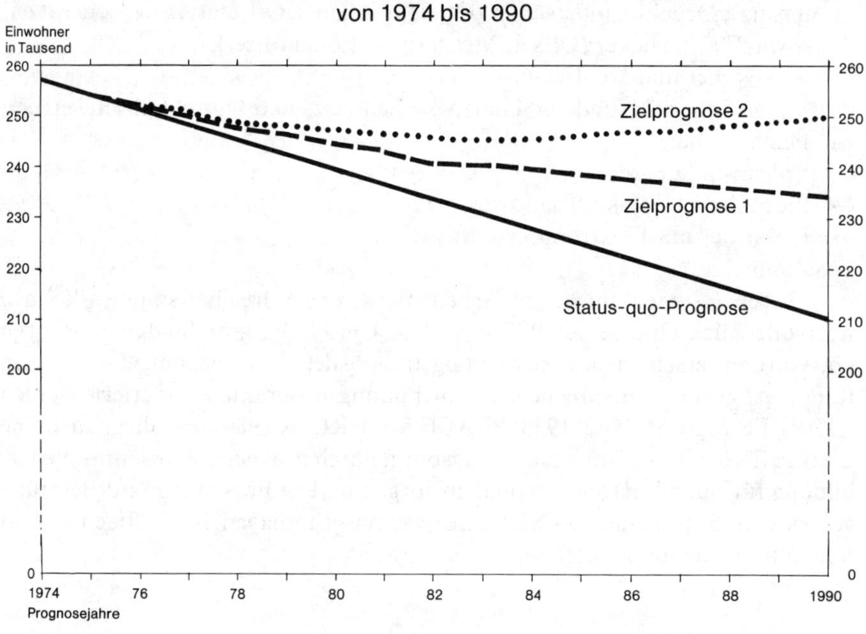

Status-quo Prognose: (= Trend-Variante)	Geburtenentwicklung wie 1973, jährlicher Randwanderungsverlust 1400 Personen, jährlicher Gewinn durch innerdeutsche Fernwanderung 450 Personen Ausländer: 12 % Plafondierung bei 15 % jährlicher Rotation Ergebnis 1990 = 210000 Einwohner (1974 = 257000 Einwohner)
Zielprognose 1: (= LEP-Variante)	Ab 1980 Geburtenfrequenz um 15 % erhöht, jährlicher Randwanderungsverlust nur 400 Personen, jährlicher Gewinn durch Fernwanderung 750 Personen. Ausländer wie bei Trend-Variante. Ergebnis 1990 = 235 000 Einwohner
Zielprognose 2: (=Entlastungsvariante)	Ab 1980 Geburtenfrequenz um 30 % erhöht, jährlicher Randwanderungsverlust nur 400 Personen, jährlicher Gewinn durch Fernwanderung 1400 Personen als Entlastung des Raumes München, Ausländer wie bei Trend-Variante. Ergebnis 1990 = 249 000 Einwohner

Quelle: K. König 1975, S. 30

über den Geburten liegenden Sterbefällen im gleichen Zeitraum ein Rückgang von rund 14 300 Personen auf etwa 205 000 Menschen erwartet. Infolge einer günstigeren Altersstruktur und weit höherer Geburtenzahlen kann dagegen die Zahl der Ausländer noch ansteigen. 1990 dürfte jeder achte Einwohner Augsburgs ein ausländischer Mitbürger sein (GLÖCKNER 1980).
Zu Beginn der wirtschaftlichen Abschwächung konnte die Stadt Augsburg in der Zeit von 1970 bis 1973 durch hohe Ausländerzuwanderungen noch einen Bevölkerungszuwachs verbuchen. Von 1973 bis 1977, einer von der Rezession eingeleiteten Umbruchphase, nahm die Bevölkerung um immerhin 12 200 Personen ab und erreichte den Stand von 245 500 Einwohnern (KÖNIG 1979). Das lag nicht allein am Rückgang der Geburten, sondern auch daran, daß in diesen fünf Jahren stets mehr Personen fort- als zugezogen sind. Seit 1978 stellt sich jedoch eine leicht gegenläufige Tendenz ein. Sieht man vom allgemeinen Geburtenrückgang einmal ab, dann ist die Stadt Augsburg für den Zuzug wieder attraktiv geworden. In den drei Jahren von 1978 bis 1980 nahm Augsburg durch Zuwanderung immerhin um 6400 Menschen zu. Ganz unerwartet sind viele deutsche Aussiedler aus Osteuropa hierher gekommen. Gut zwei Drittel aller Zuwanderer aber waren Ausländer. Zahlreiche Gastarbeiter, die damals noch bessere soziale Perspektiven und sichere Beschäftigungsmöglichkeiten hatten, ließen ihre Familienangehörigen aus der Heimat nach Augsburg nachkommen. Bei den anhaltenden wirtschaftlichen und konjunkturellen Schwierigkeiten und der hohen allgemeinen Dauerarbeitslosigkeit auch bei Ausländern ist diese Entwicklung zum Stillstand gekommen und sogar gegenläufig geworden. Neuerdings nimmt eine größere Zahl von Türken die finanziellen Rückkehrhilfen der Bundesregierung in Anspruch und kehrt in die Heimat zurück. Diese Tendenz wird auch in Augsburg bemerkbar. Von 1981 bis Anfang 1985 ist die Zahl der Ausländer um etwa 3000, das heißt auf 28 600 gesunken. Mit einem Ausländeranteil von etwa 12 Prozent an der Bevölkerung nimmt Augsburg einen oberen Rang unter den bundesdeutschen Großstädten ein.
Gegen Jahresende 1982 waren in Augsburg etwa 30 700 Ausländer der verschiedenen Nationalitäten gemeldet. Räumlich konzentrieren sich die Ausländer vor allem in Stadtteilen mit schlecht ausgestatteten Altbauwohnungen. Es sind Gebiete in der Altstadt, in den Kernbereichen der Vororte Oberhausen, Pfersee und Lechhausen, sowie die traditionellen Arbeiterwohngebiete beiderseits der Wertach und verschiedene Werkswohnanlagen (vgl. Karte 35). Die Zahl der türkischen Bevölkerung hat in Augsburg ständig zugenommen und liegt gegenwärtig bei knapp über 45 Prozent aller Ausländer. Arno RUILE (1984) hat die Eingliederungsproblematik der türkischen Bevölkerung in Augsburg untersucht. Es zeigt sich beispielsweise, daß die Türken vor allem in sehr kleine Verwandten- und Bekanntenkreise eingebunden sind, sonst aber weitgehend isoliert leben. Beziehungen zu Vereinen, Interessengruppen aber auch zur religiösen Gemeinde sind nur schwach entwickelt. Die Verkehrskreise werden meist von der gemeinsamen regionalen Herkunft in der Türkei bestimmt. Darüberhinaus bestehen jedoch kaum Kontakte, auch nicht zu Landsleuten in der Nachbarschaft oder Arbeitskollegen. Selbst in Wohngebieten mit sehr hohen Konzentrationen der türkischen Bevölkerung führen die Verbindungen aus dem Gebiet hinaus in andere Teile der Stadt. Die Beziehungen zur deutschen Bevöl-

Karte 35

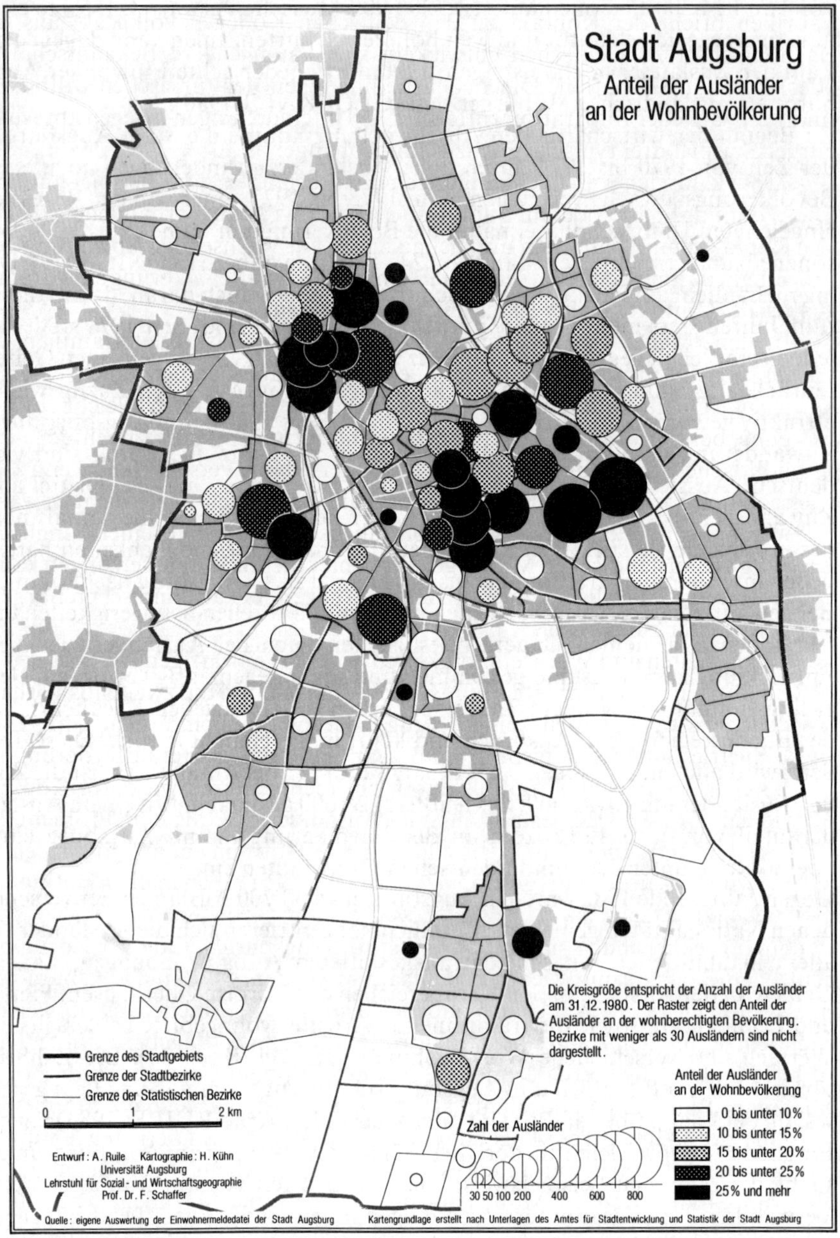

Stadt Augsburg
Anteil der Ausländer
an der Wohnbevölkerung
Die Kreisgröße entspricht der Anzahl der Ausländer am 31.12.1980. Der Raster zeigt den Anteil der Ausländer an der wohnberechtigten Bevölkerung. Bezirke mit weniger als 30 Ausländern sind nicht dargestellt.
Grenze des Stadtgebiets
Grenze der Stadtbezirke
Grenze der Statistischen Bezirke
0
1
2 km
Zahl der Ausländer
30 50 100 200 400 600 800
Anteil der Ausländer an der Wohnbevölkerung
0 bis unter 10%
10 bis unter 15%
15 bis unter 20%
20 bis unter 25%
25% und mehr
Entwurf: A. Ruile Kartographie: H. Kühn
Universität Augsburg
Lehrstuhl für Sozial- und Wirtschaftsgeographie
Prof. Dr. F. Schaffer
Quelle: eigene Auswertung der Einwohnermeldedatei der Stadt Augsburg
Kartengrundlage erstellt nach Unterlagen des Amtes für Stadtentwicklung und Statistik der Stadt Augsburg

kerung gestalten sich fast ausschließlich zweckorientiert. Mit dem Verlassen der Fabriken bricht der Kontakt zu den deutschen Kollegen völlig ab, aus der Nachbarschaft zu Deutschen entwickeln sich kaum engere Bekanntschaften oder gar Freundschaften. Die Lebensbedingungen der türkischen Mitbürger sind weit von jeder Integration entfernt! Die Untersuchungen belegen am Augsburger Beispiel drei typische Sachzusammenhänge:

— Trotz zahlreicher Benachteiligungen der Ausländer, zum Beispiel auf dem Wohnungsmarkt oder im Bildungsbereich, trotz kaum vorhandener sozialer Kontakte mit Deutschen und bei nach wie vor wachsender Ablehnung von Eingliederungsschritten seitens der einheimischen Bevölkerung sind dramatische Konflikte bisher (noch) nicht eingetreten.
— In dem Maße wie die Kinder und Enkel der Gastarbeiterfamilien die Ansprüche und Werte unserer Gesellschaft übernehmen, auch entsprechende Qualifikationen erwerben, wird die Forderung nach Gleichberechtigung bei den ausländischen Bevölkerungsgruppen stark zunehmen. Die politische Spannung dürfte sich besonders dann verschärfen, wenn eine rechtlich-soziale Gleichstellung innerhalb der Gesellschaft nicht gewährt werden kann. Partnerschaftlich-pluralistische Konzepte einer Eingliederung der ausländischen Mitbürger sind unter diesen Voraussetzungen kaum erfolgreich. Die allgemeine Entfremdung gegenüber ausländischen Bürgern wird weiter zunehmen.
— Unklarheiten und Wechselhaftigkeiten in der gegenwärtigen Ausländerpolitik dürften diese Problematik rasch verschärfen und die zweifellos vorhandenen Möglichkeiten einer Eingliederung zunichte machen. Eine Industriestadt wie Augsburg muß sich heute dieser Herausforderung im Bereich der Ausländerpolitik durch ein rechtzeitig entwickeltes Konzept stellen. Es reicht keinesfalls aus, die Ausländerfrage als ein „Problem der sozialen Betreuung“ zu sehen oder gar alle Hoffnungen auf eine rasch zu verwirklichende Reintegration der Gastarbeiterfamilien in ihrer Herkunftsländer zu setzen.

In den zurückliegenden sieben Jahren ist für Augsburg gerade der Zuzug der deutschen Bevölkerung wieder bedeutsam geworden. So kann Augsburg beispielsweise seit 1979 einen Überschuß an Zuzügen von München her aufweisen, nachdem es in den Jahren zuvor dorthin Einwohner abgeben mußte (vgl. Abb. 15 und 16). Insbesondere der angespannte Wohnungsmarkt und die hohen Mieten im Raum der Landeshauptstadt führen dazu, daß tendenziell in Augsburg die preisgünstigeren Angebote nachgefragt werden. Die guten Bahnverbindungen mit München erlauben es, bequem einen Arbeits- oder Ausbildungsplatz im S-Bahn-Bereich Münchens zu erreichen und beizubehalten. Durch gelungene bauliche Modernisierungs- und Erneuerungsvorhaben sind manche Wohnumfelder in der Altstadt wieder stark aufgewertet worden (GÖDERT 1985). Die historischen Viertel um Ulrich, Rathaus, Dom, Fuggerei und an den Lechkanälen, die bis 1977 ständig Einwohner durch Wegzug verloren haben, sind als Wohngebiete heute für Zuziehende und höhere Einkommensgruppen von außerhalb Augsburgs sehr attraktiv geworden (HATZ 1982, DREXEL 1978). Die positiv bewertete Wohnsituation, der hohe Freizeitwert der Stadt und wohl auch die neuen Beschäftigungsperspektiven in Teilbereichen des Augsbur-

Abbildung 15

Augsburg – Bayern

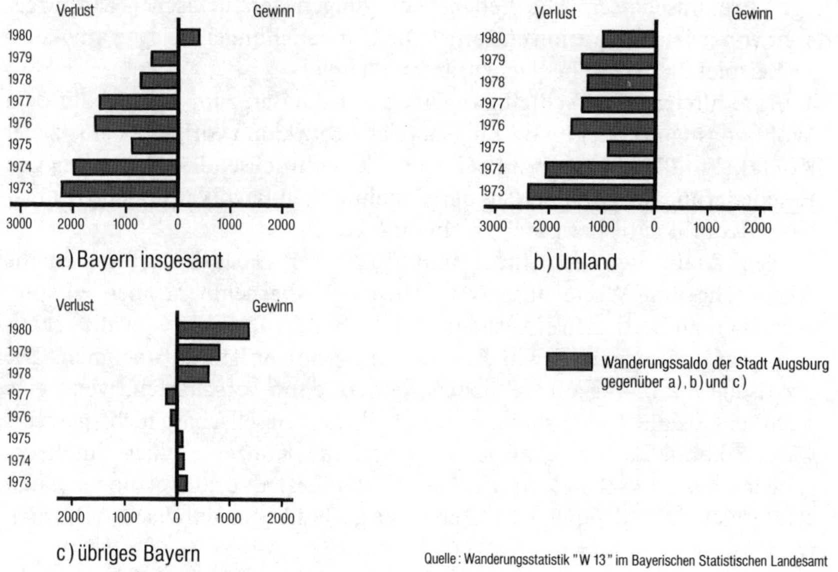

Quelle: Wanderungsstatistik "W 13" im Bayerischen Statistischen Landesamt

Umland – insgesamt

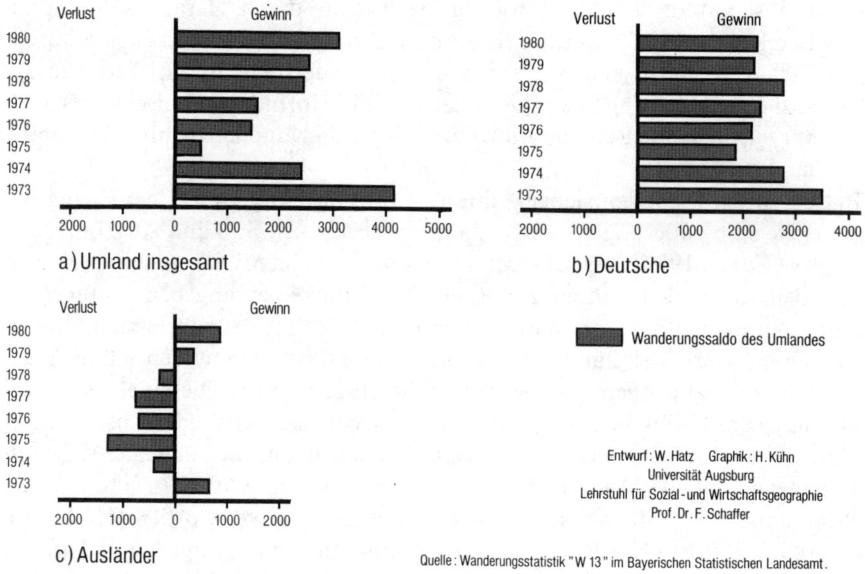

Entwurf: W. Hatz Graphik: H. Kühn
Universität Augsburg
Lehrstuhl für Sozial- und Wirtschaftsgeographie
Prof. Dr. F. Schaffer

Quelle: Wanderungsstatistik "W 13" im Bayerischen Statistischen Landesamt.

Abbildung 16

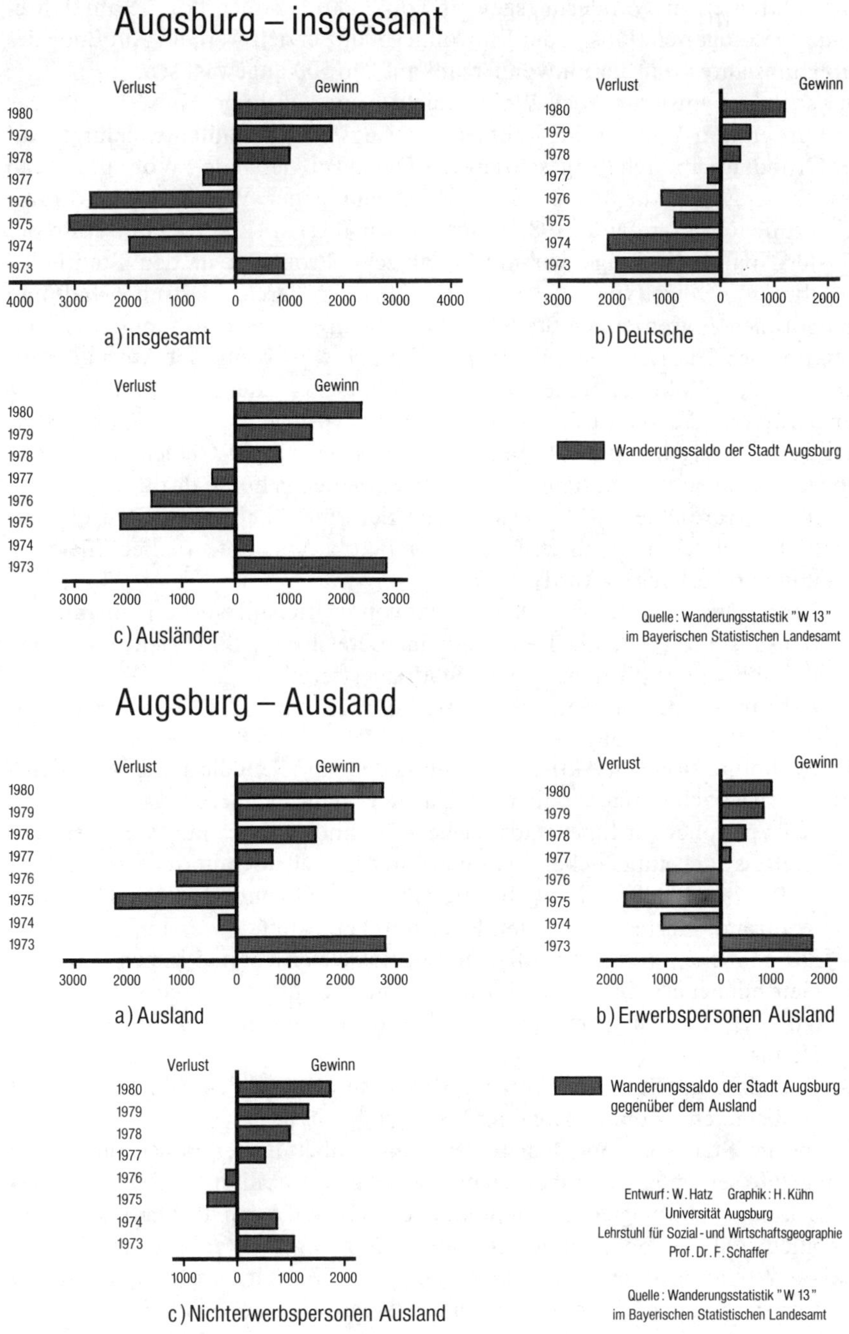
Augsburg – insgesamt
Verlust
Gewinn
1980
1979
1978
1977
1976
1975
1974
1973
4000 3000 2000 1000 0 1000 2000 3000 4000
a) insgesamt
Verlust
Gewinn
3000 2000 1000 0 1000 2000
b) Deutsche
Verlust
Gewinn
3000 2000 1000 0 1000 2000 3000
c) Ausländer
Wanderungssaldo der Stadt Augsburg
Quelle: Wanderungsstatistik "W 13"
im Bayerischen Statistischen Landesamt
Augsburg – Ausland
Verlust
Gewinn
3000 2000 1000 0 1000 2000 3000
a) Ausland
Verlust
Gewinn
2000 1000 0 1000 2000
b) Erwerbspersonen Ausland
Verlust
Gewinn
1000 0 1000 2000
c) Nichterwerbspersonen Ausland
Wanderungssaldo der Stadt Augsburg
gegenüber dem Ausland
Entwurf: W. Hatz Graphik: H. Kühn
Universität Augsburg
Lehrstuhl für Sozial- und Wirtschaftsgeographie
Prof. Dr. F. Schaffer
Quelle: Wanderungsstatistik "W 13"
im Bayerischen Statistischen Landesamt

ger Arbeitsmarktes haben neuerdings die Zuwanderung nach Augsburg begünstigt. Durch einen Wanderungsgewinn von 2360 Personen konnte am Jahresende 1985 sogar ein Plus in der Einwohnerbilanz erzielt werden. Am Ende des Jubiläumsjahres war die Einwohnerzahl auf 246 500 angewachsen.

Die soziale Typisierung der Wohngebiete bringt wichtige Hinweise für das Fachprogramm Wohnen im Rahmen der Augsburger Stadtentwicklung. Auf der Grundlage amtlich fortgeschriebener Daten zur Gebäude-, Wohnungs- und Bevölkerungsstruktur sowie unter Einbeziehung der Wanderungen für die Situation zum Jahresende 1980 konnte Karin THIEME (1984) mit Hilfe der Cluster-Analyse wichtige wohnungspolitische Probleme in den Stadtteilen Augsburgs aufzeigen (vgl. Karte 36). Vor allem im Bereich der Innenstadt und den nördlich angrenzenden Stadtbezirken finden sich die sogenannten „wohnfunktionalen Passivräume“. Vielfach sind hier die Probleme der Abwanderung wegen hoher Wohnumfeldbelastungen sowie des erneuerungs- und verbesserungswürdigen Wohnungsbestandes besonders vordringlich. Neben einer starken Verdichtung der Bevölkerung treten in vielen dieser Gebiete auch hohe Konzentrationen von Ausländern auf. Im einzelnen gehören dazu:

— höchst verdichtete Arbeiterwohnquartiere mit überalterter Bausubstanz (z. B. im Lech- und Ulrichsviertel, der Jakobervorstadt, Am Schäfflerbach und in Oberhausen-Nord).
— Zentrumsnahe Mittel- bis Oberschichtwohnviertel mit zum Teil überalterter Bausubstanz (z. B. die Innenstadt im Bereich von St. Ulrich und Dom, Bahnhofs- und Bismarckviertel, Stadtjägerviertel).
— Arbeiterwohngebiete mittlerer Verdichtung und starker Fortzugstendenz (z. B. in Lechhausen).

Die „wohnfunktionalen Aktivräume“ umfassen vor allem die äußeren Stadtbezirke, die vielfach durch anhaltenden Zuzug gekennzeichnet sind:

— meist peripher zur Innenstadt gelegene Wohnquartiere mit sowohl verdichteten als auch aufgelockerten Zonen und zum Teil überalterter Bausubstanz (z. B. Bärenkeller, Kriegshaber, Pfersee, Göggingen-NO, Hochfeld, Wolfram-, Herrenbachviertel, Hochzoll, Haunstetten-West).
— Die südlichen und nordöstlichen aufgelockerten vorstädtischen Wohngebiete mit neuerer Bausubstanz der meist unteren und mittleren Sozialschichten (z. B. Hammerschmiede, Firnhaberau, Göggingen, Bergheim, Inningen, Haunstetten).
— Das sozial gut durchstrukturierte Mittel- und Oberschichtgebiet mit höchst verdichtetem Wohnungsbau im Universitätsviertel.

Gerade im Stadtkern, in Gebieten mit stark überalterter Bausubstanz und geringen Reserven an Wohnbauflächen, wird die Instabilität der Bevölkerungsentwicklung noch steigen. In diesem Bereichen bemüht sich die Stadt Augsburg vor allem um die Förderung des Baues familiengerechter, preiswerter und großer Wohnungen in einer kindergerechten Umwelt, um eine verstärkte Modernisierung der Wohnumfelder in stark verdichteten Geschoßwohngebieten sowie um die Auflockerung in Gebieten mit überhöhten Baudichten (FERGG & SCHRAMM 1985).

Karte 36

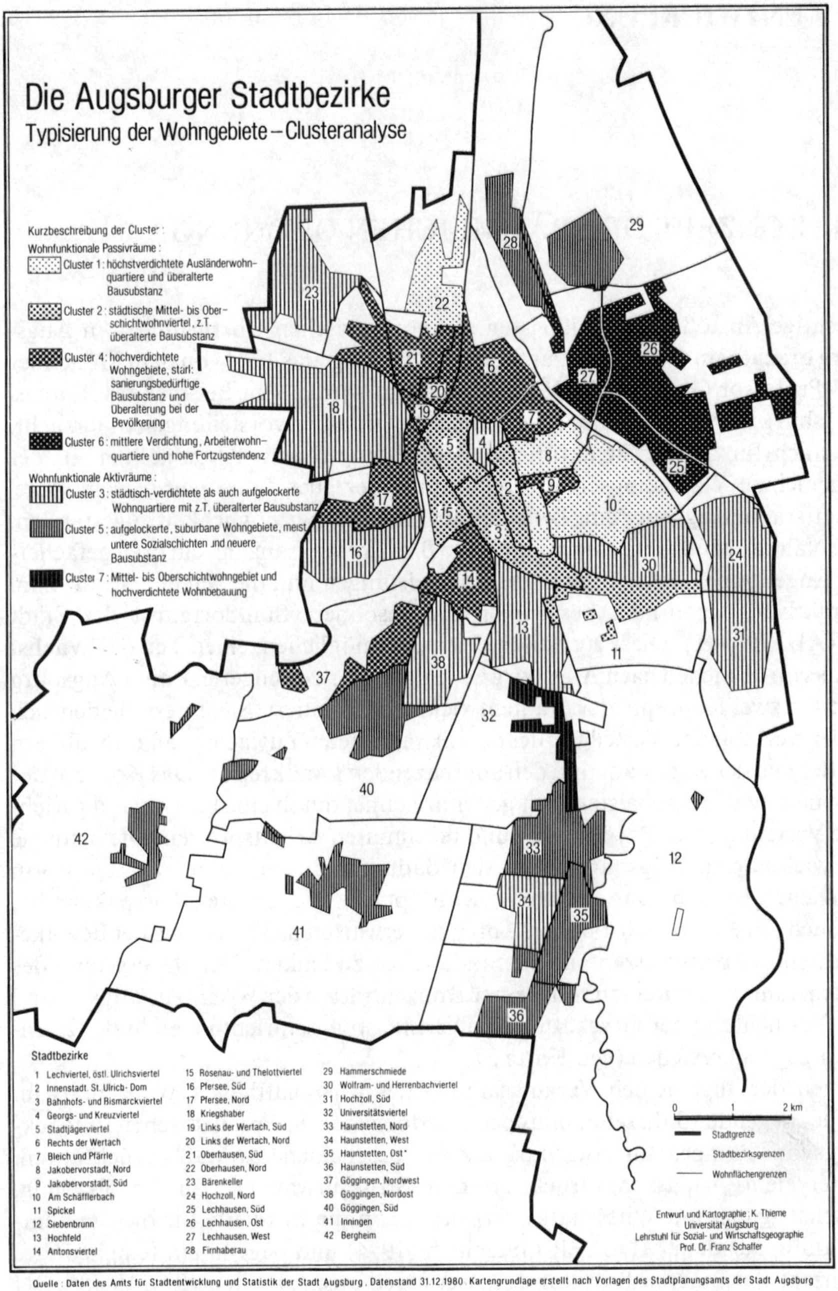

Die Augsburger Stadtbezirke
Typisierung der Wohngebiete – Clusteranalyse
Kurzbeschreibung der Cluster:
Wohnfunktionale Passivräume:
Cluster 1: höchstverdichtete Ausländerwohnquartiere und überalterte Bausubstanz
Cluster 2: städtische Mittel- bis Oberschichtwohnviertel, z.T. überalterte Bausubstanz
Cluster 4: hochverdichtete Wohngebiete, stark sanierungsbedürftige Bausubstanz und Überalterung bei der Bevölkerung
Cluster 6: mittlere Verdichtung, Arbeiterwohnquartiere und hohe Fortzugstendenz
Wohnfunktionale Aktivräume:
Cluster 3: städtisch-verdichtete als auch aufgelockerte Wohnquartiere mit z.T. überalterter Bausubstanz
Cluster 5: aufgelockerte, suburbane Wohngebiete, meist untere Sozialschichten und neuere Bausubstanz
Cluster 7: Mittel- bis Oberschichtwohngebiet und hochverdichtete Wohnbebauung
Stadtbezirke
1 Lechviertel, östl. Ulrichsviertel
2 Innenstadt, St. Ulrich-Dom
3 Bahnhofs- und Bismarckviertel
4 Georgs- und Kreuzviertel
5 Stadtjägerviertel
6 Rechts der Wertach
7 Bleich und Pfärrle
8 Jakobervorstadt, Nord
9 Jakobervorstadt, Süd
10 Am Schäfflerbach
11 Spickel
12 Siebenbrunn
13 Hochfeld
14 Antonsviertel
15 Rosenau- und Thelottviertel
16 Pfersee, Süd
17 Pfersee, Nord
18 Kriegshaber
19 Links der Wertach, Süd
20 Links der Wertach, Nord
21 Oberhausen, Süd
22 Oberhausen, Nord
23 Bärenkeller
24 Hochzoll, Nord
25 Lechhausen, Süd
26 Lechhausen, Ost
27 Lechhausen, West
28 Firnhaberau
29 Hammerschmiede
30 Wolfram- und Herrenbachviertel
31 Hochzoll, Süd
32 Universitätsviertel
33 Haunstetten, Nord
34 Haunstetten, West
35 Haunstetten, Ost
36 Haunstetten, Süd
37 Göggingen, Nordwest
38 Göggingen, Nordost
40 Göggingen, Süd
41 Inningen
42 Bergheim
0 1 2 km
Stadtgrenze
Stadtbezirksgrenzen
Wohnflächengrenzen
Entwurf und Kartographie: K. Thieme
Universität Augsburg
Lehrstuhl für Sozial- und Wirtschaftsgeographie
Prof. Dr. Franz Schaffer

Quelle: Daten des Amts für Stadtentwicklung und Statistik der Stadt Augsburg, Datenstand 31.12.1980. Kartengrundlage erstellt nach Vorlagen des Stadtplanungsamts der Stadt Augsburg

8. DIE STADTTEILE — STRUKTUREN UND ZIELE DER ENTWICKLUNG

8.1 KONZEPT DER RÄUMLICHEN ORDNUNG

Wichtige Anstöße für die jüngsten raumordnerischen Überlegungen in Augsburg brachte ein Gutachten zur Stadtentwicklung, das 1974 von dem Münchner TU-Professor Gottfried MÜLLER vorgelegt wurde. Am Beispiel des Raumes Augsburg wurden modellhaft verschiedene Ordnungsvorstellungen untersucht, die auch für ähnlich strukturierte Verdichtungsräume gelten sollten. In der allgemeinen Wachstumserwartung Anfang der 70er Jahre wurde dem Wirtschaftsraum Augsburg eine bedeutende Entwicklungsmöglichkeit zugestanden. Die Nähe zu München, eine hohe eigene Bevölkerungsanzahl, ein breit gefächertes Angebot bei Geschäften und Dienstleistungen und die Nachbarschaft zum attraktiven Alpenraum bestimmen die besondere Standortgunst der Stadt (BRAUER 1981). Diese Vorteile sollten es ermöglichen, einen Teil des Wachstums von München nach Augsburg zu lenken. Für den engeren Raum Augsburg wurden zwei Konzepte der Stadtentwicklung diskutiert. Sie unterscheiden sich in der wechselnden Verteilung des damals erwarteten Zuwachses an Einwohnern im Bereich der Kernstadt und den angrenzenden Landkreisen. Das Konzept der sogenannten „Regionalstadt" ist gekennzeichnet durch eine ins Umland gerichtete Verteilung von Bevölkerung und bestimmten Arbeitsplätzen. Die bauliche Entwicklung in Augsburg sollte sich dadurch in sehr aufgelockerter Form vollziehen können. Das alternative Konzept, die sogenannte „Kompaktstadt", versucht einen möglichst hohen Anteil des erwarteten Wachstums bei Bevölkerung und Arbeitsplätzen auf die Stadt selbst zu lenken. Eine Drosselung des Wachstums in der Region sollte einer Konzentration der Wohnbautätigkeit und der Verdichtung der Geschäfte und Dienstleistungseinrichtungen in der Kernstadt gegenüberstehen (vgl. Karte 37).

Wegen der allgemeinen Verlangsamung des wirtschaftlichen Wachstums im zurückliegenden Jahrzehnt mußte man jedoch die sehr optimistischen Entwicklungsvorstellungen für Augsburg auf ein bescheideneres Maß zurückführen. Unter dem Anpassungsdruck an den Strukturwandel von Bevölkerung, Beschäftigung und Wirtschaft überprüfte man die Eckwerte für die Stadtentwicklung aus dem MÜLLER-Gutachten (1974) und begann ein feingliedriges Konzept der inneren Strukturverbesserungen auszuarbeiten (KOMMISSION FÜR STADTENTWICKLUNG DER STADT AUGSBURG 1980,1984). Unter solchen Voraussetzungen beschloß der Augsburger Stadtrat Ende der 70er Jahre seine Vorstellungen für ein Stadtentwicklungsprogramm. Für die Bereiche Stadtgestalt, Wirtschaft, Bevölkerung und Wohnungswesen, Bildung, Freizeit, Umweltschutz und Verkehr wurden allgemein verbindliche Ziele festge-

Karte 37

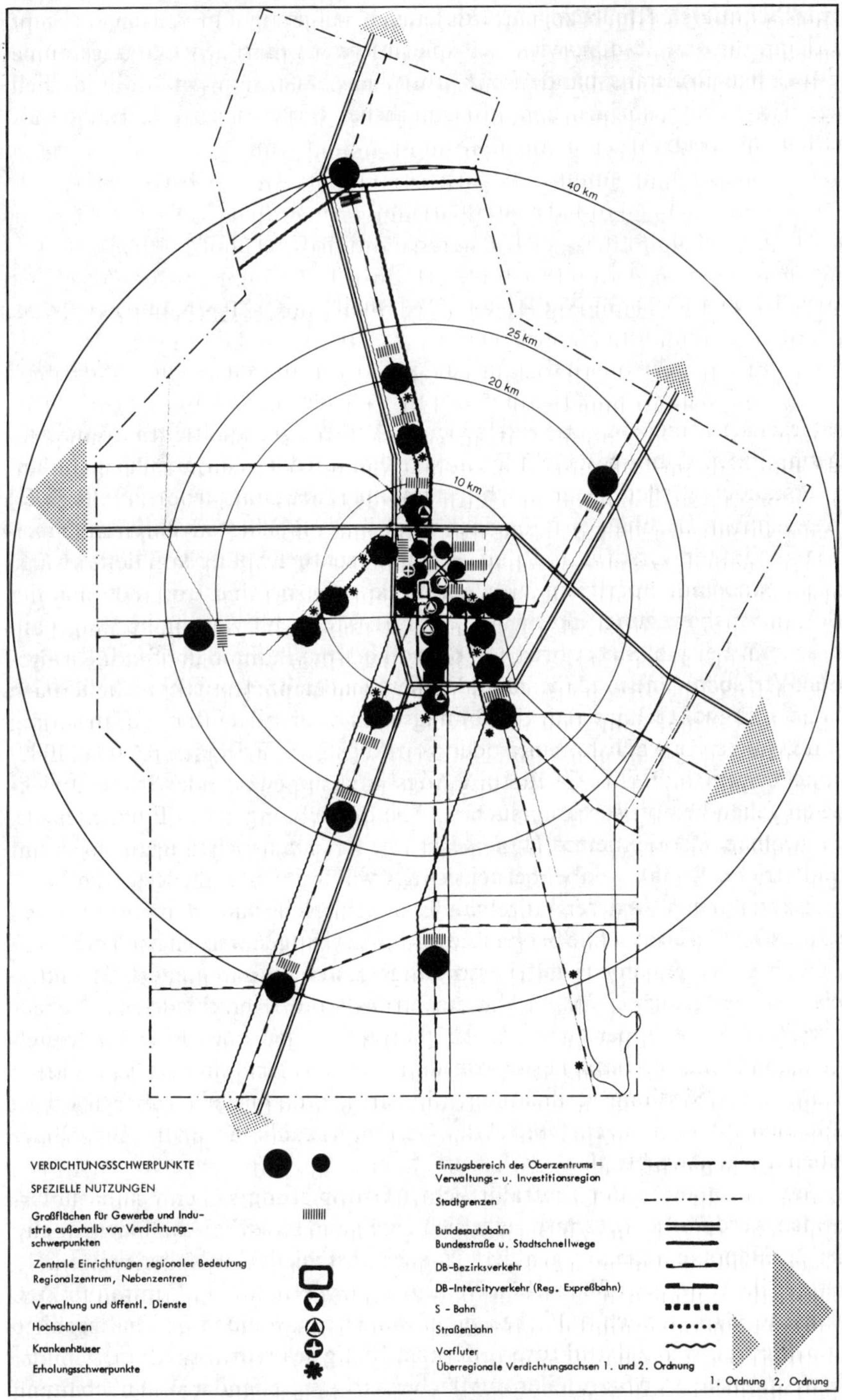
40 km
25 km
20 km
10 km
VERDICHTUNGSSCHWERPUNKTE
SPEZIELLE NUTZUNGEN
Großflächen für Gewerbe und Industrie außerhalb von Verdichtungsschwerpunkten
Zentrale Einrichtungen regionaler Bedeutung
Regionalzentrum, Nebenzentren
Verwaltung und öffentl. Dienste
Hochschulen
Krankenhäuser
Erholungsschwerpunkte
Einzugsbereich des Oberzentrums = Verwaltungs- u. Investitionsregion
Stadtgrenzen
Bundesautobahn
Bundesstraße u. Stadtschnellwege
DB-Bezirksverkehr
DB-Intercityverkehr (Reg. Expreßbahn)
S - Bahn
Straßenbahn
Vorfluter
Überregionale Verdichtungsachsen 1. und 2. Ordnung
1. Ordnung
2. Ordnung

Schema zur Entwicklung des Verdichtungsraumes Augsburg

legt, begründet und auch Möglichkeiten einer Beteiligung der Bürger bei der Verwirklichung stadtteilbezogener Planungen aufgezeigt. In diesem Konzept der kleinräumigen Stadtentwicklung spielen die sogenannten Planungsräume eine wichtige Rolle. Es handelt sich um überschaubare Viertel, die je nach baugeschichtlicher, sozialer und wirtschaftlicher Entwicklung eine Einheit als Stadtteil darstellen.

8.2 STADTTEILZENTREN UND FLÄCHENNUTZUNGSPLAN

Die Geschäftsgebiete in den verschiedenen Augsburger Stadtteilen können als Ergebnis des siedlungsgeschichtlichen Werdegangs der Stadt und ihres Umlandes verstanden werden. Heute noch erkennbare „Alte Dorfkerne", zum Beispiel in Kriegshaber, Lechhausen, Göggingen, haben die Reichsstadt einst mit agrarischen Produkten versorgt und sind zeitlich wesentlich später von der anwachsenden Großstadt überformt worden. Andere Kerne sind um 1800 aus der Kolonisationsbewegung und der bayerischen Moorkultivierung hervorgegangen, so zum Beispiel Siebenbrunn, Hochzoll oder außerhalb der Stadt Königsbrunn. Viel später entstandene, meist kleinere Stadtteilzentren entwickelten sich aus den drangvollen Phasen des Wohnungsbaus während der Industrialisierung und den jüngeren Wachstumsperioden von Augsburg. Friedrich KOCH (1982) konnte die zentralörtliche Gliederung Augsburgs für Zwecke der Stadtentwicklung eingehend empirisch untersuchen. Alle Einrichtungen des Einzelhandels, des einzelhandelsorientierten Handwerks und der Dienstleistungen, insgesamt 3400 Betriebe, konnten dabei berücksichtigt werden. Untergliedert nach Wirtschaftsabteilungen wird der Einzelhandel dabei jeweils nach den vorhandenen Verkaufsflächen erfaßt. Die beobachteten Einrichtungen werden nach der Häufigkeit ihres Vorkommens in „Versorgungsklassen" zusammengefaßt und je nach Verteilungsdichte einem „Hauptzentrum" sowie verschiedenen „Nebenzentren", „Ladengruppen" und „Zentralpunkten" zugeordnet. Eine Sonderstellung nehmen die Verbrauchermärkte und Großbetriebe ein, sie liegen meist außerhalb der Siedlungsverdichtungen in verkehrlich gut erreichbaren Lagen und stellen 1980 bereits ein Viertel der Gesamtverkaufsfläche aller Einzelhandelsbetriebe in Augsburg!
Insgesamt können in der zentralörtlichen Gruppierung sieben Stufen unterschieden werden. In Augsburg zeigt sich eine ganz typische Abgliederung des einzigen Hauptzentrums gegenüber 25 sehr verschiedenen Nebenzentren, 13 verstreut liegenden Großbetrieben, 98 Ladengruppen und 545 Zentralpunkten (vgl. Karte 38). Friedrich KOCH zeigt auf, wo die bestehenden Geschäftsgebiete kompakte Kerne, Bandstrukturen oder rasterartig gestreute Standorte gebildet haben. In den meisten Stadtteilen mit flächenhaft ausgreifender Wohnbebauung und geringer Bevölkerungsdichte treten die für den Einzelhandel typischen Probleme auf, die sich aus zu geringen Bevölkerungszahlen im möglichen Ein-

Karte 38

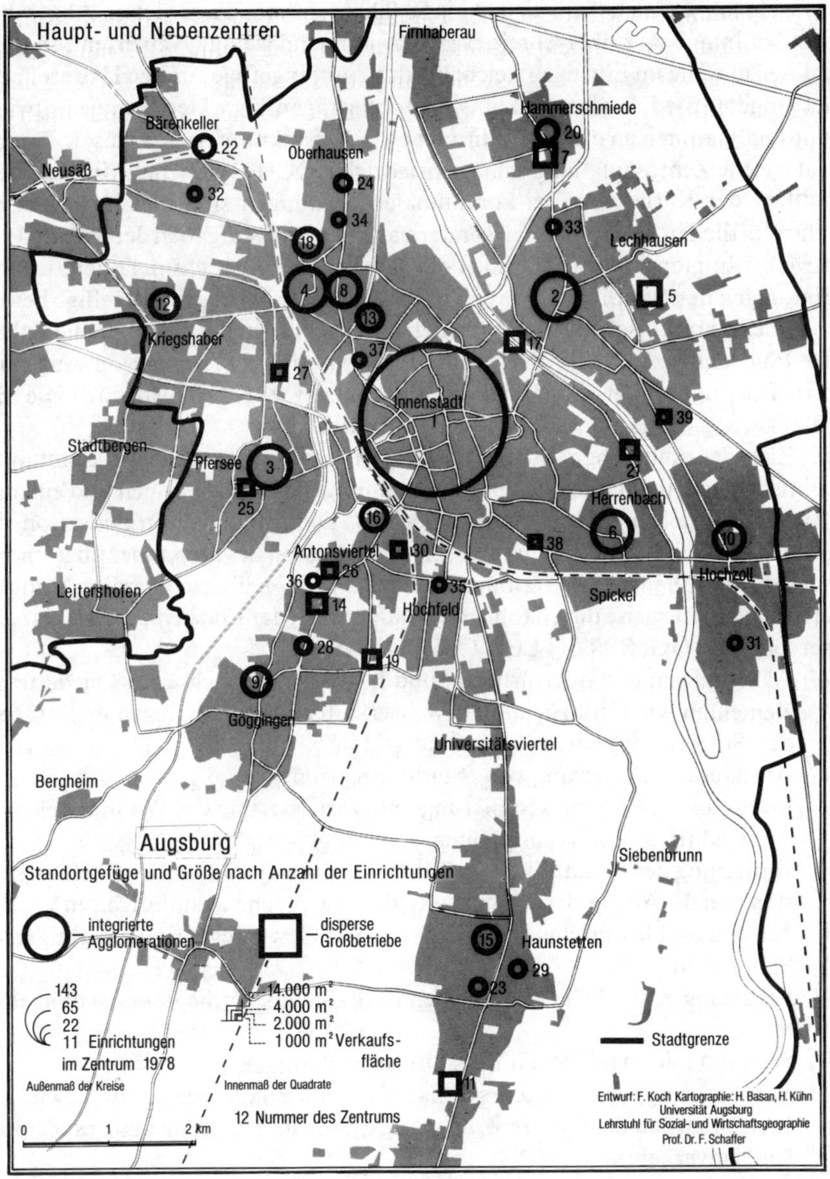

Bezeichnungen: 1. Hauptzentrum, Stadtmitte, 2. Neuburger-/Blücherstraße, 3. Augsburger-/Pferseer Straße, 4. Ulmer Straße, 5. EGM/Meraner Straße, 6. Schwabencenter, 7. Parkkauf, Neuburger Straße, 8. Donauwörther Straße-Süd, 9. Bgm.-Aurnhammer-Straße, 10. Friedberger Straße, 11. Neukauf/Brahmsstraße, 12. Ulmer Straße, 13. Wertach Straße, 14. Quelle, Gögginger Straße, 15. Hofackerstraße, 16. Gögginger Straße, 17. Südmarkt/Berliner Allee, 18. Hirblinger-/Zollernstraße, 19. Mügra/Baywa/Bergiusstraße, 20. Mügra/Erfurter Straße/Karlsbaderstraße, 21. Parkkauf/Reichenberger Straße, 22. Lerchenweg-/Wertinger Straße, 23. Inninger-/Landsberger Straße, 24. Donauwörther Straße-Nord, 25. Dax/Leitershofer Straße, 26. Baco/Gögginger Straße, 27. Dehner/Grenzstraße, 28. Bayerstraße-/Gögginger Straße, 29. Bgm.-Widmeier-Straße, 30. Melcer/Schertlinstraße, 31. Zwölf-Apostel-Platz, 32. Holzweg, 33. Linke Brand-/Neuburger Straße, 34. Zollern-/Donauwörther Straße, 35. Hochfeldstraße, 36. Gögginger-/Von-Osten-Straße, 37. Badstraße/Klinkerberg, 38. Jakob/Hofrat-Röhrer-Straße, 39. Minimal/Partnachweg

zugsbereich ergeben. Geschäftskerne, die bis hin zum gehobenen Bedarf anbieten, sind auf Bereiche von 20 000 bis 50 000 Menschen angewiesen. Abgesehen von der Innenstadt überschreiten jedoch nur sehr wenige Nebenzentren diese untere Schwelle im Einzugsbereich. Da das Zentrengefüge aus den Hauptphasen der jüngeren Siedlungsentwicklung hervorgegangen ist, sollten heutige Entwicklungsmaßnahmen an dieser Tradition besonders anknüpfen. Als Ansatz für eine realistische Zentrenplanung schlägt Friedrich KOCH (1982) die „Multifunktionalität" der Kerne vor. Bei kommunalen Planungen sind hier nicht nur die zentralörtlichen Komponenten sondern auch andere Aufgaben der Stadtteile zu berücksichtigten, wie zum Beispiel die verkehrliche Ausrichtung oder auch die Bindungen der Bewohner an ihre Viertel. Das mehrkernige Stadtgefüge beruht auf einer hierarchischen Abstufung der „Stadtteilzentren", die durch die Politik der Flächennutzung gefördert werden. Die amtliche Planung von Augsburg berücksichtigt dabei das Organisationskonzept der Lebensbedürfnisse der Bevölkerung (SCHAFFER 1968; RUPPERT 1983).

Die Ziele der räumlichen Entwicklung von Augsburg gehen von der kommunalpolitisch bewerteten wechselweisen Zuordnung dieser Funktionen und entsprechenden Einrichtungen im Stadtgebiet aus. Die räumliche Organisation der Nutzungen soll darüberhinaus mit den Bedürfnissen des Umlandes abgestimmt werden. Die Gliederung Augsburgs in ein Gefüge von überschaubaren Stadtteilen soll beispielsweise durch folgende Maßnahmen der Flächennutzung erreicht werden (FERGG; SPREITLER 1985):

— Akzentuierung von natürlichen und historisch gewachsenen Gliederungselementen wie Grünzügen und Wasserläufen, Verkehrswegen und prägenden Strukturelementen in der Stadtgestalt
— Ausbau und Förderung von „Stadtteilzentren"
— Modernisierung, Objektsanierung und Verbesserung der Wohnumfelder in den traditionellen Wohngebieten
— Förderung der Bautätigkeit im Rahmen von vertretbaren Erschließungskosten, um die Abwanderung in die Region entsprechend auffangen zu können
— Ausbau und Förderung von Industrie- und Gewerbegebieten an geeigneten Standorten
— Schaffung zusätzlicher Freiflächen in besonders verdichteten Wohngebieten
— Sicherung der natürlichen Ressourcen im Stadtgebiet
— Verbesserung der Verkehrsverhältnisse innerhalb der Stadt sowie der Erreichbarkeit des Oberzentrums Augsburg durch den Ausbau des regionalen Nahverkehrs
— Verdichtung von tertiären Arbeitsplätzen in Gebieten guter Erreichbarkeit.

In den nächsten Abschnitten folgt eine kurze Beschreibung jener Aufgaben, die von den einzelnen Stadtteilen innerhalb Augsburgs übernommen werden. An Beispielen werden wichtige Ziele der räumlichen Entwicklung angesprochen. Auch wird skizziert, mit welchen Maßnahmen veränderte Nutzungen in den Stadtteilen verwirklicht werden sollen. Die raumgestalteten Kräfte setzen an historisch gewachsenen Strukturen an, die in den einzelnen Vierteln vor allem während der Industrialisierungs- und Urbanisierungsvorgänge im 19. Jahrhundert entstanden sind. Die beschriebenen Merkmale dokumentieren vor allem die

Aussage der Karten zur Stadtgestalt und Bevölkerungsstruktur (siehe Faltbeilage im Anhang), zur Zentralität und Wirtschaftsstruktur sowie zu Wohnungsmarkt und Verkehrsproblematik im Raum Augsburg (KÖNIG 1966, 1971). Bereits aus der räumlichen Anordnung der Planungsräume und Stadtteile lassen sich wichtige Zusammenhänge in der Siedlungsstruktur von Augsburg erkennen (vgl. Karte 39). Innerhalb des Konzepts der Stadtentwicklung werden heute 17 Planungsräume und Stadtteile unterschieden. Für einen ersten Überblick lassen sich ihre wichtigsten Merkmale wie folgt kennzeichnen (vgl. Karte 40):

— **Innenstadt** (41 300 Einwohner), historischer Stadtkern mit den anschließenden gründerzeitlichen Wohnquartieren und dem Textilviertel.
— **Oberhausen** (25 400 Einwohner), dicht bebautes Wohn- und Gewerbeviertel nördlich der Altstadt.
— **Bärenkeller** (7800 Einwohner), in den 30er Jahren entstandene Wohnsiedlung am nördlichen Stadtrand.
— **Firnhaberau** (5800 Einwohner), in den 20er Jahren entstandene Wohnsiedlung am nördlichen Stadtrand.
— **Hammerschmiede** (5300 Einwohner), in den 30er Jahren entstandener Wohnvorort am nördlichen Stadtrand.
— **Lechhausen** (31 500 Einwohner), Stadtteil östlich des Lech mit ausgedehnten Gewerbegebieten.
— **Kriegshaber** (10 100 Einwohner), Stadtteil im Nordwesten, mit Kasernen und Wohnvierteln amerikanischer Familien, Standort des neuen Zentralklinikums.
— **Pfersee** (18 500 Einwohner), Stadtteil im Westen, mit ausgedehnten Kasernengebieten und dazugehörigen Wohnbauflächen, baulich mit Leitershofen und Stadtbergen verbunden.
— **Hochfeld** (8100 Einwohner), Wohn- und Gewerbevierteil, am südlichen Innenstadtrand.
— **Antonsviertel** (5400 Einwohner), Wohn- und Gewerbegebiet am südwestlichen Innenstadtrand.
— **Spickel/Herrenbach** (13 300 Einwohner), Wohngebiet mit dem Einkaufszentrum Schwabencenter, Gartenstadt Spickel ist in den 20er Jahren entstanden.
— **Hochzoll** (20 500 Einwohner), ein reiner Wohnstadtteil östlich des Lech, ist mit Friedberg-West baulich zusammengewachsen.
— **Haunstetten/Siebenbrunn** (25 000 Einwohner), Wohnvorort am östlichen Stadtrand mit angelagerten Gewerbe- und Industriegebieten, ausgedehnte Natur- und Wasserschutzgebiete im Siebentisch- und Haunstetter Wald.
— **Göggingen** (17 500 Einwohner), Wohnvorort im Süden, baulich mit dem Antonsviertel zusammengewachsen.
— **Inningen** (3600 Einwohner), Wohnvorort am südlichen Stadtrand.
— **Bergheim** (2000 Einwohner), Wohnvorort am südwestlichen Stadtrand mit ausgedehnten Forstgebieten, die zum Naturpark Westliche Wälder gehören.
— **Universitätsviertel** (5600 Einwohner), neuer Stadtteil auf dem Alten Flugplatz im Süden, eng mit dem Bau der Universität verbunden.

Die fortgeschriebenen Einwohnerzahlen beziehen sich auf das Jahresende 1985.

Karte 39

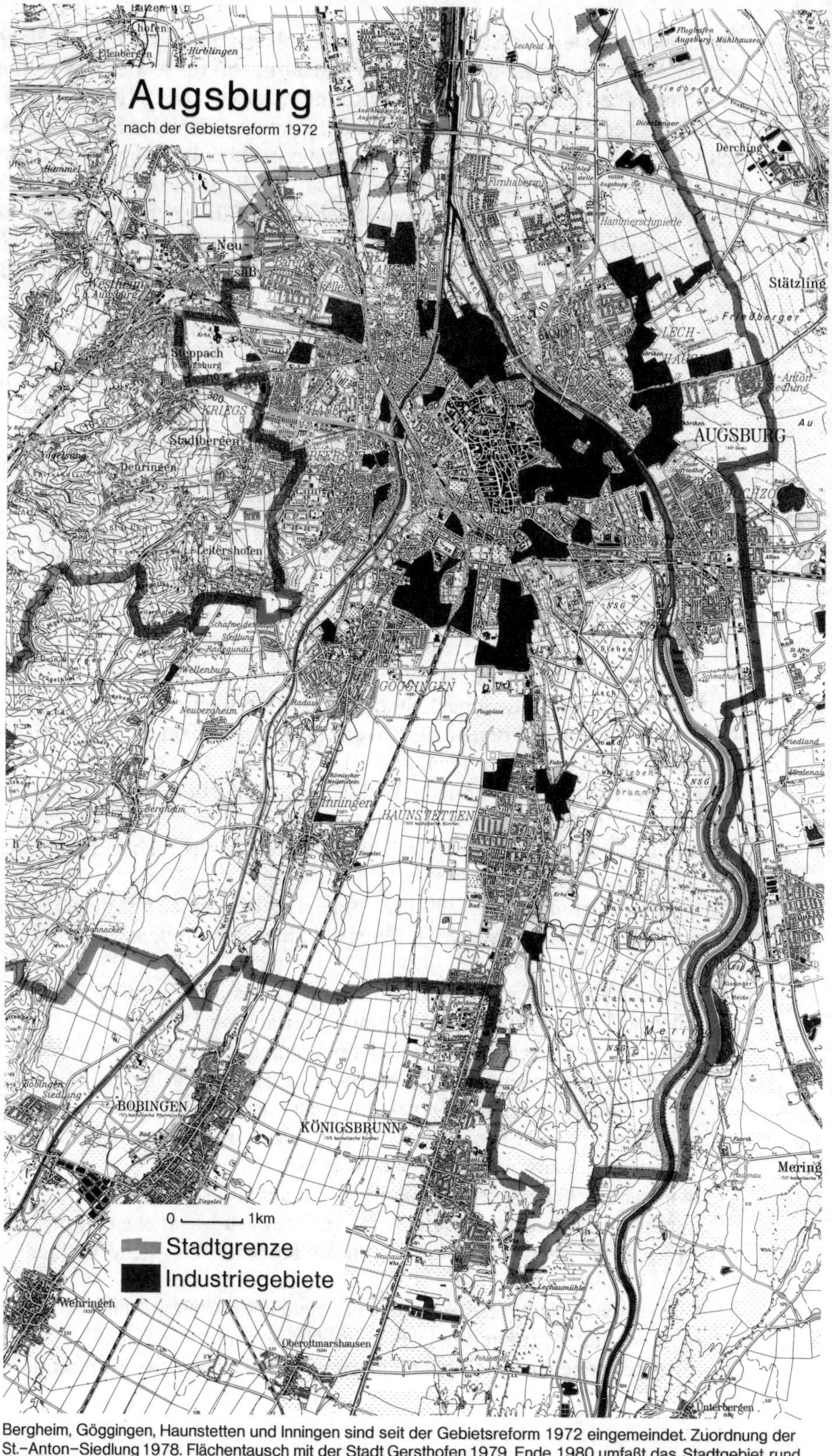

Bergheim, Göggingen, Haunstetten und Inningen sind seit der Gebietsreform 1972 eingemeindet. Zuordnung der St.-Anton-Siedlung 1978. Flächentausch mit der Stadt Gersthofen 1979. Ende 1980 umfaßt das Stadtgebiet rund 14 715 ha. Entwurf und Rechte: Lehrstuhl für Sozial- und Wirtschaftsgeographie UNIVERSITÄT AUGSBURG

Karte 40

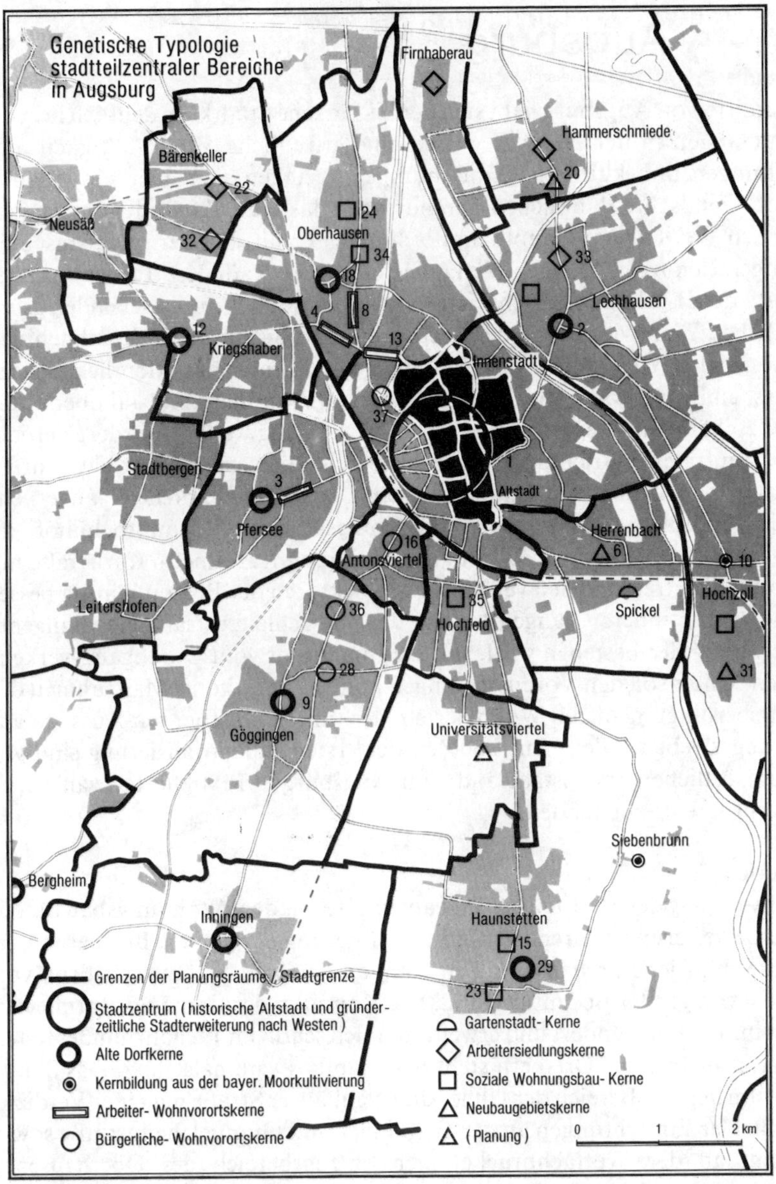

Bezeichnungen: 1, Hauptzentrum, 2. Neuburger-/Blücherstraße, 3. Augsburger-/Pferseer Straße, 4. Ulmer Straße, 6. Schwabencenter, 8. Donauwörther Straße-Süd, 9. Bgm.-Aurnhammer-Straße, 10. Friedberger Straße, 11. Neukauf-Brahmsstraße, 12. Ulmer Straße, 13. Wertachstraße, 15. Hofackerstraße, 16. Gögginger Straße, 18. Hirblinger-/Zollernstraße, 20. Erfurter-/Karlsbader Straße, 22. Lerchenweg-/Wertinger Straße, 23. Inninger-/ Landsberger Straße, 24. Donauwörther Straße-Nord, 28. Bayerstraße/Gögginger Straße, 29. Bgm.-Widmeier-Straße, 31. Zwölf-Apostel-Platz, 32. Holzweg, 33. Linke Brand-/Neuburger Straße, 34. Zollern-/Donauwörther Straße, 35. Hochfeldstraße, 36. Gögginger-/Von-Osten-Straße, 37. Badstraße/Klinkerberg.

8.3 DAS ZENTRUM UND DER NORDEN

Innenstadt

Im Grundriß von Augsburg hebt sich der historische Stadtkern deutlich hervor. Die Nutzungen in der Altstadt weisen eine erfreuliche Vielgestaltigkeit auf. Verwaltungen und kulturelle Einrichtungen verteilen sich über die gesamte Altstadt. Gemischte Bauflächen durchdringen das Geschäftszentrum, das vor allem nach Westen zum Hauptbahnhof hin ausstrahlt. Bänder mit gemischten Nutzungen kennzeichnen den Verlauf historischer Radialen. In der Jakober Vorstadt, dem Lech- und Ulrichsviertel sowie den südlich anschließenden gründerzeitlichen Wohnvierteln an der Beethoven- und Bismarckstraße dehnen sich dicht besiedelte Wohngebiete aus. Entlang den Leitlinien des öffentlichen Nahverkehrs, an Frauentorstraße, Leonhardsberg, Maximilian- und Jakoberstraße sollen Geschäfte und Verwaltung in ihrer Entwicklung weiter gefördert werden. Die oberzentralen Einrichtungen im Kernbereich der Augsburger City dürfen dadurch jedoch nicht beeinträchtigt werden. Über den öffentlichen Nahverkehr wird das Hauptgeschäftszentrum am Königsplatz und Hauptbahnhof, an Moritz- und Kennedyplatz sowie an der Kreuzung Karolinen-/Karlstraße mit den Stadtteilzentren und den verschiedenen Sektoren der Region künftig besser verbunden. Ein innerer Tangentenring, der aus Schleifenstraße Nordtangente und Berliner Allee bestehen wird, soll die Innenstadt vom Durchgangsverkehr entlasten. Unter solchen Voraussetzungen können in Zukunft Maßnahmen der Verkehrsberuhigung in den Wohnvierteln der Innenstadt eher mit Aussicht auf Erfolg angestrebt werden. Aus der Zeit der ersten Industrialisierung sind vor allem am östlichen Innenstadtrand , im Augsburger Textilviertel, zahlreiche Strukturprobleme entstanden.

Oberhausen

Die Entwicklung des Stadtteiles hängt auf engste mit dem Wohnungsbau für die Arbeiterbevölkerung während der Industrialisierung zusammen. In Oberhausen entdeckte man jene archäologischen Funde, die für das römische Erbe von Augsburg von großer Bedeutung sind. Die Konturen der Gemeinde formierten sich erst im 11. Jahrhundert und erweiterten sich schon im 19. Jahrhundert nach Süden. Der historische Ortskern steht heute unter Denkmalschutz. Das Stadtteilzentrum liegt im Bereich der Ulmer und Neuhäuser Straße mit einer Verdichtung zentraler Einrichtungen an der Hirblinger und Gumpelzheimstraße sowie vor allem an der Wertachbrücke. Der Einzugsbereich des Oberhausener Geschäftsgebietes führt deutlich über den Stadtteil hinaus und seitens der Planung bemüht man sich, die Ausstrahlungskraft durch eine Stärkung der Dienstleistungen und des Gemeinbedarfs zu festigen.

Von der Wohnbevölkerung her gesehen ist Oberhausen der drittgrößte Stadtteil in Augsburg und mehr als ein Fünftel der Einwohner sind ausländische Mitbürger. Seit Beginn der 60er Jahre geht jedoch die Zahl der deutschen Bevölkerung deutlich zurück. Das oberste Planungsziel besteht darin, die Abwanderung der einheimischen Bevölkerung vor allem durch eine schrittweise Modernisierung und Sanierung des Wohnbestandes aufzuhalten. In vielen Arbeitervierteln mit

hoher Wohndichte in sanierungsbedürftigen Altbauten und starkem Ausländeranteil beginnt die ältere Generation bei der deutschen Bevölkerung zu überwiegen. Auf den Flächenreserven im Bauland soll künftig mit dem Bau von Ein- und Zweifamilienhäusern auch jüngeren Familien die Eigentumsbildung ermöglicht werden. Bauen in Gruppenselbsthilfe, zum Beispiel an der Schönbachstraße, soll vor allem die unteren Einkommensschichten ansprechen.
Ähnlich wie in der Innenstadt und im Antonsviertel konzentrieren sich in Oberhausen zahlreiche Arbeitsplätze. In der Flächennutzungsplanung bemüht sich die Stadt, den Ansprüchen des Verarbeitenden Gewerbes besonders gerecht zu werden. In der Verteilung der Nutzungen wird jedoch das dichte Nebeneinander von Wohnen und gewerblichen Arbeitsstätten gelegentlich zu einem Problem, insbesondere da, wo zusammenhängende Grünflächen und Freiräume in den älteren Vierteln fehlen. Die Stadt möchte in Oberhausen folgende Ziele verwirklichen: Ausbau des Stadtteilzentrums für den mittelzentralen Bedarf, Verlagerung störender Produktionsstätten, Neuordnung und Durchgrünung der Wohnbauflächen, weitere Sanierung und Modernisierung der Altbaugebiete, Ausbau der übergeordneten Straßen, begleitet von Maßnahmen für Lärmschutz und Verkehrsberuhigung (HÄUSSLER und KLUGER 1986).

Bärenkeller
Die Siedlung am Bärenkeller ist aus der Heimstättenbewegung zu Beginn der 20er Jahre dieses Jahrhunderts entstanden. Die Ideen der Selbsthilfe und der Eigenversorgung prägen die Bauweise der Kleinsiedlerstellen beiderseits der Bahnlinie Augsburg — Ulm. Nur die „Eisenbahnersiedlung" liegt vom geschlossenen Siedlungsbereich des Stadtteils getrennt gleich in der Nachbarschaft von Neusäß. Die weitläufige Bauweise am Stadtrand bestimmt die Qualität der Nahversorgung mit Geschäften an der Wertinger und Hirblinger Straße sowie am Holzweg. An der Peripherie werden die ausgedehnten Ein- und Zweifamilienhausgebiete von Mietgärten und landwirtschaftlich genutzten Flächen eingerahmt. Weitere Wohnbauflächen sind im Norden um das Nahversorgungszentrum an der Wertinger Straße vorgesehen. Im Vergleich zu anderen Stadtteilen weist der Bärenkeller einen niedrigen Arbeitsplatzbesatz auf. Es besteht jedoch ein sehr hoher Bedarf an Nutzflächen für das Handwerk und kleinere Firmen, die innerhalb des Wohngebietes auf Schwierigkeiten bei der Betriebsausweitung stoßen. Die Sozialstruktur des Stadtteils wird ganz von der Bevölkerungsschicht der Arbeiter und Facharbeiter bestimmt. Aus der Gründungszeit des sehr jungen Stadtteils ist ein Zusammengehörigkeitsgefühl erhalten geblieben, das beispielsweise in einem eigenen Volksfest zum Ausdruck kommt.

Firnhaberau
Nach dem Ersten Weltkrieg, in einer Zeit großer materieller Not, haben sich Augsburger Arbeiter zusammengefunden, um in Selbsthilfe weit vor den Toren der Stadt in den Auewäldern am Lech Ödland zu roden und die ersten Heimstätten (1920) in Augsburg zu bauen. Das Siedlungsgelände war einst Jagdgebiet von Friedrich August Firnhaber, der im vorigen Jahrhundert an der Spitze der Augsburger Kammgarn stand. Nach seinem Tode vermachte die Witwe Firnha-

bers ihr Besitztum der Stadt Augsburg, die die Schenkung der Liegenschaften am rechten Lechufer mit der Bezeichnung „Firnhaberau" ehrte. So kam das später genossenschaftseigene Siedlungsgebiet zu seinem Namen (FISCHER, A. 1970). Auf Jägerpfaden lechabwärts, mitten im „Schwäbischen Sibirien", wie der Volksmund damals das abgelegene Gelände nannte, entstanden rasch die ersten Siedlerstellen. Am zentralen Platz, der den Namen des Jagdpatrons Hubertus trägt, baute man 1921 die erste Verwaltungsbaracke der Siedlergemeinschaft. Heute bildet dieser Platz der ehemaligen Arbeitersiedlung den Kern eines Nahversorgungszentrums. Von hier strahlt die Gartensiedlung bandförmig nach Süden und orientiert sich dadurch in den Einkaufsbeziehungen deutlich in Richtung Lechhausen. Die Firnhaberau gehört gegenwärtig zu den bevorzugten Wohngebieten an der Peripherie der Stadt und verzeichnet auch die höchsten Bevölkerungszuwächse aller Stadtteile. Die Mittelschichten bestimmen mehr und mehr die Sozialstruktur dieser Gartenvorstadt unweit der Autobahn.

Hammerschmiede
Der Stadtteil erhielt seinen Namen von einer Schmiede, die hier an einem einstigen Lechbach im Norden von Augsburg in Betrieb gewesen ist. Die Hammerschmiede entstand anfangs der 30er Jahre mitten in einer Zeit allgemeiner Arbeitslosigkeit. Mit einem besonderen Programm zur Arbeitsbeschaffung setzte die Stadt Augsburg Arbeitslose beim Aufbau dieser einstigen „Notsiedlung" (1932) ein. Jeder Siedler mußte damals 3000 Arbeitsstunden gratis einbringen, die ihm als Eigenkapital für sein Häuschen verrechnet wurden. Heute zählt die Hammerschmiede zu den bevorzugten Gartensiedlungen in Augsburg. Vielgestaltige private Grünflächen gliedern locker gefügte Ein- und Zweifamilienhausgebiete, die an ihrer Peripherie an landwirtschaftliche Nutzflächen grenzen. Untere und mittlere Einkommensgruppen prägen die soziale Schichtung des Stadtteils. Die Bevölkerungszahl steigt durch Zuwanderung leicht an. Im Altersaufbau ist jedoch eine Abnahme der Jugendlichen und ein tendenzieller Anstieg der älteren Generation zu beobachten. Zwei kleinere Nahversorgungszentren liegen an der Neuburger Straße/Pappelweg und der Dr. Schmelzing-/Karlsbader Straße. Zwei größere Verbrauchermärkte am südlichen Rande des Viertels verbessern die Einkaufsmöglichkeiten im weiteren nördlichen Stadtgebiet. Eine nennenswerte Zahl von Arbeitsplätzen ist in der Hammerschmiede jedoch nicht vorhanden.

8.4 DIE VORSTÄDTE IM WESTEN UND OSTEN

Pfersee
An einer Fernstraße in Richtung Günzburg haben die Römer hier den Wertachübergang mit einem Kastell gesichert. Wo heute das Pferseer Schlößchen

steht, werden römische Befestigungen vermutet. Legenden um dieses Schlößchen erinnern an ritterliche Grundherren, die westlich vor den Toren der Reichsstadt manchen reichen Kaufmann gelegentlich mit Raub bedrängt haben mögen. Vom alten Bauern- und Handwerkerdorf hat Pfersee einen historischen Ortskern mit reizvoll gewundenen Straßen geerbt. Im vergangenen Jahrhundert ließ die Industrialisierung die Einwohnerschaft des Dörfchens rasch ansteigen. Im Jahr ihrer Zuordnung nach Augsburg (1911) war die Arbeitergemeinde um die neue Herz-Jesu-Kirche kräftig in Richtung Augsburg gewachsen. Diese neue Viertelskirche, ein Jugendstilbau, prägt das Zentrum im sehr geschlossenen Stadtbild von Pfersee. Kanäle und Bäche beiderseits der Wertach durchfließen den Ostflügel des Stadtteils, wo traditionelle Textil- und Industriebetriebe von Augsburg ihren Sitz haben. Trotz starken Beschäftigtenrückgangs ist Pfersee jedoch nach wie vor reich mit industriellen Arbeitsplätzen ausgestattet. Auf frei gewordenen Gewerbeflächen sind nicht selten attraktive Wohnbauten entstanden. In der Mischung der Flächennutzung gleicht Pfersee der Struktur mancher Gebiete am Innenstadtrand. Wohnungen und störende Gewerbegebiete liegen manchmal in engster Nachbarschaft nebeneinander. Die Stadt ist jedoch bestrebt, mit Umweltschutzmaßnahmen wichtige Industrien in Pfersee zu halten. Das Stadtteilzentrum im Bereich Schlößle/Augsburger Straße strahlt über den lokalen Bereich hinaus, insbesondere in die angrenzenden Stadtrandgemeinden von Leitershofen und Stadtbergen. Im Westen von Pfersee stellt das weitläufige Siedlungs- und Kasernengebiet der amerikanischen Streitkräfte die Verkehrsplanungen Augsburgs vor besondere Aufgaben. Zwischen Wertach und dem Bahnkörper am Hauptbahnhof erstreckt sich im Osten des Stadtteils das Thelott- und Rosenauviertel. Zu Beginn dieses Jahrhunderts war das Augsburger Thelottviertel eine der ersten Gartenstädte Deutschlands, die aus privater Initiative gegründet wurden. Der Name der Gartenstadt erinnert an den Initiator, Johann Andreas Thelott, der einer Augsburger Goldschmiedefamilie entstammt (HÄUSSLER und KLUGER 1986).

Kriegshaber

Um die Jahrtausendwende wird Kriegshaber urkundlich erwähnt und einige hundert Jahre später befinden sich hier bereits verschiedene bischöfliche Lehenshöfe. Eine nennenswerte bauliche Entwicklung setzte aber erst mit der Industrialisierung von Augsburg ein. Ein Zollhaus markiert noch die einstige Grenze zur Reichsstadt. An der Ecke Ulmer-/Kriegshaber Straße liegt der alte Ortskern von Kriegshaber, das 1916 nach Augsburg eingemeindet wurde. Schon im Mittelalter hatte sich in Kriegshaber eine stattliche jüdische Gemeinde entwickelt. Eine Synagoge und ein eigener jüdischer Friedhof, der heute inmitten einer amerikanischen Siedlung liegt, erinnern an die Juden in der Augsburger Vorstadt. Bis zum Beginn der nationalsozialistischen Zeit lebten hier etwa 1200 jüdische Mitbürger.

Nach dem Zweiten Weltkrieg entstand in Kriegshaber mit dem Centerville- und Cramerton-Gebiet eine eigene amerikanische Kolonie, in der die Angehörigen vieler in Augsburg stationierten US-Soldaten leben. Die sozialen Einrichtungen der „Amerikanerstadt“ reihen sich vor allem entlang der Bgm.-Acker-mann-Straße auf. Die meisten deutschen Geschäfte von Kriegshaber befinden sich

jedoch im Bereich der Ulmer Straße. Zahlreiche Augsburger Industrie- und Gewerbefirmen haben ihren Sitz in Kriegshaber (HÄUSSLER 1986). Eine der wichtigsten Betriebsansiedlungen nach dem Zweiten Weltkrieg stellt die Großfiliale einer amerikanischen Elektronik- und Computerfirma dar, die ihr Stammhaus in Dayton (Ohio) besitzt. Zu Beginn der 80er Jahre entstand in Kriegshaber der erste „Augsburger Gewerbehof". Zahlreiche Firmen, Handwerks- und Dienstleistungsbetriebe nützen an einem sehr günstigen Standort das attraktive Angebot von Büro- und Werkräumen eines ehemaligen Industriebetriebes (WEBER 1985). Mit der Fertigstellung des Zentralklinikums erhielt Kriegshaber eine Einrichtung mit großer Ausstrahlung in die Region.
Bei den täglichen Einkaufsbeziehungen und Arbeitswegen ist Kriegshaber deutlich mit Oberhausen aber auch mit den Nachbargemeinden Neusäß und Steppach verbunden. Die Flächennutzung des Stadtteils wird von ausgedehnten militärischen Arealen und Gemeinbedarfsflächen für das Augsburger Zentralklinikum besonders geprägt. Im Bereich des Bahnanschlusses und der Westumgehung kann mit dem Ausbau gewerblicher Nutzungen gerechnet werden. Innerhalb des Stadtteils fehlen größere Grünzonen, auch sind verschiedene Maßnahmen zur Verkehrsberuhigung vorgesehen worden.

Lechhausen

Durch seine Lage bildet Lechhausen gleichsam den Brückenkopf von Schwaben hinüber nach Altbayern. Vereinsleben und Gebräuche, wie zum Beispiel eine eigene Kirchweih, spiegeln diese Verbindung im Leben der Vorstadt in vielfältiger Weise wider. Bereits Ende des 19. Jahrhunderts war Lechhausen mit der Stadt Augsburg durch eine Pferdebahn verbunden. Auf dieser Strecke entwickelte sich mit der Elektrifizierung die Umstellung auf den Trambahnbetrieb. Die anfangs private Straßenbahn wurde bald von Augsburg übernommen und bis zur Straße nach Stätzling ausgebaut. Bis ins erste Jahrzehnt dieses Jahrhunderts wurde der Lech als Verkehrsweg genutzt. Manche Lechhauser Familie bestritt ihren Lebensunterhalt aus der Flößerei. Die Verbindungen der Flößer reichten nach Füssen, Regensburg, Passau, Wien und gelegentlich bis nach Budapest und Belgrad (VIERBACHER 1985). Mit dem wirtschaftlichen Aufschwung wurde ein Lokalbahnunternehmen in Lechhausen besonders gefördert. Diese Lokalbahn bewältigte den für Gewerbe und Industrie so wichtigen Anschluß an das Netz der öffentlichen Bahn in Augsburg.
Lechhausen, das dem größten Augsburger Industrieviertel am nächsten gelegen war, zog im 19. Jahrhundert vornehmlich jene Arbeiter an, die im Osten der Stadt nicht mehr untergebracht werden konnten. Von 1850 bis zur Jahrhundertwende hatte sich die Einwohnerzahl Lechhausens ungefähr verfünffacht. Der ehemals bäuerliche Vorort von Augsburg wuchs zu einer selbstbewußten Kleinstadt heran, in der zur Zeit der Eingemeindung (1913) vor allem die Arbeiterschaft und die landwirtschaftliche Bevölkerung die Sozialstruktur bestimmten. Mit der Eingemeindung von Lechhausen gewann Augsburg im Osten wichtige Flächen dazu, die für die weitere Stadtentwicklung wichtige Weichenstellungen (z. B. neue Industriegebiete) ermöglichen.
Der alte Ortskern ist heute noch an einigen giebelständigen Häusern und der Unregelmäßigkeit der Straßenführung zu erkennen. Dichte Bebauung im regel-

mäßigen Rastergrundriß zeugt vom stürmischen Wachstum seit der Mitte des 19. Jahrhunderts. Ungeplante Veränderungen in der Nutzung entlang der Ausfallstraße zur Autobahn beeinträchtigen aber auch das Ortsbild. Die ehemals dörfliche Straße nach Augsburg, die ab 1913 Neuburger Straße hieß, hat von ihrem Vorrang als verkehrsdichteste Straße Lechhausens nichts eingebüßt, weil sie heute eine direkte Verbindung zwischen Stadtzentrum und Autobahn darstellt. Drei Kerne kennzeichnen die Zentralität von Lechhausen: der alte Dorfkern mit dem Stadtteilzentrum am Schlößle im Bereich der Blücher- und Neuburger Straße, Kerne in den Arbeitervierteln und den neuen Gebieten des Sozialen Wohnungsbaus.
Entsprechend seiner hohen Bevölkerungszahl rückte Lechhausen zum zweitgrößten Stadtteil von Augsburg auf. Etwa ein Siebtel der Einwohner sind Ausländer. Die deutsche Bevölkerung nimmt jedoch wegen der Abwanderung in andere Stadtteile und das nahe Umland deutlich ab. Mit der Möglichkeit, auf Reserveland Ein- und Zweifamilienhäuser bauen zu können, sollen besonders junge Familien angesprochen werden. Für den überwiegenden Teil der Bevölkerung strebt man jedoch Strukturverbesserungen an wie Verkehrsberuhigung, Entflechtungen bei störenden Nutzungen, Modernisierung und Sanierung in den verschiedenen Wohnlagen. Öffentliche Grünflächen, die den Stadtteil entsprechend auflockern und gliedern, fehlen weitgehend. Die Bebauung schließt jedoch in großen Bereichen private Gärten und Grünflächen ein. In der Sozialstruktur überwiegen die mittleren und unteren Einkommensschichten.
Lechhausen weist heute neben der Innenstadt den höchsten Besatz an Betrieben auf. Ein eindrucksvolles Beispiel der langen Industriekultur ist die Prinz-Textildruck GmbH, Lechhausens älteste Fabrik. Einen Schwerpunkt bildet heute die Roboterherstellung. Mit einem weltweit expandierenden Markt stieg eine Lechhausener Firma zu einem der wichtisten deutschen Hersteller von Industrierobotern auf. Das lange bestehende Gewerbegebiet im südlichen Lechhausen an der Blücher- und Zugspitzstraße wird von großen entwicklungsfähigen neuen Flächen im östlichen Lechhausen ergänzt. Hierher sollen Verlagerungen und Ansiedlungen von Betrieben aus anderen Stadtteilen erfolgen. Das neue Gewerbegebiet verfügt über günstige Verkehrsanbindungen und Infrastrukturen. Auch am Nordsaum von Lechhausen, direkt am Autobahnzubringer, kam es zu Betriebsverlagerungen (z. B. Augsburger Allgemeine) aus der Innenstadt. Durch die Ausweisung neuer großer Gewerbeflächen, den Lokalbahn- und direkten Autobahnanschluss sowie die gezielte Standortverbesserung bereits bestehender Betriebe hat sich die Stadt in Lechhausen wichtige Erweiterungsmöglichkeiten für Industrie und Handwerk gesichtert.

Hochzoll

Der Name Hochzoll erinnert an die einstige Zollgrenze, die am Lech zwischen Bayern und der freien Reichsstadt verlief. An der Lechbrücke des bayerischen Ufers stand der „Hohe Zoll", ein schloßartiges Wachhaus, das 1910 abgebrochen worden ist, nachdem Augsburg nach Bayern gekommen war. Mit Beginn des 19. Jahrhunderts entwickelte sich um die Wallfahrtskirche St. Maria Alber eine kleine Siedlung, die im Jahr ihrer Eingemeindung nach Augsburg (1913) knapp 1700 Seelen zählte. Aus steuerbürokratischen Gründen benannte die

königliche Verwaltung den nach Augsburg zugeordneten Ort in „Friedberger Au" um. Auf hartnäckiges Betreiben der Hochzoller Bevölkerung mußte sie jedoch bald darauf die alte Bezeichnung wieder einführen. Ein Anstoß zu neuem Wachstum von Hochzoll ging aus der Ansiedlung von Rieser Bauern hervor, die das Auenland am rechten Lechufer zu Beginn dieses Jahrhunderts kultivierten. Die stürmische bauliche Enwicklung setzte in Hochzoll jedoch erst nach dem letzten Kriege ein. Von 1950 bis zur Gegenwart verfünffachte sich seine Einwohnerzahl (CRAMER 1965; SCHWAGER, THIEME 1985).
Der rasant gewachsene Stadtteil hat sich nach dem Kriege zu einem bevorzugten Wohnviertel von Augsburg entwickelt. Unmittelbar neben sehr attraktiven Naherholungsgebieten wie Lechauen, Kuhsee und Friedberger Baggersee leben vor allem mittlere und obere Einkommensschichten. Mit Friedberg-West, das bereits außerhalb der Stadtgrenze liegt, bildet Hochzoll eine geschlossene Siedlungseinheit, die von der Friedberger Straße in einen Nord- und Südflügel gegliedert wird. Von der Lechbrücke bis zur Peterhofstraße reihen sich an dieser Achse zahlreiche Geschäfte und Dienstleistungseinrichtungen aneinander. Sie bilden das bandartige Hochzoller Stadtteilzentrum, das in seiner Entwicklung weiter gefördert und von den Einrichtungen am Zwölf-Apostel-Platz in Hochzoll-Süd ergänzt werden soll. Das sehr gute Angebot in den Geschäften des benachbarten „Schwabencenter" und der Stadt Friedberg bietet der Hochzoller Bevölkerung zusätzliche Auswahlmöglichkeiten beim Einkauf.

8.5 DIE VIERTEL SÜDLICH DER INNENSTADT

Spickel-Herrenbach

Der Herrenbachbezirk verdankt seinen Namen einem jener Lechkanäle, die nordwärts ins alte Textilviertel fließen. Als nach dem Kriege ein Viertel der Wohnungen zerstört war und zahlreiche Flüchtlinge und Vertriebene nach Augsburg drängten, wurde hier ein weites Wiesen- und Gartenland südöstlich vor der Innenstadt für den Wohnungsbau erschlossen. Rund um eine Kleingartenanlage gruppieren sich Wohnblöcke, Einfamilienhäuser und ausgedehnte Reihenhaussiedlungen. Mit dem Bau des „Schwabencenters" an der Friedberger Straße erhielt der Herrenbach in den 70er Jahren ein großes Wohn- und Einkaufszentrum, das die Bevölkerungszahl erneut anwachsen ließ.
In der südlich angrenzenden Gartenstadt Spickel ergänzen sich Wohn- und Erholungsgebiete in nahezu idealer Form. Während der 70er Jahre des 19. Jahrhunderts schuf der königliche Gartenintendant Carl von Effner mit der „Siebentischanlage" hier ein weiträumiges Garten- und Parkgelände, das etwa vom Südende der Innenstadt bis zu den Auewäldern am Lech reicht. Nur wenige Fußwegminuten vom Spickel entfernt können der Botanische Garten, Tierpark, Teiche, Brunnen und Bäche sowie das zentrale Ausstellungsgebiet der Landes-

gartenschau (1985) erreicht werden. In vielen Wohnlagen des Stadtteils Spickel-Herrenbach bestimmen mittlere und obere Einkommensgruppen die soziale Zusammensetzung.

Hochfeld
An der Bahnlinie Buchloe — Lindau entstand zwischen den Weltkriegen aus einer Eisenbahnersiedlung das Hochfeld, das sich später stadteinwärts und in Richtung Osten zur Haunstetter Straße ausgedehnt hat. Ein Bundesbahnbetriebswerk im Westen und Kasernenbauten im Norden begrenzen jedoch heute das Wachstum dieses Stadtteils. Ausgedehnte Mietgärten flankieren das Hochfeld im Osten und Westen. Der Stadtteil ist vor allem in den 50er Jahren schnell gewachsen und verzeichnet neuerdings einen steigenden Ausländeranteil. In der sozialen Zusammensetzung prägen die mittleren Einkommensgruppen die Struktur. Das Nahversorgungszentrum liegt an der Hochfeldstraße/Alter Postweg im Bereich der Viertelskirche St. Canisius. Schulen und hauptsächlich Großbetriebe des Maschinenbaus und der Elektrotechnik ziehen täglich zahlreiche Pendler an. Man benutzt vorwiegend das eigene Auto und verursacht dadurch mehrmals am Tage erhebliche Stockungen im Verkehrsfluß. Zu den wesentlichen Zielen der Flächennutzungsplanung gehören Maßnahmen zur Verbesserung der Wohnumfelder, Sicherung und Erweiterung von Grünzonen, die Modernisierung älterer Wohnkomplexe und die Förderung öffentlicher Verkehrsmittel.

Antonsviertel
Unweit vom Hauptbahnhof, südlich des großen Gleiskörpers beginnt Augsburgs kleinster Planungsraum, das Antonsviertel. Bei der Gabelung von Gögginger und Imhofstraße und beiderseits der Schertlinstraße hat sich seit dem 19. Jahrhundert ein Gewerbe- und Wohngebiet mit zahlreichen öffentlichen Einrichtungen entwickelt. Ostwärts grenzt das Viertel an die Bahnlinie Buchloe — Lindau. Die Wohngebiete im Westen, am Rosenauberg und rings um die Viertelskirche St. Anton, reichen an ausgedehnte Grünzonen heran. Gleich nach dem letzten Kriege hat die Stadt auf zusammengehäuftem Trümmerschutt am Abhang zur Wertach das bekannte Rosenau-Stadion erbaut. Weiter nördlich davon bilden Wittelsbacher Park und Stadtgarten ein reizvolles Erholungsgelände. Regelmäßig im Frühjahr findet hier auf zu klein gewordenem Areal die regionale Augsburger Frühjahrsmesse statt. Aus dem innenstadtnahen Garten ragt der Augsburger Hotelturm mit seinen 35 Stockwerken hervor. Der Hochbau akzentuiert die Stadtsilhouette des neuen Augsburg. Er ist vor der Olympiade in München, Anfang der 70er Jahre errichtet worden. An seinem Fuße steht die neue Kongreßhalle, ein Mehrzweckbau für Tagungen und kulturelle Veranstaltungen. Östlich der Gögginger Straße mischen sich ausgedehnte Industriegebiete mit Wohnvierteln, einem ehemaligen Kasernengelände und zahlreichen kulturellen, schulischen, öffentlichen und sozialen Einrichtungen. Vor allem Firmen des Stahl- und Maschinenbaus sorgen für den hohen Arbeitsplatzbesatz im Antonsviertel. Mitten in diesem Gewerbegebiet befinden sich Einrichtungen der jungen Augsburger Universität, die Anfang der 70er Jahre, meist in angemieteten Räumen, hier ihren Studienbetrieb aufnehmen

konnte. Die Wirtschafts- und Sozialwissenschaftliche Fakultät, die Juristische Fakultät und das Mathematische Institut der Naturwissenschaften liegen in diesem Bereich. Studierende und Einpendler, die meist das eigene Auto benutzen, verursachen im Antonsviertel regelmäßig erhebliche Verkehrsprobleme. Es ist daher beabsichtigt, im künftigen Verkehrsverbund die Bahnlinie gezielt für die Erschließung des Antonsviertels zu nutzen.

Universitätsviertel

Mit der Gründung des Rumplerwerkes im zweiten Jahrzehnt dieses Jahrhunderts war im Süden vor Augsburg, am Alten Flugplatz, der Grundstein für eine Flugzeugindustrie gelegt worden. Durch die Fusionierung der Bayerischen Flugzeugwerke mit der Firma Messerschmidt wurde der Flugzeugbau in Augsburg später auch weltweit bekannt. Mit der Umsiedlung von entsprechenden Werksanlagen nach Haunstetten war der Alte Flugplatz frei für neue städtebauliche Entwicklungen geworden. In Verbindung mit der neuen Universität entsteht hier ein ganzer Stadtteil, das Universitätsviertel. Die Bauten der Universität gruppieren sich an einer Geländeschwelle, etwa entlang der alten Römerstraße, der Via Claudia. An den sechs Fakultäten der jungen Hochschule sind heute bereits mehr als 8000 Studierende immatrikuliert.

Neben der im Aufbau befindlichen Universität besitzt der neue Stadtteil weitere überregional bedeutsame Einrichtungen wie beispielsweise ein Staatsarchiv, ein Rehabilitationszentrum und ein Berufsbildungswerk. Dennoch verbindet die Augsburger Bevölkerung mit diesem noch sehr jungen Viertel gelegentlich auch unterschiedliche Wertungen, die auf Eingewöhnungsschwierigkeiten der verschiedenen Bevölkerungsschichten zurückzuführen sind. Familien von Spätaussiedlern und einzelne Gruppen von ausländischen Mitbürgern müssen sich mit typischen Problemen der Eingewöhnung in einer neuen sozialen Umgebung auseinandersetzen (HOLLIHN, ZINGG, ZIPP 1975). Auch läßt die Verkehrsanbindung des neuen Stadtviertels an die Innenstadt manche Wünsche der Bürger und Beschäftigten noch unerfüllt.

Bei der weiteren Erschließung von Wohngebieten sieht man vor allem die Hochgeschoßbauweise vor. Reizvoll gestaltete Grünanlagen konnten im Universitätsbereich verwirklicht werden. Große Sonderflächen sind für die weitere Entwicklung der Universität vorgesehen. Nördlich der Rumplerstraße bleiben große Flächen der gewerblichen Nutzung vorbehalten.

Zu den wichtigsten Aufgaben der Flächennutzung im Universitätsviertel gehören die Förderung eines Geschäftszentrums, die weitere Entwicklung von Wohnbauflächen, Schaffung eines neuen Ausstellungsgeländes, Entwicklung einer Fußgängerzone im Wohn-, Geschäfts- und Universitätsbereich sowie dringend anstehende Verbesserungen im öffentlichen Personen-Nahverkehr.

8.6 DIE NEUEN STADTTEILE NACH DER GEBIETSREFORM

Haunstetten

Die Entwicklung des frühmittelalterlichen Dorfes Haunstetten wird von zwei landschaftsprägenden Strukturlinien begleitet. Der ungezügelte Flußlauf des Lechs schuf eine niedrige Terrasse für den Siedlungsplatz, durch den bereits in römischer Zeit die Via Claudia von Augsburg nach Italien führte. Die Nennung Haunstettens im Abgabenverzeichnis des Klosters St. Ulrich und Afra stammt aus einem authentischen Schriftstück über die Existenz eines Meierhofes mit den dazugehörigen Wirtschaftsgebäuden aus der Mitte des 11. Jahrhunderts. Im Laufe der Zeit sind für die unfreien Knechte und ihre Familien von diesem Meierhof verschiedene Huben, Sölden, Hofstätten und eine Mühle abgetrennt worden (SETTELE 1983). Im Spätmittelalter hatte sich aus dem bäuerlichen Dorf ein Gemeinwesen mit verschiedenen Handwerkszweigen herausgeformt. Über Jahrhunderte hinweg bildete der Lech, der im breiten Flußbett ständig seinen Lauf veränderte, eine recht unstete Grenze zwischen dem Kloster St. Ulrich und dem östlich anrainenden Besitz der bayerischen Herzöge. Nach fast achthundertjährigem Bestehen fand das Reichsstift St. Ulrich und Afra zu Beginn des 19. Jahrhunderts sein Ende. Mit der Säkularisation war schließlich aus dem ulrikanischen Dorf eine bayerische Landgemeinde geworden. Aus einem Lageplan von 1813 kann der Grundriß einer recht kleinen Ortschaft aber auch der dynamische Wandel Haunstettens zum Stadtteil von Augsburg von heute abgelesen werden. Die heutige Bürgermeister-Widmeier-Straße und die Tattenbachstraße bildeten die Hauptwege des alten Dorfes, über die sich der gesamte Verkehr von Augsburg in Richtung Süden abwickelte. Erst im Jahre 1933, mit der Fertigstellung der westlich verlaufenden Landsberger Straße, konnte dieser Verkehr spürbar verlagert werden. Im langgestreckten Siedlungskörper von Haunstetten zeichnen sich heute verschiedene Bereiche für die Entwicklung von Geschäften und Dienstleistungsstandorten ab. Eine historisch gewachsene Verdichtung zentraler Einrichtungen liegt im alten Ortskern im Viertel Hofacker-/Inninger-/Tattenbach- und Bürgermeister-Widmeier-Straße. In Haunstetten-Süd an der Königsbrunner-/Brahmsstraße zeichnen sich im Zusammenhang mit dem angrenzenden Stadtgebiet von Königsbrunn gute Chancen für die Gestaltung eines entwicklungsfähigen Nahversorgungszentrums ab.

Um die erste Hälfte des 19. Jahrhunderts regten sich mit der Gründung einer Weißbleiche und einer mechanischen Weberei in Haunstetten industriegewerbliche Impulse, die zu einem Anwachsen der Einwohnerzahlen führten. Zur Jahrhundertwende belief sich die Bevölkerungszahl auf zirka 2400 Menschen, sie hatte sich gegenüber den 20er Jahren des 19. Jahrhunderts etwa vervierfacht. Zahlreiche neue Bauernhäuser, Handwerksbetriebe, eigene Geschäfte und Gastwirtschaften prägten das Bild. Der Güterverkehr zwischen Augsburg und Haunstetten konnte schon 1900 auf der Schiene abgewickelt werden. Ein Jahr darauf erhielt die Augsburger Lokalbahn die Erlaubnis, auch den Personenver-

kehr auf dieser Strecke zu betreiben. Bis zur Einführung des Straßenbahnbetriebes im Jahr 1927 blieb dieses Recht bestehen. Der Anschluß Haunstettens an das Augsburger Straßenbahnnetz war eine Maßnahme, die weit voraus in die Zukunft wies. Die heutige Verkehrsplanung greift dieses Konzept erneut auf und beabsichtigt den Ausbau der konzipierten Straßenbahnlinie Universität bis zur Inninger Straße unweit des Haunstetter Stadions sowie die Verlagerung der bestehenden Haunstetter Straßenbahn bis zu einem im Süden gelegenen Einkaufszentrum. Für beide Trassen soll darüberhinaus die Verlängerung der Straßenbahn zur angrenzenden Stadt Königsbrunn offengehalten werden.
Wenige Jahre vor dem Zweiten Weltkrieg erlebte Haunstetten eine strukturbestimmende neue Entwicklungsphase. Im Norden der bescheidenen ländlichen Industriegemeinde entstanden die Produktionsanlagen der Messerschmitt-Werke. Aus ganz Deutschland kamen Handwerker, Ingenieure und Techniker nach Haunstetten, die in den Flugzeugwerken beschäftigt wurden und in der neu erbauten Messerschmitt-Siedlung Wohnungen erhielten. Ende der 30er Jahre war gegenüber der Jahrhundertwende die Einwohnerschaft um mehr als das Doppelte auf etwa 5000 Menschen angestiegen. Auch in der Zeit unmittelbar nach dem Kriege nahm die Zahl der Einwohner ständig zu. Nicht nur Evakuierte kehrten zurück, auch zahlreiche Flüchtlinge und Vertriebene aus den Ostgebieten drängten nach Haunstetten. Die Lösung der Wohnungsfrage forderte deshalb lange Zeit alle Anstrengungen der Gemeinde heraus. Ortsansässige Baufirmen aber auch Genossenschaften, wie zum Beispiel die von Heimatvertriebenen gegründete „Neue Heimstätte", lösten zusammen mit vielseitigen privaten Initiativen die allgegenwärtige Wohnungsnot und belebten dadurch das örtliche Wirtschaftsleben in sehr positiver Form. Mitten in diesem Bauboom bemühte sich Haunstetten nicht nur darum, eine attraktive Wohngemeinde am Rande von Augsburg zu werden, sondern auch sehr erfolgreich um die Ansiedlung neuer gewerblicher Arbeitsplätze. Das kräftige Bevölkerungswachstum, aber auch die stabile Finanz- und Steuerkraft führten 1952 zur Stadterhebung von Haunstetten. 20 Jahre danach, 1972, im Jahr der Eingemeindung Haunstettens nach Augsburg, hatte sich seine Bevölkerungszahl mit rund 23 000 mehr als verdoppelt. Zuzüge aus anderen Stadtteilen von Augsburg sorgen seither für weiteres Anwachsen der Bevölkerungszahl. Die soziale Gliederung des Stadtteiles zeigt heute eine recht ausgewogene Struktur. Bei der Zahl der Arbeitsplätze übertrifft das Verarbeitende Gewerbe, vor allem der Maschinen- und Flugzeugbau, den Dienstleistungsbereich fast um das Doppelte. Für die Ansiedlung von Gewerbebetrieben werden in Haunstetten im begrenzten Umfang Flächen vor allem östlich der neuen B 17 bereitgehalten, wo eine Großfirma der Elektronikbranche eine Betriebserweiterung durchführt.

Siebenbrunn

Siebenbrunn ist im Zusammenhang mit der bayerischen Moorkultivierung zu Beginn des 19. Jahrhunderts entstanden. Es liegt mitten in den Auewäldern am linken Ufer des Lechs und wird heute dem Stadtteil Haunstetten zugeordnet. Das Gebiet von Siebenbrunn ist identisch mit der ehemaligen Gemeinde „Meringerau", die 1910 in das Stadtgebiet von Augsburg eingemeindet worden ist. Einer der wichtigsten Gründe für die Angliederung war bereits damals die

Sicherung des stadtnahen Grundwasserspeichers. Die sehr kostengünstige Wasserversorgung für Augsburg und Königsbrunn im Bereich des Siebentisch- und Haunstetter Waldes stellt auch heute eines der Hauptziele der Flächennutzung rings um Siebenbrunn dar. Um die vorrangigen Belange des Trinkwasserschutzes und die Interessen der alteingesessenen Bevölkerung entsprechend berücksichtigen zu können, verfolgt die Stadt Augsburg für Siebenbrunn ein pragmatisches Modell des Nutzungswandels (GEYER, KLÖPSCH, KOCH, RÄDER, STRIEDL 1975). Sie fördert im wesentlichen die langfristige Absiedlung jener Gebäude, die in der engeren Trinkwasserschutzzone liegen. Die schon lange hier lebenden älteren Bewohner wurden jedoch nicht gezwungen, ihre Wohnungen im abgesiedelten „Unterdorf" von heute auf morgen zu verlassen. Ein Sozialplan fing persönliche Härten auf und bot die Möglichkeit, auch in der heimatlichen Umgebung von Siebenbrunn wohnen zu bleiben. Der Siedlungsteil, der in der weiteren Trinkwasserschutzzone liegt, soll jedoch in seiner traditionellen Struktur erhalten bleiben. Bauverbote im sogenannten „Oberdorf" sollen den besonderen Erfordernissen der Grundwasseranreicherung gerecht werden (BJÖRNSEN-Gutachten 1986; SCHULER 1982). Strenge Auflagen müssen auch von der Land- und Forstwirtschaft berücksichtigt werden. Zur Verbesserung der Wasserqualität sind Aufforstungen und vor allem eine extensive bäuerliche Bewirtschaftung geboten. Die idyllische Parklandschaft um Siebenbrunn wird von der Bevölkerung im Südosten von Augsburg als autofreies Erholungsgebiet ganz besonders geschätzt.

Göggingen
Göggingen gehörte zu den frühen Besitzungen der Augsburger Bischöfe. Aus einer Urkunde des Bischofs Ulrich ist die schriftliche Nennung „Gegingen" erstmals belegt. Zahlreiche archäologische Funde im Ortsbereich bezeugen eine Besiedlung, die weit in die Vor- und Frühgeschichte zurückreicht (SCHNEIDER 1969). In nachrömischer Zeit entwickelte sich über Jahrhunderte hinweg aus der alemannischen Sippensiedlung eine bayerische Rural- und Marktgemeinde. Der bescheidenen eigenen handwerklichen und gewerblichen Struktur entsprach bis zur Mitte des 19. Jahrhunderts eine Bevölkerungszahl, die sich jahrzehntelang um die 1000 Einwohner bewegte (ZELLER 1969).
Die zunehmende Stadt-/Umlanddynamik von Augsburg brachten danach für Göggingen wachstumsfördernde neue Aufgaben. Neue Verkehrsverbindungen bewirken die engere Verflechtung Göggingens mit der Stadt. Die Lokalbahn zum Beispiel hatte die Standortgunst der Augsburger Nachbargemeinden für größere Fabriken stark verbessert. Was Göggingen hier auf dem Gebiet des Gütertransportes große Vorteile bringen sollte, fand mit dem Anwachsen der Wohngebiete bald seine Entsprechung im Personenverkehr durch eine eigene Straßenbahnlinie.
Die Umformung der wirtschaftlichen Grundlagen Gögginges wurde damals durch verschiedene Ziegeleibetriebe eingeleitet. Ihnen kam die rege Bautätigkeit im Raume Augsburg sehr zugute. Die im Osten des Ortes vorhandenen Lehmlager bildeten dafür die besten Voraussetzungen. Entscheidende Impulse für den Strukturwandel von Göggingen brachte aber die Ansiedelung zweier auch heute noch prägender Betriebe: der Nähfadenfabrik und der Hessingschen Heilanstalt.

Es handelt sich um Unternehmen, die ihre ersten bescheidenen Anfänge in der Augsburger Innenstadt hatten. Für die Betriebsverlagerungen in das stadtnahe Göggingen dürften die verhältnismäßig günstigen Grundstückspreise, die niedrigeren Steuerlasten und zunächst auch das Angebot an billigen Arbeitskräften aus den umliegenden Dörfern eine wichtige Rolle gespielt haben. Für Eusebius Schiffmacher und Wilhelm Butz, die Gründerpersönlichkeiten der Zwirnerei und Nähfadenfabrik Göggingen, war selbstverständlich auch das Vorhandensein von energiespendenden Wasserkräften an der Singold ein wichtiges Motiv. Bald konnte der Singoldbach den wachsenden Energiebedarf der stark expandierenden Nähfadenfabrik nicht mehr decken. Da man damals noch nicht auf die billige Wasserkraft verzichten konnte, baute der Betrieb den fast zwei Kilometer langen Wertachkanal.
In der zweiten Hälfte des 19. Jahrhunderts wurde die Entwicklung von Göggingen nicht nur durch weitere Industriebetriebe (z. B. Maschinenfabriken) maßgeblich bestimmt, sondern auch durch eine Einrichtung von internationalem Ruf: die Hessingsche Orthopädische Anstalt. Auch Hessing hatte mit seinem Gewerbe die enge Stadt verlassen. Nachdem er die Genehmigung zum Betrieb einer orthopädischen Heilanstalt bekommen hatte, ließ er sich in Göggingen nieder, weil ihm hier ein Gebäude zum günstigen Preis zur Verfügung stand. Der gute Erfolg der Heilkunst von Hessing ließ die Patientenzahl ungewöhnlich rasch ansteigen. Der weltweit anerkannte Reformator der Orthopädie kaufte zahlreiche Grundstücke auf, erweiterte die Anstaltsgebäude, legte Parks an und machte Göggingen zum Kurort. Um seinen hochgestellten Patienten, zum Beispiel Angehörigen des deutschen Kaiserhauses und des europäischen Adels, entsprechende Annehmlichkeiten bieten zu können, baute er weiträumige Wohnanlagen, eine eigene Kirche und ein architektonisch sehr wertvolles Kurtheater. Zur Versorgung der Patienten gründete er einen großen landwirtschaftlichen Betrieb und zahlreiche Werkstätten. Hessing schuf damit wichtige Gefügeelemente für Göggingen und sein Werk lebt heute in einer eigenen Stiftung weiter.
Der wirtschaftliche Umbruch im 19. Jahrhundert, der hier nur in einigen Punkten angesprochen worden ist, ließ in Göggingen ein Mischgefüge von Arbeitervierteln, Elementen eines Kurortes und verschiedene Villengebiete entstehen. An einigen Straßenzügen läßt sich jedoch auch heute die bäuerlich-handwerkliche Vergangenheit ablesen. Göggingen und Augsburg sind baulich im Bereich des Antonsviertels miteinander verschmolzen. Ein eigener Geschäftsbereich hat sich am Klausenberg und an der Bgm.-Aurnhammer-Straße entwickelt. Zu den gegenwärtigen Aufgaben der Flächennutzungsplanung zählen vor allem die Stärkung des lokalen Stadtteilzentrums sowie der nördlichen Gögginger Straße für oberzentrale Aufgaben, Erhaltung und Förderung wohnungsnaher Arbeitsplätze, Sicherung von Wohnbauflächen in Göggingen-Ost, Pflege des Stadtbildes und weitere Verbesserungen im Nahverkehr.

Inningen

Inningen liegt an einer ehemaligen römischen Straße entlang einer Terrasse des Wertachtales. Schon im Mittelalter haben die Augsburger Bischöfe den dörflich geprägten Kern um die Inninger Pfarrkirche St. Peter und Paulus erschlossen.

Durch das bauliche Gefüge und die Einbettung in die Agrarlandschaft besitzt Inningen auch heute ein eher dörfliches Erscheinungsbild. Der landschaftliche Reiz dieses Augsburger Vorortes und seine günstige Lage im Nahverkehrsnetz an der Bahnlinie nach Buchloe werden die Einwohnerzahl Inningens wohl noch anwachsen lassen. In der sozialen Zusammensetzung des Stadtteils ergibt sich ein eher gemischtes Bild, das auch vom Zuzug höherer Einkommensschichten aus Augsburg geprägt wird. Neben einem größeren Industriebetrieb am Nordsaum und einer Ziegelei nahe der Bahnlinie gibt es von der Beschäftigtenzahl her gesehen kaum nennenswerte Arbeitsstätten in Inningen. Die Ziele der Flächennutzungsplanung umfassen beispielsweise folgende Aufgaben: Ausbau eines Nahversorgungszentrums, die Erhaltung und Förderung wohnortnaher Arbeitsplätze, die Verbesserung der Agrarstruktur, die Sicherung und Erschließung von Wohnbauflächen, den Ausbau der schulischen Einrichtungen, die Pflege des Ortsbildes sowie die Beachtung der Blickbeziehungen auf die reizvolle Dorfsilhouette aus der Ebene des Wertachtales.

Bergheim

Bergheim liegt im äußeren Südwesten des Stadtgebietes inmitten weitläufiger landwirtschaftlich genutzter Fluren. Sein dörfliches Erscheinungsbild wird vor den angrenzenden großen Waldflächen noch deutlicher akzentuiert. Zahlreiche Grabhügel aus der Hallstattzeit, die hier am Rande des Wertachtales zwischen Radegundis und Bannacker aber auch auf den anschließenden Höhenzügen erhalten geblieben sind, bezeugen wichtige Spuren aus der Frühgeschichte des Raumes um Augsburg. Die Entstehung des heutigen Ortes Bergheim geht vermutlich auf eine Waldrodung im 8. und 9. Jahrhundert nahe einer Römerstätte zurück. In seiner Anlage entspricht Bergheim auch weitgehend der Struktur mittelschwäbischer Rodungsdörfer. Entlang der ehemaligen Dorfstraße reihen sich hinter den Vorgärten noch einige giebel- und traufständige Bauernhäuser. Von der Bevölkerungszahl her betrachtet, zählt Bergheim zum kleinsten Stadtteil von Augsburg. Die höchst reizvolle landschaftliche Lage ließ den Vorort jedoch zu einem der attraktivsten Wohngebiete in Augsburg werden. Das lockere Baugefüge, vor allem aber die nach wie vor zu kleine Einwohnerzahl, lassen die Entwicklung eines eigenen Nahversorgungszentrums in Bergheim nicht zu. Ein sehr aktives Vereinsleben kennzeichnet das Zugehörigskeitsgefühl der Bergheimer auch nach ihrer Eingemeindung nach Augsburg (FÖRG 1985). Das idyllische Wellenburger Schloß bei Bergheim erinnert auch heute noch an die ausgedehnten Besitzungen der Fugger, die diese im 16. und 17. Jahrhundert in Bergheim erworben haben. Unmittelbar nach dem letzten Kriege strömten sehr viele Fliegergeschädigte und Heimatvertriebene nach Bergheim. Um die Wohnungsnot zu lösen, erschloß man rings um die Fuggersiedlung im Wertachtal den Ortsteil Neubergheim. Bergheim zählt heute auch zu den beliebtesten Ausflugsgebieten der Augsburger, als Naherholungsziel bildet es geradezu einen Schwerpunkt im Naturpark „Augsburg — Westliche Wälder“.

9. AKZENTE DER STADTENTWICKLUNG VON AUGSBURG — ZUSAMMENFASSUNG

9.1 DIE IDENTITÄT DER STADT

Dank dem römischen Erbe konnte Augsburg im Jahre 1985 stolz auf eine 2000jährige Geschichte zurückblicken. Ein genaues Datum für die Stadtgründung ist jedoch nicht bekannt. Das Jahr 15 vor Christus besitzt insofern eine Schlüsselstellung, als es den Beginn der römischen Eroberungen im Alpenvorland markiert. Es steht am Anfang einer Herrschaft, die mehrere Jahrhunderte die kulturelle und politische Entwicklung der Region geprägt hat: die Unterwerfung der Vindeliker, die Gründung der Militär- und Zivilsiedlungen der Römer, der Bau von Fernstraßen, die Übertragung römischer Gesittung und Zivilisation. Mit der Entwicklung des römischen Städtewesens nördlich der Alpen kann man die Topographie von Augusta Vindelicum in einem größeren siedlungsgeographischen Zusammenhang sehen und damit an den Anfang einer 2000jährigen Tradition stellen.

Die prägenden Elemente: Nach fast einem halben Jahrtausend römischer Herrschaft sind im Augsburg von heute aber nur wenige Spuren aus dieser Zeit erhalten geblieben. Im Gegensatz dazu haben jedoch die nachfolgenden Ereignisse der Geschichte die Raumstrukturen Augsburgs sehr nachhaltig gestaltet. Die Struktur der Altstadt läßt sich bis zu einem bestimmten Grad als Ergebnis jahrhundertelangen Wirkens verschiedener politischer, sozialer und wirtschaftlicher Kräfte verstehen, die die Unverwechselbarkeit von Augsburgs Stadtkern nachhaltig beeinflußt haben. Die Ergebnisse einer stadtgeographischen Gestaltanalyse zeigen jene prägenden Momente und Wachstumslinien, Raumperspektiven und sozialtopographischen Einheiten auf, welche die Charakterzüge im Erscheinungsbild des Zentrums von Augsburg bestimmen.

Stadtgestalt bewahren und entwickeln: In seinem baulichen Gefüge ist das Augsburg von heute aus der ehemaligen freien Reichsstadt und verschiedenen umliegenden zum Teil sehr alten Dörfern entstanden. Zu den Zeugen der Geschichte gehören hochgeschätzte Baudenkmäler aber auch typische Strukturen in der Anordnung der Parzellen, der Flurgliederung und ein Wegenetz, das sich im Laufe von Jahrhunderten gebildet hat. Bewahrung und Entwicklung der „Stadtgestalt“ sind heute zu einer wichtigen Zusatzaufgabe der Flächennutzung geworden. Ein Hauptziel der Bemühungen besteht darin, die historische Gliederung der Stadtstruktur als gewachsene Lebenslinien und „Gesichtszüge“ der Identität in der Öffentlichkeit bewußt und nachvollziehbar werden zu lassen.

Der Denkmalschutz vermag zwar gewachsene Strukturen zu konservieren, für sich alleine bietet er jedoch kaum Gewähr für eine nachhaltige Stützung der

Lebenskräfte unserer Altstädte. Es kommt vielmehr entscheidend darauf an, dem gewachsenen Raumgefüge jene Nutzungen einzugliedern, die auch im sozialen und wirtschaftlichen Bereich für neue Lebenskräfte sorgen, ohne dadurch mit den Traditionen der Stadtgestalt in Konflikt zu geraten. Dieser höchst schwierige Vorgang von Wandel und gezielter Entwicklung wird am Beispiel der Maximilianstraße für die Augsburger Altstadt skizziert. Der Gestalt- und Nutzungswandel dieser Straße kann aus charakteristischen Veränderungsphasen im politischen, wirtschaftlichen und sozialen Leben der Zeit erklärt werden, wobei der Einfluß der Industrialisierung Augsburgs lokal eine raumprägende Rolle spielt.

9.2 FOLGEN DER INDUSTRIALISIERUNG

Neue Sozialstrukturen: Mit dem Übergang von der Handels- zur Industriestadt waren seit Beginn des 19. Jahrhunderts im räumlichen Sozial- und Nutzungsgefüge typische Veränderungen eingetreten. Die Dynamik des sozialen Wandels führte in bestimmten Stadtteilen rasch zum Niedergang einst für Augsburg sehr wichtiger Kleingewerbe und der „Stadtplan als Grundriß der Gesellschaft" erhielt vielfach neue Charakterzüge. Trotz völlig veränderter Voraussetzungen haben sich andererseits bis heute aber auch gewachsene Unterschiede in der räumlichen Sozialstruktur des Augsburger Stadtkerns erhalten.
Der Funktionswandel: Mit der Industrialisierung änderten sich in Augsburg Baustruktur und Bevölkerungszahl in sehr charakteristischer Weise. Mit der Aufgabe des Festungscharakters, der Schleifung vieler Wehranlagen und der Öffnung der Altstadt entstanden in einigen Richtungen völlig neue Wegebeziehungen, die zur Umstrukturierung des Augsburger Stadtkerns führten. So leitete beispielsweise der Durchbruch der Bürgermeister-Fischer-Straße zu Beginn dieses Jahrhunderts die eigentliche Dynamik der Cityentwicklung in Augsburg ein. In den vergangenen vier Jahrzehnten wurden die Fließrichtungen der Verkehrsströme in der Innenstadt, insbesondere durch einen großangelegten Ost-West-Durchbruch, durch die Sanierung der Verkehrsdrehscheibe Königsplatz und durch verschiedene Fußgängerbereiche neu orientiert. Bauaktivitäten kennzeichnen an charakteristischen Stellen veränderte Tendenzen im Nutzungsgefüge der Altstadt, die sich auch an der Häufigkeit von Grundstücksverkäufen aufzeigen lassen.
Der Zuwanderungsstrom: Mit dem Aufbruch ins Industriezeitalter richtete sich die Zuwanderung der Arbeiterbevölkerung nicht nur auf die Stadt, sondern auch auf die Dörfer der Umgebung, die rasch auf Augsburg zuwuchsen, um schon im zweiten Jahrzehnt dieses Jahrhunderts eingemeindet zu werden. Für breite Schichten der Stadt blieb die Wohnungsnot lange Zeit das größte soziale

Problem. Auch nach dem Zweiten Weltkrieg führte der Anstieg der Bevölkerung zur Auffüllung fast aller im Stadtgebiet ausgewiesenen Bauflächen und Augsburg entwickelte sich rasch zum Zentrum eines größeren Verdichtungsraumes. Bis zum siebten Jahrzehnt dieses Jahrhunderts war die Entwicklung Augsburgs deshalb stets von Wachstumsoptimismus getragen gewesen.

9.3 HEIMAT UND TÄGLICHER LEBENSRAUM

Bindungen an die Wohnviertel: In den Zeiten starken Wachstums mußten in Augsburg, wie in manch anderer Großstadt auch, sehr rasch neue Wohngebiete erschlossen werden. Die Planungen mußten oft ohne tieferen Einblick in die Wünsche und Vorlieben ihrer künftigen Bewohner verwirklicht werden. Gelegentlich haben sich die heimatlichen Bindungen an die neue Wohnumgebung manchmal nur sehr verzögert eingestellt. Heute wird bei kommunalpolitischen Diskussionen deshalb nicht selten gefordert, die Bürger sollten bei der Gestaltung ihrer Wohnumwelt ein Mitspracherecht erhalten. Im allgemeinen sind die Bürger wohl in der Lage, Vorzüge und Nachteile in der Ausstattung ihrer Viertel, zum Beispiel mit Geschäften, Freizeit- und Dienstleistungseinrichtungen zu erkennen. Wesentlich unzugänglicher ist für sie aber die Mitbeeinflussung der städtebaulichen Gestaltung, die fast ausschließlich eine Angelegenehit von Experten geworden ist. In sehr unterschiedlichen aber typisch situierten Wohngebieten konnten in Augsburg diese Zusammenhänge genau untersucht werden. Das Bild vom Wohngebiet, in dem man gerne leben möchte, hängt vom Zusammenspiel einer Vielzahl von Komponenten ab, wie zum Beispiel der Entfernung zum Stadtkern, der Erreichbarkeit lokaler Geschäftszentren, den Bauformen im Viertel selbst, den konkreten Merkmalen der Wohnung, der sozialen Lebenslage der Bewohner, ihren Nachbarschaftskontakten, der Wohndauer am Ort, den Erfahrungen an den früheren Wohnorten, der Bewertung der Wohngebiete in den örtlichen Medien etc. Die Studien in den Stadtteilen von Augsburg zeigen, daß die Bürger mit ihrer Wohnsituation dann sehr zufrieden sind, wenn sie die bauliche und soziale Umwelt als aufeinander abgestimmt empfinden. Man gibt kleineren Einheiten in der überschaubaren Gliederung eindeutig den Vorzug.

Das Netz der Kontakte: Zu den Wesensmerkmalen der Stadt gehört ein hohes Maß an Arbeitsteilung und sozialer Gliederung. Bei den täglichen Kontakten, die über die Wohnviertel hinausführen, ist deshalb mit einer Fülle von räumlichen Verflechtungen zu rechnen. Am Beispiel des östlichen Stadtrandes von Augsburg sind die damit verbundenen „aktionsräumlichen" Verhaltensweisen sehr detailliert analysiert worden. Aus dem Nachweis von verhältnismäßig beständigen Raumorientierungen der Bevölkerung in uneresn Städten können für die Organisation des Nahverkehrs sehr konkrete Nutzanwendungen abgeleitet werden. Dabei spielen die steuernden Kräfte der Verkehrs-Infrastruktur sowie die Ausstrahlungen der Standorte der Arbeitstätten, Schulen, Behörden und Einkaufsmöglichkeiten in der Kernstadt eine sehr wichtige Rolle.

9.4 IM DUALISMUS MIT DER REGION

Nahverkehr als Problem: Betrachtet man die Verflechtungen der Verkehrsströme im Großraum Augsburg, dann ist zu beobachten, daß ein sehr hoher Anteil von zirka 80 Prozent der mit öffentlichen Verkehrsmitteln in die Stadt kommenden Personen im näheren Umfeld der Bahnstationen aus- und umsteigt. Allein im Bereich des Hauptbahnhofes strömen auf diese Weise zirka zwei Drittel aller in die Stadt kommenden Fahrgäste ein. Die „Drehscheibenfunktion" der Augsburger Hauptbahnhofszone ist deshalb eines der schlagkräftigsten Argumente für ein Regionalbahnsystem im Großraum Augsburg. Über einen Modellversuch bietet sich neuerdings die Möglichkeit, diese Lösung zu erproben und gegebenenfalls zu verwirklichen. Auf diesem Wege könnte es gelingen, auch die Siedlungsentwicklung in Stadt und Region künftig wirksamer mit dem Ausbau des öffentlichen Personen-Nahverkehrs zu beeinflussen.
Abwanderung ins Umland: Wanderungsverhalten und Wohnen in der Innenstadt stehen in einem engen Zusammenhang mit dem Verkehrssystem. Beim Wohnungswechsel zwischen der Stadt und ihrem Umland wird die Bindung an den Arbeitsplatz in der Regel nicht verändert. Auch der Zeitaufwand für den Weg zum Arbeitsplatz pflegt sich durch den Wohnungswechsel kaum wesentlich zu verlängern. Die Umlandbewohner benutzen jedoch nach dem Umzug in die Region den eigenen Pkw meist häufiger als Verkehrsmittel zwischen Wohnung und Arbeitsplatz als zuvor. Die immer noch anhaltende Abwanderung der deutschen Bevölkerung in das Umland stellt aus der Sicht Augsburgs auch aus diesem Grunde eine besondere Herausforderung für die Stadtentwicklung dar. Durch Umfragen konnten die wichtigsten Motive dieser Abwanderung ermittelt und auch Rückschlüsse für die städtische Wohnungspolitik und die Altstadterneuerung gezogen werden.
Aufwertung der Altstadt: Die Abwanderung der deutschen Bevölkerung in das Umland kann auch als Folgeerscheinung typischer Defizite im Wohnungsangebot der Stadt und einer in den zurückliegenden Jahrzehnten eher negativen Einschätzung der Wohnumgebung im Zentrum aufgefaßt werden. Durch sehr gelungene bauliche Modernisierungs- und Erneuerungsvorhaben sind gerade in den letzten Jahren manche Wohnumfelder in der Augsburger Altstadt stark aufgewertet worden. Die historischen Viertel um Ulrich, Rathaus, Dom, Fuggerei und an den Lechkanälen, die bis Ende der 70er Jahre ständig Einwohner durch Fortzüge verloren haben, sind heute als Wohngebiete auch für höhere Einkommensgruppen von außerhalb Augsburgs sehr attraktiv geworden. Die positiv bewertete Wohnsituation gerade auch in der Augsburger Innenstadt, der hohe Freizeitwert der Stadt und wohl auch neue Beschäftigungsperspektiven in

Teilbereichen des Augsburger Arbeitsmarktes haben in den letzten Jahren die Zuwanderung nach Augsburg wieder begünstigt.

9.5 WIRTSCHAFT IM ANPASSUNGSPROZESS

Bei einer kritischen Beurteilung des Wirtschaftsstandorts Augsburg sind wesentliche innere Unterschiede zu den benachbarten Verdichtungsräumen nicht zu übersehen. Die wirtschaftliche Entwicklung Augsburgs ist speziell in den 70er Jahren ungünstig verlaufen, weniger konjunkturell als strukturell bedingt. Trotz sich abzeichnender recht positiver Tendenzen ist dieser Strukturwandel heute noch nicht abgeschlossen. Im Rahmen der Stadtentwicklung genießt die Wirtschaftsförderung deshalb eine hohe Priorität. Aus Umfragen bei fast allen Industrie- und Gewerbebetrieben der Stadt ist bekannt, wie die einzelnen Unternehmen ihre lokalen Standorte einschätzen und welche Konsequenzen sich daraus für die Flächennutzungsplanung ergeben. Im Verarbeitenden Gewerbe bekundete jede achte Firma die Absicht, ihren Betrieb ganz oder teilweise zu verlagern, beziehungsweise eine Filiale oder neue Arbeitsstätten errichten zu wollen. Überblickt man die angestrebten neuen Standorte, so kann damit gerechnet werden, daß sich jeder dritte verlagerungswillige Betrieb außerhalb der Stadt in den benachbarten Landkreisen niederlassen wird. Jeder zweite Betrieb, der sich erweitern möchte, hat Schwierigkeiten, geeignete Flächen innerhalb der Stadt zu finden.

Neue Dynamik als Industriestandort: Aus aktuellen repräsentativen Umfragen bei den Industriebetrieben ist bekannt, wie sich die gegenwärtigen Strukturveränderungen auch auf dem Arbeitsmarkt im Wirtschaftsraum Augsburg bemerkbar machen. Die Entwicklung wird vor allem von den Veränderungen im Maschinenbau und der Textilindustrie beherrscht. Positive Tendenzen zeichnen sich heute insbesondere auf dem Gebiet der Datentechnik und Mikroelektronik speziell in Großbetrieben ab. Auch mittelständische Firmen haben die Datentechnik in ihre Produktionsprogramme aufgenommen. Meist wird der konventionelle Maschinenbau mit moderner Elektronik kombiniert. Auch kleinere Firmen spezialisieren sich auf die Informationstechnologie. Darüberhinaus gibt es zahlreiche innovationsfreudige mittelgroße Betriebe, die die Marktchancen eingeführter Produkte zu nutzen verstehen. Auch ganz neue Produkte wie zum Beispiel Industrieroboter und Katalysatoren sind vertreten. Gerade die mittelgroßen Firmen werden künftig im industriellen Strukturwandel Augsburgs eine besonders wichtige Rolle spielen. Sie sind meist so anpassungsfähig, daß sie ihrem bisherigen Entwicklungsstand neue Abteilungen mit neuen Produkten hinzufügen können, ohne dadurch ihre gesamte innere Struktur verändern zu müssen. Trotz großer Produktionsstätten fehlt in der Region vielfach aber noch der direkte Zugang zu Forschungseinrichtungen am Ort. Nach wie vor ist man diesbezüglich auf Kontakte im Münchner Raum angewiesen. Die junge Universität und die örtliche Fachhochschule sollten hier künftig wichtige Aufgaben wahrnehmen.

9.6 AKTIVIERUNG DER AUSSTRAHLUNGSKRÄFTE

Das Verhältnis zu München: In der Strukturförderung werden von offizieller Seite die zweifellos vorhandenen Entwicklungsimpulse, die aus dem Städtesystem München — Augsburg erwachsen, noch nicht entsprechend genutzt. Bei der Festlegung der großen Verdichtungsräume in Bayern hat die Bayerische Staatsregierung eher auf die Eigenständigkeit des Wirtschaftsraumes Augsburg gesetzt. Im Wechselbezug von berechtigtem Selbstbewußtsein und konkretem Wirtschaftsinteresse zeigen sich hier gelegentlich irrationale Komponenten. Die Entfernung zu München ist einerseits so klein, daß man sich weniger als Partner, wohl aber als Mitkonkurrent um Zuwanderer und Firmen fühlt. Die Verflechtungen zwischen beiden Städten sind jedoch dicht genug, als daß man eine völlig unabhängige Eigenentwicklung in Augsburg vollziehen könnte. Ausgezeichnete Verbindungen zwischen Augsburg und München bestehen beispielsweise auf dem Intercity-System, das an Bedienungsqualität den Münchner Nahverkehr in vielen Punkten noch übertrifft. Dennoch ist der Gedanke, den Wirtschaftsraum Augsburg systematisch in Verbindung mit München zu fördern, von zuständiger Seite (noch) nicht aufgegriffen worden.
Regionalpolitisches Zentrum als Aufgabe: Innerhalb der historisch gewachsenen Vielfalt und einer spannungsreichen Identität des schwäbischen Raumes fällt Augsburg als Hauptstadt des Regierungsbezirks Schwaben die Rolle des regionalpolitischen Zentrums in Bayerisch-Schwaben zu. Dieser Anspruch kann einerseits aus der großen Geschichtstradition der Stadt andererseits aber ganz wesentlich aus der wirtschaftlichen und politischen Vitalität des Heute und Morgen erfüllt werden.
In Konkurrenz mit den Nachbarn: Die Konkurrenz mit den benachbarten Oberzentren sowie Probleme der Verkehrserschließung in und um Augsburg haben die Ausstrahlungen und Erreichbarkeit der Bezirkshauptstadt sehr unterschiedlich beeinflußt. Auf der Grundlage von Befragungen und Zählungen konnten die wichtigsten Stadt-Umland-Aktivitäten von Augsburg aufgezeigt und danach seine Ausstrahlung als Oberzentrum abgegrenzt werden. Die Verflechtungen spiegeln sich in folgenden Beziehungen wider: Ausstrahlung als Arbeits- und Einkaufsstadt, Einzugsgebiete der Frühjahrsausstellung und des Wochenmarktes, der Schulen, der Zeitungen, der städtischen Bühnen sowie der Herkunft der Patienten in den Einrichtungen des Krankenhauszweckverbandes Augsburg. Im Osten reicht die Dynamik Augsburgs nicht mehr aus, München gegenüber auch nur eine einzige Bereichslinie deutlich über die Landkreisgrenze von Aichach-Friedberg hinauszuschieben! Auch im Südwesten, Nordwesten und

Nordosten strahlt der Einfluß von Augsburg nicht besonders weit in die Region hinaus. Die starken Einschnürungen des Einflusses beruhen hier auf der geringen Bevölkerungsdichte, einer vergleichsweise agrarisch geprägten Struktur und vor allem auf der unzulänglichen verkehrsmäßigen Erschließung. In Richtung Süden folgen die meisten Bereichslinien der B 17 bis nach Landsberg, das selbst aber nur sehr locker mit Augsburg verbunden ist. In westlicher sowie nördlicher Richtung werden die Grenzen des Landkreises Augsburg von den meisten Einflußbereichen sehr deutlich überschritten. Bemerkenswert sind hier die Einbuchtungen entlang der bevorzugten Verkehrslinien.

Impulse durch Verkehrserschließung: Die Verkehrserschließung des Oberzentrums Augsburg ist heute zu einer der wichtigsten Aufgaben der Raumordnung in und um den drittgrößten Verdichtungsraum Bayerns geworden. Auch muß alle Aufmerksamkeit darauf konzentriert werden, daß es dem Wirtschaftsraum gelingt, künftig in die Nord-Süd-Verbindung des Hochgeschwindigkeitsnetzes der Bundesbahn einbezogen zu werden.

Anforderungen an den Freistaat: Bei allen Auseinandersetzungen über den besten Weg einer gerechten Strukturpolitik und erforderlichen Investitionen des Freistaates im Großraum Augsburg darf man die glänzende Tradition der Stadt und damit verbunden freilich auch bestimmte Empfindlichkeiten nicht übersehen. Unter dem Eindruck der großartig gelungenen 2000-Jahr-Feier der Stadt ist die Eigenständigkeit Augsburgs besonders deutlich geworden. Mit einer rhetorischen Hervorhebung der Stadtidentität bei gleichzeitig geübter Zurückhaltung im Bereich staatlich erforderlicher Investitionen im Oberzentrum Augsburg ist dem Bayerischen Schwaben als betroffene Gesamtregion im Vergleich zu anderen Regierungsbezirken raumordnungspolitisch jedoch nur sehr wenig gedient. Zielstrebigkeit in der Förderung des Verkehrsausbaues und oberzentraler öffentlicher Einrichtungen wie beispielsweise der Universität oder des Zentralklinikums in Augsburg entspricht hier auch berechtigten Anliegen einer attraktiven Landesentwicklung für Schwaben insgesamt.

9.7 DIE KONZEPTION DER STADTSTRUKTUR

Unter dem Anpassungsdruck an den Strukturwandel von Bevölkerung, Beschäftigung und Wirtschaft stellt man in Augsburg ein feingliedriges Konzept der inneren Strukturverbesserung in den Mittelpunkt der Kommunalpolitik. Ende der 70er Jahre beschloß der Augsburger Stadtrat dafür klare Grundsätze. Für die Bereiche Stadtgestalt, Wirtschaft, Bevölkerung und Wohnungswesen, Bildung, Freizeit, Umweltschutz und Verkehr existieren verbindliche Ziele bis hin zu Anregungen einer Beteiligung der Bürger bei der Verwirklichung. In diesem Konzept spielt die zentralörtliche Gliederung von Augsburg mit jeweils zugeordneten Einzugsbereichen, den sogenannten Planungsräumen, eine wichtige Rolle. Es handelt sich um überschaubare Viertel, die je nach ihrer baugeschichtlichen, sozialen und wirtschaftlichen Entwicklung eine Einheit darstellen. Dem Ansatz der Zentrenplanung liegt die Auffassung der „Multifunktionalität“, das heißt der Kombination und Ergänzung bei verschiedenen Versorgungsaufgaben zugrunde. Auch gilt es, die verkehrlichen Verknüpfungen aber auch die Bindungen der Bürger an ihre Viertel besonders zu berücksichtigen. Das mehrkernige Stadtgefüge beruht auf hierarchisch abgestuften „Stadtteilzentren“, die im innerstädtischen Interessenausgleich über Maßnahmen der Flächennutzung entsprechend gefördert werden. Für die insgesamt siebzehn Augsburger Planungsräume und Stadtteile sind in der Projektstudie wichtige Strukturen und Ziele der räumlichen Entwicklung angesprochen worden. An ausgewählten Beispielen wird skizziert, durch welche Maßnahmen die angestrebten Nutzungen verwirklicht werden können.

Die skizzierten Ergebnisse resultieren aus empirischen stadtgeographischen Untersuchungen, die gezielt zur Lösung konkreter Probleme der Stadtentwicklung von Augsburg durchgeführt worden sind. Aus den methodischen Erfahrungen der Projektstudie soll im abschließenden Kapitel, verbunden mit allgemeinen wissenschaftstheoretischen Überlegungen zur praxisorientierten Forschung, ein Diskussionsvorschlag zur Konzeption einer Angewandten Stadtgeographie abgeleitet werden.

10. ANGEWANDTE STADTGEOGRAPHIE — EIN DISKUSSIONSVORSCHLAG

10.1 ZUR METHODIK DER ANGEWANDTEN FORSCHUNG

Hans ULRICH (1984) hat verschiedene Konzeptionen der angewandten Forschung in den Sozial- und Wirtschaftswissenschaften miteinander verglichen und kritisch bewertet. Im Resümee gelangt er dabei zu dem Schluß, daß Erkenntnismöglichkeiten und Wissenschaftsparadigma in vielen Gesichtspunkten nicht im Einklang miteinander stehen. Das trifft beispielsweise auch für die Arbeitsfelder einer „Angewandten Stadtgeographie" zu. Im Unterschied zur Allgemeinen Stadtgeographie gibt es hier nämlich weder zusammenfassende Darstellungen, noch übereinstimmend akzeptierte Zuordnungen (MONHEIM 1984).
Unter der Bezeichnung „Paradigma" kann man jene Normen zusammenfassen, die das Wissenschaftsbild und die grundsätzliche Auffassung eines Forschers von seiner Disziplin prägen (KUHN 1973; BIRKENHAUER 1985; CHALMERS 1986). Sieht man einmal von der Fülle verschiedenster Nuancierungen ab, so zeichnen sich auch im Bereich der Geographie sehr deutlich zwei grundsätzliche Meinungen darüber ab, von welcher Position aus die eigene wissenschaftliche Arbeit bestimmt wird: eine „positivistische" und eine „humanistische".
Erstere wurzelt im Rationalismus der Aufklärung und orientiert sich im wesentlichen an der Methodik der Physik und der klassischen Naturwissenschaften. Wissenschaft versucht danach, die Ordnungsprinzipien der Natur zu erklären und auf wenige Grundgesetze zurückzuführen. Ziel der Forschung ist es, allgemeine Gesetzeshypothesen auf ihren Wahrheitsgehalt zu prüfen. Man bedient sich immer verfeinerter Instrumente, Experimente und Versuchsanordnungen, um die Hypothesen im fortschreitenden empirischen Forschungsprozeß an der Wirklichkeit zu prüfen, zu falsifizieren, um zum Entwurf einer tragfähigeren Theorie zu gelangen. Jeder verwendete Begriff muß operationalisiert werden, das heißt in exakt nachvollziehbare Beobachtungen und Meßvorschriften umsetzbar sein. Die Erkenntnis der Natur soll sich möglichst „objektiv" und völlig frei von menschlichen Wertungen erarbeiten lassen. Auf der Grundlage dieses Wissenschaftsverständnisses hat sich eine sehr angesehene angewandte technische Forschung entwickelt, die im engsten Zusammenhang mit der Forschungsmethodik der grundlegenden Naturwissenschaften und der Physik steht. Angewandte Forschung und Grundlagenwissenschaften stellen hier gleichsam

ein Kontinuum der Theoriebildung und Prognostizierung der Naturerscheinungen dar.

Läßt sich aber dieses „Paradigma" auch auf die Lebenszusammenhänge der Menschen und die von ihnen bewirkten räumlichen Organisationsformen uneingeschränkt übertragen? Lassen sich Zustände und Ereignisse in der Raumordnung mit derselben Methodik erfassen, prognostizieren? Wer dies bejaht, gerät in Gefahr, sozialräumliche Zusammenhänge in Prognosen und Richtzahlen zu zwängen, will künftiges Verhalten „technokratisch" lenken und vorhersagen. Stadt- und Landesentwicklung könnten als rational konstruierbar und ausschließlich mit Rechtsverordnungen beherrschbar mißverstanden werden! Die Grundvorstellungen des „positivistischen Rationalismus" — ohne diesen Ansatz in irgend einer Weise abwerten zu wollen — lassen sich trotz des Siegeszuges von Physik und Naturwissenschaften in fast allen Bereichen moderner Technik **nicht** in vollem Umfange auf die Sozial- und Kulturwissenschaften übertragen. Die Forderung nach der methodischen Einheit der Wissenschaften auf „kausalanalytischer Grundlage" würde zu einer unzulässigen Reduktion der Erkenntnismöglichkeiten gerade für die wichtigsten Anwendungsbereiche führen. Das bedeutet jedoch nicht, daß materielle Zusammenhänge der landschaftlichen Strukturen und Interaktionen im Bereich der Geographie nach operational-technischen Gesichtspunkten **nicht** untersucht werden sollten (NEEF 1967).

Auf der sozial-kulturellen Ebene erhalten die naturräumlichen Gegebenheiten und die politischen Regeln des Lebens ihre Bedeutung und ihren Sinn für den Menschen dadurch, daß mit ihnen bestimmte Werte verbunden sind. Kulturelle Normen und soziale Regeln besitzen aber auch wissenschaftstheoretisch einen anderen Charakter als die Kräftefelder im physikalisch-technischen Bereich (CHADWICK 1971; R. MONHEIM 1980; SEDLACEK 1982). Im Grunde geht es dieser „humanistischen Wissenschaftsposition" um ein sinnhaftes Verstehen des sozialen Verhaltens. Angewandte Wissenschaft wird deshalb in bestimmten Bereichen wertend und normativ vorgehen müssen. Als Wissenschaft hat sie aber gerade deshalb ihr Wertsystem stets zu rechtfertigen! Für die vorgenommenen Wertungen sind explizite Regeln und Kriterien anzugeben, damit die Aussagen verschiedener Untersuchungen vergleichbar, ihrerseits bewertbar, daß heißt der Kritik zugänglich bleiben (ULRICH 1984). Mit anderen Worten, das Wertsystem darf nicht dem subjektiven Ermessen der einzelenen Forscher überlassen bleiben. Der Mangel an empirischen Untersuchungen, die „Wertbeladenheit" der politischen Mission und wenig ausformulierte Begriffe führen gelegentlich zu extremen normativen Positionen. Dieser völlige „Paradigmawechsel" führt keineswegs zum „sprunghaften Fortschritt" in der Anwendung. Speziell in der Geographie bleibt die Überzeugungskraft solcher „neuen" normativen Konzepte rasch auf der Strecke, wenn empirische Untersuchungen in der Beweisführung grundsätzlich als verpönt gelten.

Eine Rückbesinnung auf die Tradition der Geographie im Bereich der ökologischen Forschung kann hier jedoch wesentlich fruchtbarer sein. Verhaltensforscher und Evolutionstheoretiker haben vor allem die „organisierte Komplexheit" von Ökosystemen erkannt. Sie weisen beispielsweise sehr überzeugend nach, warum rein analytische Vorgehensweisen die allseitig verflochtenen Wirk-

zusammenhänge bereits in der Versuchanlage demontieren können! Die evolutionäre Erkenntnistheorie löst sich vom Konzept „stabiler Strukturen“ und sieht beispielsweise im Prinzip der Selbstorganisation biologischer Vernetzungen wichtige Wirkgefüge. Man versucht die Bedingungen zu verstehen, nach denen sich Lebenszusammenhänge verändern. Man begreift die Geschichtlichkeit natürlicher Zustände, die keineswegs in statischen Strukturen verharren und stellt den Menschen in diesen natürlichen Entwicklungszusammenhang.
Der Betriebswirt H. ULRICH (1984) schlägt deshalb vor, den ökologischevolutionären Denkansatz im Sinne einer Analogie auf die Praxis des Managements zu übertragen, um so der Steuerung „offener sozialer Systeme“ besser gerecht werden zu können. Angewandte Forschung hat Problemlösungen der Praxis zum Ziel, die ihrerseits mit den sozialen, ökologischen und materiellen Kräftefeldern der Umwelt in vielschichtiger Weise vernetzt sind. Die Perspektiven der praxisbezogenen Forschung können deshalb drei Ebenen zugeordnet werden (vgl. Abb. 19 und 20):

— **Operational-technische Ebene**: Analyse materieller Strukturzusammenhänge und faßbarer Interaktionen.
— **Ökologisch-evolutionäre Ebene**: Erfassung dynamischer Wirkgefüge mit der Fähigkeit zur komplexen Selbstorganisation.
— **Sozial-kulturelle Ebene**: Berücksichtigung von Sinn, Ziel und Werten menschlich-sozialen Verhaltens und entsprechender räumlicher Organisationsformen.

In der Angewandten Forschung sollten diese drei Betrachtungsmöglichkeiten sich nicht gegenseitig ausschließen, sondern je nach Fragestellung integrativ miteinander verbinden.

10.2 DER GEOGRAPHISCHE PROBLEM-ZUSAMMENHANG

Diese mehrdimensionale Grundperspektive entspricht der interdisziplinären Fragestellung zur Lösung „angewandter“ Probleme und läßt sich ohne große Schwierigkeiten mit der Kräftelehre der Ökologie und der Geographie zusammenführen (RUPPERT/SCHAFFER 1969). Sie bietet verschiedene Möglichkeiten, das Dilemma zwischen Induktion und Deduktion in der Geographie auszubalancieren. Chorologisches Paradigma (BARTELS 1970) und landeskundliches Identitätsprinzip (BLOTEVOGEL 1984) lassen sich in wechselweiser Ergänzung in diese Grundperspektive eingliedern. Mit BIRCH (1977) könnten auf der operational-technischen Ebene die Wechselbeziehungen zwischen ökologischen und sozialen Prozessen zum Tragen kommen (vgl. Abb 17). Eine ausschließlich modellhafte Betrachtung von Raumsystemen führt letztendlich zur Vernachlässigung der sozialräumlichen Einmaligkeit und geschichtlich gewachsenen Identität einer Stadt, einer Region oder eines Landes.

Abbildung 17

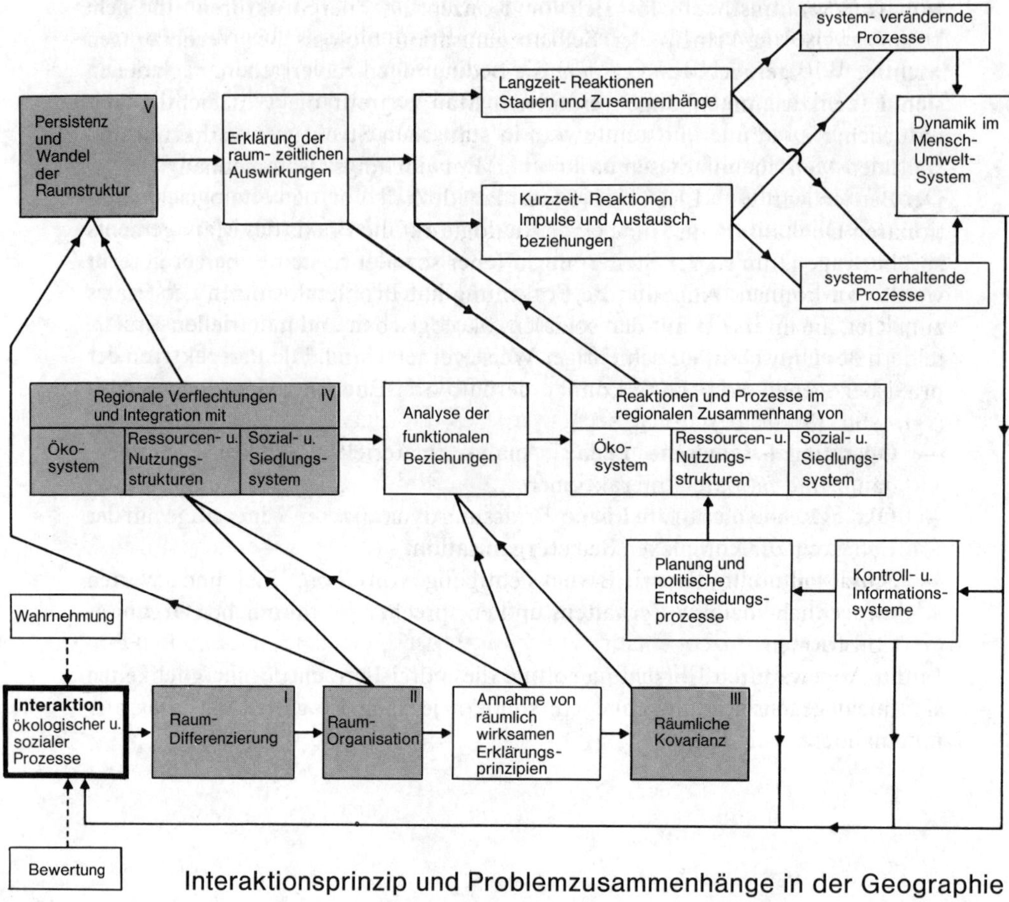

Interaktionsprinzip und Problemzusammenhänge in der Geographie

Im Kern zielt das Interesse der Angewandten Forschung weniger auf die Ableitung einer allgemeinen Kräftelehre. Im Mittelpunkt stehen Gestaltungsaufgaben für konkrete Situationen mit historisch gewachsener Einmaligkeit und raumspezifischen Beziehungsdichten. Die Betonung der regionalen und kommunalen Einmaligkeit entspricht dem Anliegen der Politik, die ihre Entscheidungen in Verantwortung für eine Gemeinde, einen Landkreis oder ein Land zu treffen hat. Abstrakte Modelle der Kommunal- und Regionalentwicklung dienen wohl der allgemeinen Orientierung, ermöglichen jedoch nicht das Eingehen auf ganz bestimmte Lebensbedingungen von Land und Leuten. Die Berücksichtigung des Identitätsprinzips schränkt die planerischen Handlungsmöglichkeiten beispielsweise für eine Stadt nicht ein, sie führt eher zu einer Erweiterung der Gestaltungsspielräume (CHADWICK 1971).
In dieser Hinsicht verbindet sich das Anliegen der Angewandten Geographie mit den Aufgaben der geographisch-landeskundlichen Forschung. Mit H. POPP

(1983) lassen sich dabei verschiedene Auffassungen und Akzentuierungen unterscheiden: sehr weit verbreitet ist zunächst eine empirisch-analytische Perspektive, die beispielsweise aus dem „Kritischen Rationalismus“ begründet werden kann (z. B. BAHRENBERG 1979). Geographische Landeskunde versteht sich danach als Übertragung der Fragestellung und Verfahrensweisen der Allgemeinen Geographie auf bestimmte Länder, Regionen usw. Sie wird nach dem Verständnis vieler Geographen als eine „Anwendung“ ausgewählter allgemeiner Sachverhalte auf den speziellen regionalen Einzelfall betrachtet. Ebenso wichtige Gesichtspunkte werden über die hermeneutisch-wertende Perspektive erschlossen. Durch sie kann beispielsweise die kulturelle Einmaligkeit einer Stadt, der Sinnzusammenhang ihrer geschichtlichen Entwicklung verstanden werden (z. B. WIRTH 1982). Auf die besondere Bedeutung der landeskundlichen Forschung als „Analyse individueller lebensweltlicher Handlungssituationen“ hat vor allem HEINRITZ (1982) hingewiesen. In dem Maße wie Geographie und Planung sich ergänzen, werde es erforderlich, gerade individuelle Variablen zu erkennen und zu berücksichtigen. Die Modelle der Allgemeinen Geographie und die Dynamik der Kräfte im Raumsystem erhalten durch die Betonung des Identitätsprinzips ein wirklichkeitsbezogenes Pendant. Nach diesem verhaltensorientierten Ansatz können für die Lebensbereiche in einer Gemeinde Handlungssituationen nachvollzogen und aus den verschiedenen Zielen der einzelnen Bevölkerungsgruppen begriffen, gleichsam „rekonstruiert“ werden. Dieses Konzept entspricht wichtigen Aufgaben der Angewandten Forschung und läßt sich beispielsweise mit wesentlichen Vorstellungen der „Konstruktiven Wissenschaftstheorie“ vereinbaren (CHALMERS 1986, S. 220).

10.3 GEOGRAPHISCHE ASPEKTE DER STADT

Die geographische Stadtforschung gehört zu einem stürmisch sich entwickelnden Bereich der modernen Geographie. Die bibliographische Analyse der stark angewachsenen Literatur zum Sammelbegriff „Stadtgeographie“ läßt über wenige Jahrzehnte hinweg charakteristische Akzentverschiebungen in Methodik und Problemstellung deutlich werden (SCHÖLLER 1953, 1973; SCHÖLLER, BLOTEVOGEL, BUCHHOLZ, HOMMEL 1973; LICHTENBERGER 1986). In der Gegenüberstellung neuerer und traditioneller Strömungen werden Spannweite und Kontraste des Wandels der Auffassungen gut erkennbar. Hauptsächlich im angelsächsischen Sprachraum dominiert ein eher „aktualistischer Ansatz“. Fragen nach der „Gesetzmäßigkeit städtischer Systeme“ drängen das Interesse an der kulturellen Identität einer von gesellschaftlichen Kräften gestalteten „Stadtlandschaft“ deutlich in den Hintergrund. Die „Systemanalyse der Stadt“ mittels mathematisch-statistischer Verfahren konzentriert sich auf modellhafte Vereinfachungen quantifizierbarer und meßbarer Größen. Im

Gegensatz dazu stand vor allem im deutschsprachigen Raum bis in die 50er Jahre die Stadt als „kulturgeographische Einheit“ im Mittelpunkt der Aufgabenstellung: „Denn darum geht es doch letztlich bei aller geographischen Städtekunde: Gefüge, Bild und Funktionen der städtischen Landschaft als Ganzes zu sehen und zu werten, die siedlungsmorphologische und funktionale Einheit in Lage, Entwicklung und Wechselbeziehung zum landschaftlichen Bereich. Diese übergeordnete Zielsetzung darf nicht verlorengehen. Ohne sie gibt es Stadtforschung, aber keine Stadtgeographie“ (SCHÖLLER 1953, S. 162).

Die ausschließliche Reduzierung der Stadtanalyse auf „Gesetzmäßigkeiten“ und Interaktionsmodelle der Kräfte im Raumsystem würde aber wichtige Prinzipien des Praxisbezuges vernachlässigen: beispielsweise die Identität und Einmaligkeit der geschichtlichen Tradition einer Stadt, für die konkrete kommunale Entwicklungspolitik gestaltet werden soll. Die Akzentuierung der quantitativen Stadtanalyse mag vor allem für den nordamerikanischen Bereich — stimuliert von der „non-place-Vision“ der Auflösungserscheinungen gewisser US-amerikanischer Städte — berechtigt sein. Für Städte mit einer 2000jährigen Tradition wie Augsburg und der daraus sich ergebenden Eigendynamik werden sehr rasch die Grenzen dieses Ansatzes deutlich. „Hierzu ist von vornherein einschränkend zu bemerken, daß man, sobald man das Konzept der Stadtlandschaft beseite schiebt und den Weg der analytischen Stadtgeographie einschlägt, kein städtisches System als solches mehr definieren kann, sondern nur spezifische Subsysteme mit mehr oder minder partiellen Perspektiven (LICHTENBERGER 1986, S. 19).

Gerade weil es sich bei Städten und ihren Ausstrahlungen um äußerst dynamische Erscheinungen handeln kann, sieht sich die Stadtgeographie mit dem Dauerproblem konfrontiert, ihre Begriffe, Konzepte und Fragestellungen der regionalen Wirklichkeit kontinuierlich anpassen zu müssen. Die Raumsysteme der Stadt sind darüberhinaus auch als Spiegelbilder des sozialen Wandels und spezifischer urbaner Entwicklungen der Gesellschaft zu begreifen. Aus dieser sehr umfassenden Perspektive können Begriffe wie städtische und ländliche Lebensformen für die Realität in Mitteleuropa gelegentlich eher verwirren als aufklären. Diese Argumentation vertritt R. E. PAHL (1966), wenn er auf die Existenz von „urban villages“ in großen Städten und „metropolitan villages“ am Großstadtrande verweist. Der soziale Wandel in den periurbanen Pendler- und Zuwanderungsgemeinden rings um englische Großstädte hat rasch eine Zwei-Schichten-Gesellschaft entstehen lassen, die sich in zahlreichen Merkmalen voneinander unterscheidet: Motorisierung, Kontakt- und Einkaufsverhalten, Engagement in Vereinen, Übernahme kommunaler Führungsaufgaben, räumliche Segregation, unterschiedliche Identifikation. Der Prozeß des sozialen Wandels in solchen Gemeinden kann in wenigen Jahrzehnten über verschiedene Stadien führen und manche nahegelegenen Dörfer überhaupt nicht berühren. Im Individual- und Gruppenverhalten der Menschen in Dörfern und Städten eines Landes können sich spezifische Lebensstile herausformen, die PAHL (1966) aus dem Wechselspiel von zwei verschiedenen Sozialordnungen der „small-scale society“ und der „large-scale society“ aus der inneren Differenzierung des sozialen Wandels versteht.

Das Stadt-Land-Problem kann aber nicht nur nach den sozialen und wirtschaftlichen Beziehungen, sondern auch nach dem Bevölkerungs- und Kulturaustausch oder nach den wechselseitig ausgeübten Funktionen in unterschiedliche Entwicklungsstadien gegliedert werden (LEWIS & MAUND 1976, S. 22). Überblickt man die agrarsozialen Entwickungen in Nordamerika und des westlichen Europas etwa über die Zeitspanne von nur 50 Jahren, so wird die zeitlich sehr begrenzte Gültigkeit bekannter „Dichotomie-Modelle" des Stadt-Land-Gegensatzes offenbar. Distanzielle und soziale Unterschiede in der Lebensform (SOROKIN und ZIMMERMAN 1929; L. WIRTH 1938), wirtschaftliche Wesensverschiedenheiten (CHRISTALLER 1933), sozialkulturelle Unterschiede (BOBEK 1948), technologische Unterschiede (GRÜNER 1977), ungleiche Machtverteilungen und Rechtsstellungen (BODENSTEDT 1975; ENNEN 1963) haben als kontrastierende Kriterien an Beweiskraft stark eingebüßt. Kontinuierliche Merkmalsabstufungen und rollenspezifische Lebensformen kennzeichnen heute den sozialen Wandel urbaner Entwicklungen wesentlich treffsicherer (FRANKENBERG 1966; PAHL 1966; RUPPERT/SCHAFFER 1973; PAESLER 1976). Auch unterschiedliche Nutzungsstrukturen und charakteristische Raumverflechtungen beginnen an Trennschärfe zwischen Stadt und Land in bestimmten Regionen der Erde zu verlieren (CHRISTALLER 1933; THÜNEN 1826; ISBARY 1969). Urbane Intensitätsfelder lassen neue Nutzungsstrukturen fern ab der großen städtischen Zentren entstehen. Saisonale Urbanisierung im Freizeitraum (CLOUT 1972) und die Herausbildung von „Freizeitperipherien" im Ausstrahlungsbereich unserer Großstädte (LICHTENBERGER 1980) kennzeichnen die Dynamik und Fernwirkungen der urbanen Entwicklung.

Die gewandelten Grundbedingungen für die Veränderung der Stadt führen selbstverständlich zu Schwierigkeiten, Kriterien für den Begriff der Stadt über eine längere Zeit für eine bestimmte Bezugsregion festlegen zu wollen. Für die Phasen des sozialen Wandels im mitteleuropäischen Raum des 20. Jahrhunderts könnte man beispielsweise folgende Merkmale anführen: „Die Stadt des 20. Jahrhunderts ist ein kompakter Siedlungskörper von hoher Wohn- und Arbeitsplatzdichte — mit vor allem durch Wanderungsgewinn gewachsener Bevölkerung — mit breitem Berufsfächer — bei überwiegend tertiär- und sekundärwirtschaftlichen Betätigungen — mit deutlicher innerer Differenzierung — mit relativ hoher Verkehrswertigkeit — mit einem Bedeutungsüberschuß an Waren und Dienstleistungen für einen erweiterten Versorgungsbereich — bei weitgehend künstlicher Umweltgestaltung mit deren Folgen für ihre Bevölkerung " (HOFMEISTER 1984, S. 204). Andere Begriffsformulierungen kennzeichnen die Stadt aus dem Ineinandergreifen zeitbedingter Prozesse (KING/GOLLEDGE 1978): Konzentration von überregionalen Entscheidungs- und Kontrollfunktionen — Lokalisation wichtiger wirtschaftlicher Aktivitäten, von denen Kapitalströme und Investitionen ausgehen — Zentren der Ausstrahlung von Innovationen und Vorgängen des sozialen und wirtschaftlichen Wandels — Pole von arbeitsplatzbezogenen Pendlerströmen aus dem ländlichen Raum. Die Zahl der Definitionsversuche ließe sich beliebig erweitern. Aus der Aneinanderreihung immer wieder wechselnder Kriterien würde lediglich deutlich, daß es weder sinnvoll noch möglich ist, einen geographischen Stadtbegriff in irgendeiner Weise auf längere Zeit festlegen zu wollen. Definitionen können lediglich als Arbeitshypothesen verstanden werden, die einer ganz konkreten Fragestellung zu entsprechen haben. Alle Aussagen über die Stadt gilt es zeitlich und räumlich, politisch und kulturell entsprechend zu relativieren. Je nach Problem, Forschungsansatz und wissenschaftlicher Grundperspektive können dabei verschiedene Methoden miteinander verbunden oder im Wechsel zueinander verwendet werden.

Verschiedene Zeit-Konzepte: Die zeitlichen und räumlichen Zusammenhänge von urbanen Entwicklungen und Erscheinungsformen der Stadt sind begrifflich aus Komponenten zusammengesetzt, die je nach Fragestellung unterschiedliche Sachverhalte kennzeichnen. Einige Beispiele recht verschiedener Konzepte des Raum- und Zeitbegriffes sollen das verdeutlichen (PARKES und THRIFT 1980; LICHTENBERGER 1982, 1986). Der kulturhistorische Wandel der Stadt wird meist aus aufeinanderfolgenden Perioden der sozialen und wirtschaftlichen Entwicklung charakterisiert, die zeitlich durch politische Zäsuren gegeneinander abgesetzt werden (z. B. Abb. 5). Zyklischen Phänomenen von Konjunktur und Bautätigkeit folgen nicht selten Anpassungsverzögerungen von Physiognomie und Funktion, wie sie beispielsweise in Langzeitbeobachtungen von Straßenentwicklungen in Großstädten beobachtet werden können (HÜBSCHMANN 1952; DEMMLER-MOSETTER 1978). Gradientfelder in der Erreichbarkeit, die sich ebenso in Zeit-Kosten-Mühe-Relationen ausdrücken lassen, kennzeichnen die Ausstrahlung einer Stadt in ihr Umland (z. B. Karte 30). In der Regel sind die meisten Verkehrsabläufe zwischen den Quell- und Zielgebieten durch einen charakteristischen Rhythmus sowie durch typische Spitzen- und Flautenzeiten im Tagespegel gekennzeichnet (KESSEL 1971). In einer Stadt wie Boston beispielsweise kann man den zyklischen Gang täglich wiederkehrender Nutzungen im Zentrum unterscheiden: kontinuierlich genutzte Gebiete, nachts entleerte Viertel in der down town, „invasive Gebiete“, in denen besonders nachts das Leben beginnt, Gebiete mit wechselnden Aktivitäten, wo sich Tag- und Nachtaktivitäten stark unterscheiden (LYNCH 1972). Aus den Konvergenz- und Divergenz-Zeiten der modernen Verkehrs- und Kommunikationsmittel ergeben sich innerhalb und auch zwischen den Städten neue Bewertungen der Stadtorte. „Konvergenz-Prozesse“ können sich aus der sprungartigen Verkürzung der Reisezeiten, beispielsweise im Intercity-Takt zwischen Augsburg und München ergeben. „Divergenz-Prozesse“ sind vor allem an die Frequenz von Fahrplänen gebunden, beispielsweise der Nahverkehrsmittel in der Region Augsburg. Von bestimmten Tageszeiten an kann man erst mit einer gehörigen zeitlichen Versetzung einen Ort wieder erreichen, den man tagsüber beispielsweise stündlich anfahren kann. Für diese zeitliche Relativierung der Raumstruktur bleibt der zeitlich und finanziell begrenzte Zugang zu bestimmten Verkehrs- und Kommunikationsmitteln entscheidend.

Verschiedene Raum-Konzepte: Aus neuen Fragestellungen über raumzeitliche Verhaltensweisen einzelner Personen in der Stadt ergeben sich neuartige Konzepte vom „Aktionsraum“. Ausgehend von der Wohnung umfaßt dieser Aktionsraum alle Standorte von Einrichtungen, über die eine Person Informationen besitzt sowie Nutzung- und Präferenzbeziehungen unterhält, die rückwirkend ihre Verhaltensweisen beeinflussen. Je nach der methodischen Konzeption kann die Entwicklung der aktionsräumlichen Beziehungen von Individuen unterschiedlich aufgefaßt werden. HORTON und REYNOLDS (1971) berücksichtigen in einem „dynamisch-funktionalen Konzept" die objektiven räumlichen Strukturen der städtischen Umwelt, die sozio-ökonomischen Merkmale des Individuums, die Lage seiner Wohnung im Stadtgebiet, die Wohndauer und soziale Integration in der Gemeinde, die Verflechtungen der täglichen Lebensbeziehungen, die benutzten Verkehrsmittel und Wege, wodurch die Wahrnehmung der städtischen Umwelt ganz besonders beeinflußt werden kann. LYNCH (1960) akzentuiert im „umweltpsychologischen Konzept" vom Aktionsraum ganz bewußt die persönliche Wahrnehmung der Umwelt, die zu bestimmten Vorstellungsbildern von der Stadt führt. HÄGERSTRAND (1970) geht in seinem „zeit-geographischen Konzept" vom Prinzip der Unteilbarkeit des Zusammenhanges von Handlungsmöglichkeiten, räumlichen Interaktionen und der dafür zur Verfügung stehenden Zeit bei ein- und demselben Individuum aus. CHAPIN (1974) berücksichtigt nach dem „human-activity Konzept" vor allem die individuellen Entscheidungen und verschiedenen Handlungsalternativen, die zur regelmäßigen Wiederholung der Aktivitäten zwischen Wohnung-Arbeit-Einkauf etc. führen, um daraus verhaltensangepaßte Stadtstrukturen ableiten zu können. KLINGBEIL (1978) und DÜRR (1979) integrieren verschiedene Aspekte des Aktionsraum-Konzeptes, um sie für Fragestellungen der praxisbezogenen Forschung nutzen zu können. Raum als Prozeßfeld und verortetes Bezugssystem des Gruppenverhaltens spielt in der sozialgeographischen Stadtanalyse und der Mobilitätsforschung eine wichtige Rolle. „Politische Entscheidungsräume" spiegeln die Aktivitäten in der Bodennutzung unterschiedlicher wirtschaftlicher und sozialer Interessengruppen in der Stadt wider. Sehr abstrakte „Raumkonstrukte" sind gelegentlich das Resultat einer Formelsprache mathematisch-ökonometrischer Modelle in der „Stadtentwicklungsplanung". Die längste Tradition in der Stadtgeographie besitzt jedoch der strukturale Raumbegriff. Die Stadtlandschaft läßt sich danach durch klassische Vorgaben von Plänen, Karten, Luftbildern etc. sinnfällig dokumentieren. Von ähnlicher Aktualität sind „funktionale Räume", das heißt Ausstrahlungs- und Verflechtungsbereiche, die aufgrund lokaler und überörtlicher Wechselbeziehungen ganz verschiedener Art und deren Orientierung auf bestimmte Zentren und Standorte im städtischen System zu einer Einheit zusammengeschlossen werden können. Hierzu gehören beispielsweise Wohnumfelder in der Innenstadt (Karte 24), Interaktionsräume der Stadt-Umland-Mobilität (Karte 22), die Stadtteilzentren und ihre Einzugsbereiche (Karten 37, 39), die Verflechtungsbereiche zentralörtlicher Einzugsbereiche (Karten 30, 32) usw. Nach der Gleichartigkeit oder Ähnlichkeit besonderer Merkmale läßt sich eine Fülle von „homogenen Räumen" im städtischen System bestimmen. Solchen Raumbegriffen entspricht beispielsweise die sozio-ökonomische Gliederung der Innenstadt von Augsburg (Karte 12) oder die Typisierung der Wohngebiete mit Hilfe der Clusteranalyse (Karte 35).

Bei einem weltweiten Vergleich des Städtewesens ergeben sich zahlreiche regionale Unterschiede, die einer modellhaften Betrachtung der Stadt enge Grenzen setzen. Die Aussagen der „analytischen Stadtgeographie" erfahren dadurch Relativierungen, die aus dem Identitätsprinzip der Stadtentwicklung abgeleitet werden können. Am Beispiel sehr verschiedener Erscheinungsformen der inneren Stadtstruktur läßt sich das veranschaulichen. Obwohl das Thema der Verschiedenartigkeit der Stadtlandschaft in der Geographie früh bearbeitet worden ist (PASSARGE 1930), wird es erst in den letzten Jahren systematisch weiterverfolgt (HOFMEISTER 1980; HEINRITZ und LICHTENBERGER 1984). Bei langfristigen Entwicklungen der Städte kann man die „Annäherung" aber auch die „Entfernung" von bestimmten Grundmustern in der inneren Struktur beobachten. In der „vorindustriellen Phase" divergieren beispielsweise abendländische und morgendländische Städte sehr deutlich in der Sozialstruktur. Der Gliederung nach Zünften und Ständen steht die Absonderung ethnisch-religiöser Gruppen gegenüber. In der „industriellen Phase" werden die Unterschiede im Nutzungsgefüge dann weit stärker von Arbeitsteilung und Mobilität geprägt. In Afrika, Südasien und zum Teil in China haben sich neben den Vierteln der Eingeborenen getrennt eigene „Kolonialstädte" mit europäisch-nordamerikanischen Akzenten herausgebildet. Einwanderungswellen und Zuzug der schwarzen Bevölkerung lösten in den Städten Nordamerikas beachtliche ethnische Segregationen aus. Die nordamerikanische Stadt „divergierte" dadurch vom Gefüge europäischer Viertel und „konvergierte" mit gewissen Charakterzügen etwa der orientalischen und indischen Städte. Mit erheblicher Phasenverschiebung treten ähnliche Tendenzen auch bei westeuropäischen Städten in Gastarbeitervierteln auf. Andererseits kennt man typische Tendenzen der „Verwestlichung" in den Städten des Orients und den Entwicklungsländern der Dritten Welt. In der „nachindustriellen Phase" nehmen wirtschaftliche und sozialbedingte Differenzierungen unter den politischen Bedingungen in den kapitalistischen Ländern und Wohlfahrtsstaaten an Kontrastreichtum deutlich ab. Unter kommunistisch-sozialistischen Sozialordnungen haben sich neben den ererbten Strukturen vielfach neue und markante Großelemente herausgeformt. Die von HAUSER und SCHNORE (1965) vertretene „Standardisierungsthese", wonach sicht trotz unterschiedlicher Phasen weltweit gleichartige „Spätstadien" herausbilden, läßt sich aufgrund der geschilderten Differenzierungen jedoch nicht mit aller Überzeugung vertreten. Mit ähnlicher Skepsis wird man der Theorie vom „increasing scale" (SHEVKY und BELL 1955) entgegentreten müssen. Danach könne man die fortschreitende Entfaltung von der kleinteiligen zur städtisch-industriell geprägten Gesellschaft beobachten. Zeitlich sehr begrenzt, vor allem für westliche Städte, kann man sich der Differenzierungsthese anschließen. Industrialisierung und Urbanisierung, veränderte berufliche Qualifikationen, Streubreite und Einkommen, Verlagerungstendenzen bestimmter Produktionszweige und Konzentrationserscheinungen der Bevölkerung strukturieren danach die sozialräumliche Gliederung. Im allgemeinen sind hier vier Komponenten besonders zu beachten: sozialökonomischer Status, Lebenszyklus der Familien, Mobilitätsbereitschaft, Absonderungstendenzen ethnischer Gruppen. TIMMS (1973) hat dieses eher statische Bild zu einer „kulturgenetischen Typenfolge" erweitert. Weltweit gesehen erhalten danach diese Komponenten eine Eigendynamik, die zu charakteristischen Entmischungsvorgängen führt. Feudalstädte, Kolonialstädte, Einwanderungsstädte, vorindustrielle, industrielle und moderne Städte erhielten daraus ihre Charakterzüge. Im interkulturellen Vergleich hat HOFMEISTER (1980) die Fülle der Erscheinungen zwei großen geographischen Gruppen, „Altkulturräumen" und

„ehemaligen Kolonialräumen" zugeordnet und darin zwölf verschiedene kulturgenetische Typen der Stadtstruktur nachgewiesen.

10.4 PROBLEMZUSAMMENHÄNGE IN DER STADTGEOGRAPHIE

Lage, Größe, innere Gliederung und die Ausstrahlung der Städte können aus ihren Funktionen heraus bestimmt und räumlich differenziert werden. Diese Erkenntnis folgt aus den theoretischen Erörterungen von Hans BOBEK (1927). Seine Vorstellungen zum „geographischen Wesen der Stadt" gehören — auch unter den gewandelten Bedingungen der Gegenwart — zu den gesicherten Grundprinzipien der Stadtgeographie. Zur Verdeutlichung seien nur einige wichtige Ideen von Hans BOBEK in Erinnerung gerufen:

— Relativierung der reinen Beschreibung der Formen in der Stadtlandschaft
— Erkennen der doppelten Bedeutung des Funktionsbegriffes für die Stadt: wirtschaftliche Tätigkeiten, für die Bedarf an Raum besteht — und die Verflechungen wechselseitiger Abhängigkeiten, die sich in bestimmten räumlichen Reichweiten solcher Tätigkeiten äußern.
— Die Stadt wird als räumliche Verknotung zahlreicher Verkehrs- und Kommunikationsströme verstanden, in der die Austauschbeziehungen zwischen Erzeuger und Verbraucher, Angebot und Nachfrage mehr oder weniger zusammenströmen. Die „typischen städtischen Arbeitszweige", wir würden heute sagen „zentralen Funktionen", unterliegen dem „Zwang zur Konzentration". Damit städtische Siedlungen entstehen, ist die „Zusammenraffung, die Brechung der Verkehrsfäden" aus einer weiteren Umgebung an einem Punkte, erforderlich. Damit waren die grundlegenden Gedanken der später von CHRISTALLER (1933) formulierten „Theorie der zentralen Orte" vorgezeichnet.
— Die Konzentration besonderer Zweige des wirtschaftlichen, politischen und kulturellen Lebens in der Stadt muß sich hier in einer typischen inneren Gliederung widerspiegeln.
— Schließlich formulierte BOBEK eine geographische Definition der Stadt, in der die Gedanken der „Zentralität" und besonderen „inneren Differenzierung" im Vordergrund stehen: „Unter Stadt im geographischen Sinn verstehen wir eine größere Siedlung, welche den möglichst allseitigen, wirtschaftlich wie politischen und kulturellen Verkehrsmittelpunkt eines unscharf begrenzten Gebietes darstellt und deren körperlicher Aufbau eine gewisse Steigerung seiner charakteristischen Merkmale von den Rändern nach dem Mittelpunkt hin erkennen läßt".

Mehr als ein halbes Jahrhundert danach haben viele Autoren die Dynamik der städtischen Funktionen benutzt, um daraus die Dimensionen der Raumwirksamkeit der Stadt ableiten zu können. CARTER (1975) und VETTER (1980) beispielsweise verwenden Art, Rang, Reichweite und Verflechtungen der städtischen Funktionen, um daraus Größe, Ausdehnung, Lage, Verbundsysteme aber auch die innere Gliederung der Städte darzustellen. Aus den Wechselbeziehun-

Abbildung 18: Problemzusammenhänge in der Stadtgeographie (CARTER u. VETTER 1980, S. 46)

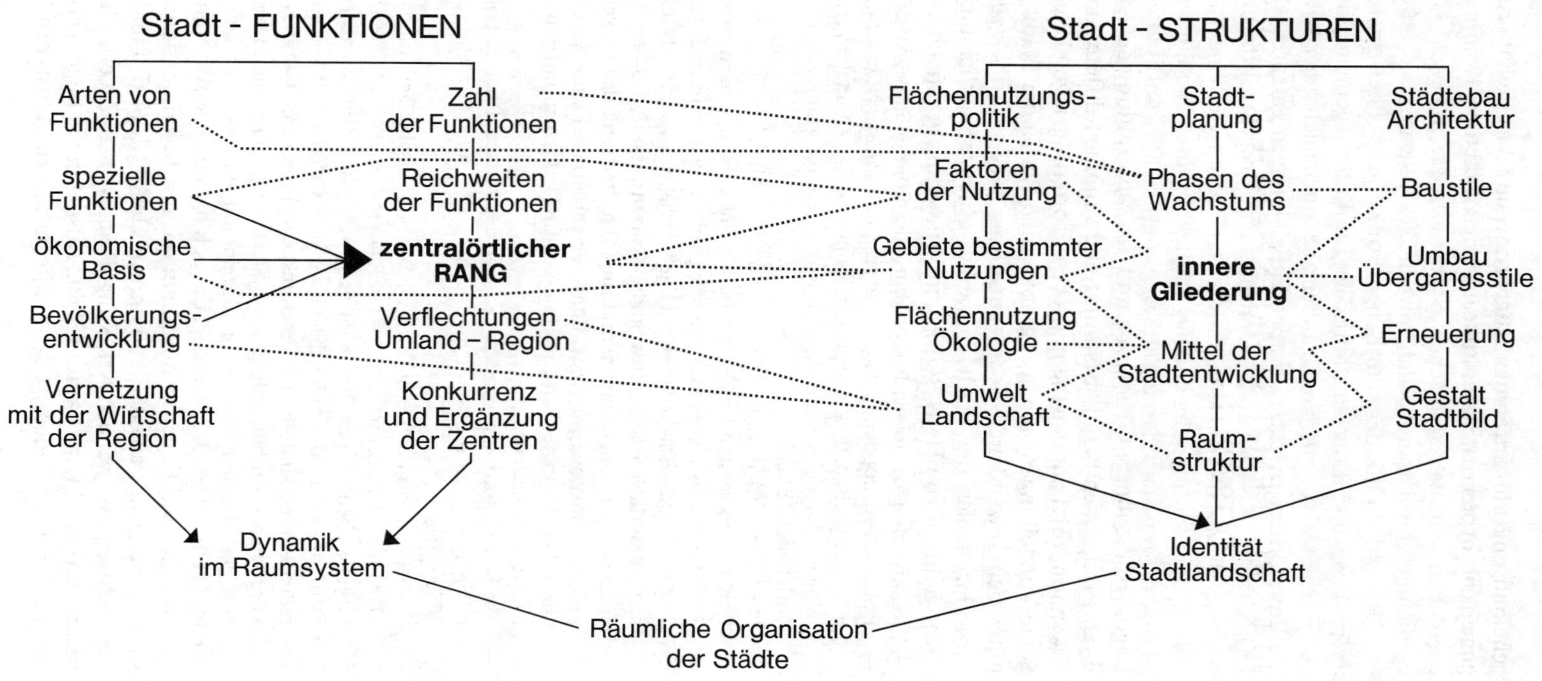

gen von Funktion und Struktur entwerfen sie ein System typischer stadtgeographischer Problemzusammenhänge. Die maßstäbliche Komponente der räumlichen Betrachtung städtischer Systeme wird in zwei Themenkomplexen verdichtet: **„town as area" und „town in area"**. Letzteres könnte man sinngemäß mit „Raumdynamik der städtischen Funktionen" übersetzen. Damit sind vor allem Wesen und Rang der städtischen Funktionen gemeint, die — von der Stadt aus gesehen — vor allem nach außen aber auch nach innen wirken und dadurch die Raumdifferenzierung urbaner Entwicklungen entsprechend gestalten. Die Bezeichnung **„town as area"** kennzeichnet Form, Struktur und innere Gliederung der Stadt, die von den raumwirksamen Aktivitäten der Flächennutzungspolitik, der Stadtplanung und des Städtebaus ihre Charakterzüge erhalten. Das Verhältnis von Stadtplanung als Ordnungsaufgabe zum Städtebau als räumliche Gestaltung der Stadt ist von den kommunalen und politischen Organisationsstrukturen besonders abhängig. Daraus leiten sich die angesprochenen Unterschiede der urbanen Entwicklungen im Kapitalismus, Sozialismus, den sozialen Wohlfahrtsstaaten usw. ab. Die Verflechtung und Raumwirksamkeit städtischer Funktionen eignet sich aus den angesprochenen Gründen zu einer maßstäblichen Typisierung stadtgeographischer Problemzusammenhänge und Forschungsansätze (vgl. Abb. 18). LICHTENBERGER (1980) unterscheidet dabei „innerstädtische" und „zwischenstädtische" Dimensionen.

„Zwischenstädtische Dimension": Die besonderen Erscheinungen der Verstädterungs- und Urbanisierungsprozesse in den Megalopoleis der Erde, das Wachstum der Stadtregionen, die charakteristischen Verflechtungen im Städtesystem legen es nahe, die zwischenstädtischen Beziehungen räumlich in weitere Betrachtungsebenen gedanklich zu untergliedern:

— Ebene der „regionalen Verstädterung"

— Ebene der „zentralörtlichen Hierarchie"

— Ebene der „Städtesysteme und Stadtverbände".

Unter „Städtesystem" kann man eine Gruppe von Städten verstehen, die durch verschiedene Beziehungen miteinander verbunden sind. Es kann sich dabei um Verkehrs- und Wanderungsverflechtungen, Güter- und Informationsströme sowie verschiedene Kommunikations- und Machtbeziehungen handeln (BLOTEVOGEL 1983). Die Städtesystemforschung befaßt sich beispielsweise mit Raumordnungskonzepten in Entwicklungs- und Industrieländern. Polarisiertes Wachstum sowie hochgratige Konzentrationen von Versorgungs- und Steuerungsfunktionen in den Metropolen mancher Entwicklungsländer können die regionalen Disparitäten sehr problematisch verschärfen. Global betrachtet sind im „Städtesystem der Erde" hierarchische Sprünge zu erkennen. So kann man die „Weltstädte" als herausragende politische Machtzentren, Sitz der bedeutendsten berufsständischen Organisationen, Handelszentren usw. verstehen (HALL 1977).

Die großen Städte expandieren besonders an ihrer Peripherie. Sie beginnen in den Außenzonen in einzelnen Fällen sich zu berühren oder auch eng miteinander zu verschmelzen. R. E. DICKINSON (1964) nennt diesen Vorgang „regionale Verstädterung". Eine der Voraussetzungen dafür ist die wechselseitige gute Erreichbarkeit zwischen der Stadt und den Wohnungen, Freizeit-, Einkaufs-, Bildungseinrichtungen im engeren oder weiteren Einflußbereich. So waren

Schnellstraßen wie freeways und highways die ersten Wegebereiter von „Suburbia" und „Interurbia" in den USA. Zur regionalen Verstädterung könnte man auch das Raumsystem der „Megalopolis" rechnen. Die Bezeichnung geht auf GOTTMANN (1961) zurück, der damit die miteinander verflochtenen „städtischen", „suburbanen" und „interurbanen" Gebiete bezeichnet hat, die sich über verschiedene Staatsgrenzen hinweg an der Nordostküste der USA erstrecken. „Suburbanisierung" und „Urban Sprawl" beginnen die räumlichen Konzentrationen und Kombinationen städtischer Nutzungen mehr oder weniger aufzulösen. Ubiquitär zugängliche städtische Dienste kennzeichnen ein auf die Fläche orientiertes urbanes Raumsystem, das mit Stichworten wie „Counterurbanization" (BERRY 1976), „pluck in city", „urban field" (FRIEDMANN 1976) benannt worden ist.

„Innerstädtische Dimension": Je nach zentralem Rang und Dynamik der Stadt können im Siedlungsgefüge nach innen wie nach außen charakteristische Raumgliederungen unterschieden werden. Sie lassen sich formal drei Betrachtungsmaßstäben zuordnen:

— Makro-Ebene von Gesamtstadt und Stadtregion
— Meso-Ebene von Stadtvierteln, Straßenzügen, Nachbarschaften etc.
— Mikro-Ebene der Standorte von Betrieben, Institutionen, Haushalten etc.

Zum innerstädtischen Raumsystem der Makro- und Meso-Ebene gehört eine Fülle von klassischen Themenkreisen der Stadtgeographie: zum Beispiel Modelle der Stadtregion, Versuche einer monographischen und vergleichenden Betrachtung von Städten, Stadtklassifikation und Gemeindetypisierung, Viertelsgliederung von Groß-, Mittel- und Kleinstädten, sozialökologische Modelle und Theorien zur Stadtstruktur, Sozialraumanalyse und Faktorenanalysen der Bevölkerungsstrukturen, städtebauliche und stadtökonomische Strukturschemata, Gradienten von Dichte, Grundstückspreisen, Verteilungsmuster der Eigentumsverhältnisse und Bodennutzung, usw. Die Mikro-Ebene schließlich ist die Domäne zahlreicher Forschungsansätze, die sich mit den Interaktionen und Prozessen des Individual- und Gruppenverhaltens auseinandersetzen (Aktionsräume, Prozeßfelder, Mobilitätstypen).

10.5 AKTUELLE TENDENZEN DER STADTENTWICKLUNG

Die raumwirksamen Kräfte der städtischen Funktionen beeinflussen die Wege und Maßnahmen einer kommunalen Gestaltung der Stadtentwicklung. Es ist deshalb sehr wichtig, die neuen Tendenzen im Wechselspiel der wirtschaftlichen, sozialen und ökologischen Prozesse näher zu charakterisieren. Für eine Stadt wie Augsburg sind beispielsweise jene Zusammenhänge anzusprechen, die in größeren Verdichtungsräumen im marktwirtschaftlichen System westlicher

Industriestädte zu neuen Strukturierungen führen können. Im Sinne einer Auswahl werden hier acht typische Tendenzen angesprochen:

1. Neue Standortfaktorenmuster: Der technische Fortschritt erzeugt bei den ökonomisch bedingten Antriebskräften zum Teil veränderte räumliche Differenzierungen. Für die Standortwahl der Unternehmen werden nicht nur die klassischen, sondern zunehmend neue Kombinationen von Faktoren ausschlaggebend. In den letzten Jahrzehnten ist zum Beispiel in der Mikroelektronik ein beachtlicher Teil der Investitionen in die Herstellung von Gütern mit sehr hoch entwickelter Technologie geflossen, deren Bauteile klein und leicht transportierbar sind. Diese Elemente lassen sich im modernen Verkehrssystem ohne größere Kosten auch über weite Entfernungen zu entlegenen Märkten transportieren. Durch die allseits zugänglichen Kommunikationsmedien muß ein produzierender Betrieb nicht mehr eng benachbart zu jenen Firmen liegen, die für ihn Dienstleistungen anbieten. Da die Fertigungsverfahren meist einen größeren Flächenbedarf besitzen, tendieren die betreffenden Betriebe zu Standorten, die außerhalb der Kerne der städtischen Verdichtungsräume liegen. Die Randzonen von Städten mit hohem Freizeitwert und schöner Landschaft werden dafür immer attraktiver. Die Entwicklungschancen städtischer Wirtschaftsräume lassen sich nicht mehr nur durch Standortfaktoren wie „Verkehrsattraktivität", „Absatzattraktivität", Energienähe und -preise, Reservoir von Qualifikation und Arbeitskräften ausreichend beschreiben. Neue „Standortfaktorenmuster" wie Innovationspotential der regionalen Wirtschaft, soziale, kulturelle und landschaftliche Vorzüge des Raumes treten bei der Charakterisierung hinzu (EWERS 1985, BUCHNER 1985).

2. Neubewertung des Entwicklungszusammenhanges der Wirtschaftssektoren: Durch den allgemeinen technologischen und sozialen Wandel sind gesicherte Aussagen über die Gültigkeit von ökonomischen Entwicklungsverläufen wie bisher nurmehr sehr eingeschränkt möglich. Das gilt beispielsweise für die Beschäftigungseffekte im Dienstleistungssektor. Auch der Städtevergleich in der Bundesrepublik deutet beachtliche Entwicklungsunterschiede im produzierenden Gewerbe und bei den Dienstleistungen an (BENSCH 1986). Der Rückgang der Beschäftigung im produzierenden Sektor ist dabei durchgängig festzustellen. Die Intensität dieser Entwicklung zeigt jedoch auffallende Unterschiede zu Städten mit Steuerungs- und Verwaltungszentralen der Industrie an (z. B. München, Stuttgart). Wie im Falle von Augsburg werden jedoch im Regelfall die Beschäftigungsverluste im produzierenden Sektor nicht durch entsprechende Gewinne im Dienstleistungssektor ausgeglichen. Auch deutliche Unterschiede bei der Beschäftigung im Dienstleistungssektor werden sichtbar. Die Entwicklungszusammenhänge von sekundärem und tertiärem Wirtschaftssektor bei der Definition der ökonomischen Basis der Stadtentwicklung muß unter den gegenwärtigen Voraussetzungen neu bewertet werden!

3. Veränderungen in der Hierarchie der Geschäftszentren: Neue Betriebsorganisationen der Geschäfte und Dienste, die verbesserte Erreichbarkeit dieser Einrichtungen vor allem mit dem privaten Pkw, rückläufige Bevölkerungs- und Kundenzahlen, gewandelte Verbrauchergewohnheiten und Vorratshaltung haben auch innerhalb der Verdichtungsräume zu einer Veränderung in der Hierarchie der Rangordnung der Zentren und Geschäftsstraßen geführt. Die Stufung zwischen den einzelnen Zentren begann sich deutlich zu vergrößern und längerfristig ergibt sich daraus eine Verminderung der Ränge im hierarchischen System und die bekannte Herausnahme zentraler Einrichtungen des täglichen und gehobenen Bedarfs aus der Fläche innerhalb der Stadt. In zunehmendem Maß orientiert sich die Bevölkerung auf wenige traditionelle Zentren und vor allem auch auf Einzelhandelsgroßprojekte, die außerhalb der Siedlungskerne entstehen (KOCH 1982). Betroffen vom In-sich-Zusammensinken lokaler Geschäftsgebiete im Fußgänger-Einzugsbereich sind vor allem die Nicht-Autobesitzer, darunter ältere Menschen, die ganz auf die Bedienung durch öffentliche Verkehrsmittel angewiesen sind.

4. Entflechtung der Funktionen und ansteigender Flächenbedarf: Ganz allgemein setzt sich der wachsende Flächenbedarf und die Entmischung der Funktionen in unseren Städten fort. Dieser Prozeß wird durch die verkehrsräumliche Erschließung der Fläche mit dem privaten Pkw und dem Bau von Ein- und Zweifamilienhäusern in der Region weiter forciert. Bei fast allen städtischen Funktionen nimmt der Flächenbedarf noch weiter zu. Das gilt beispielsweise für die besonderen Ansprüche der Freizeitgesellschaft. Mit wachsender Freizeit resultiert daraus ein noch zunehmender Druck auf die engere und weitere Umgebung der suburbanen Räume (RUPPERT 1985). Gerade in den großen Städten wird sich die Aufspaltung der Wohnfunktion in Arbeits- und Freizeitwohnen weiter fortsetzen. Bestimmte städtische Wohnformen wie Massenmietshäuser und wenig geschätzte Wohnumfelder begünstigen diesen Prozeß. Die Entfremdung in der Arbeitswelt fordert den einzelnen gerade dazu heraus, eine überschaubare und sozial höher bewertete Position in der neuen Lebenswirklichkeit der eigenen Freizeit zu erstreben. Der Vorgang wird darüberhinaus je nach sozialem Status auch von den Phasen im Lebenszyklus und der ungleichen Verteilung von Ausbildungs- und Arbeitsplätzen gesteuert.

5. Überlagerung von verschiedenen Mobilitätssystemen: Die Einwohner der großen Städte sind in zunehmendem Maß „Bewohner auf Zeit“ geworden (LICHTENBERGER 1981). Bereits im Verlauf des Lebenszyklus wird innerhalb des Verdichtungssraumes die Wohnung verschiedentlich gewechselt. Seit der Jahrhundertwende haben sich die Wanderunen im großstädtischen Bereich jedoch entscheidend gewandelt (SCHAFFER 1972). Den Phasen der industriegesellschaftlichen Bevölkerungsweise (MACKENROTH 1953) entsprechen bei der deutschen Bevölkerung säkular absinkende Mobilitätsniveaus. In den letzten 40 Jahren hat sich in den Stadtregionen der Rythmus des Wanderungsgeschehens mehrmals gewandelt. Abwanderungstendenzen aus dem Kerngebiet bei gleichzeitiger Auffüllung der Außenzone wechseln mit der gegenläufigen Entwicklung. Heute ist die Mobilität der Ausländer etwa vier- bis fünfmal höher als bei Einheimischen. Hinzu kommt eine deutliche Überlagerung von zwei Mobilitätssystemen: das der Deutschen und das der Gastarbeiter mit ihren Familien. Die Zahl der ausländischen Zuwanderer, die für eine nicht definierbare Zeitdauer Arbeit suchen, ist deutlich angewachsen.

6. Die räumliche Sozialstruktur wird differenzierter: Durch vielschichtige Wanderungsprozesse ist unter anderem auch die Segregation der Bevölkerung in der Stadt feingliedriger geworden. Zum Prinzip der „sozialen Distanz“, den Unterschieden nach Rang, Prestige, Ansehen, Bildung, Einkommen, Besitz etc. sind

neue „segregierende Kräfte" hinzugekommen, welche die räumliche Absonderung der Sozialgruppen in den Wohngebieten zusätzlich beeinflussen. Die „kulturelle Distanz" zu den Gastarbeitern hat in einigen Stadtteilen, Straßen oder von Haus zu Haus wechselnd eine ethnische Entmischung eingeleitet. Mit Ablösung traditioneller Familienstrukturen, fortschreitender Verkleinerung der Haushalte, Neuorientierung im Wertbewußtsein etc. ist es zu einer „demographischen Segregation" nach der Stellung im Lebenszyklus, nach Altersklassen und Haushaltstypen gekommen.
Aus einer Vielzahl von Fallstudien in westeuropäischen Städten stellt P. WHITE (1984, S. 188) folgende Tendenzen in der sozialräumlichen Gliederung heraus: Der Lauf eines größeren Flusses, die Lage unweit sehr attraktiver Erholungsräume wie Berglandschaften oder Seengebiete bestimmen die physisch-geographischen Standortmerkmale. Im historischen Altstadtkern wohnen Bevölkerungsgruppen der Mittelschicht und freien Berufe sowie Handwerkerschichten mit langer Berufstradition. Infolge von Maßnahmen der Altstadterneuerung werden hier traditionelle Bewohnergruppen von höheren Einkommensschichten in einigen sehr attraktiv gewordenen Sanierungsgebieten deutlich verdrängt. Diese innere Wohnzone wird etwa durch den Verlauf der alten Stadtbefestigung markiert. Daran schließt sich ein Übergangsgebiet an mit jenen Merkmalen, die für den Aufbruch der Städte ins Industriezeitalter und typische gründerzeitliche Wohnformen so charakteristisch sind. Der historische Stadtkern zeigt dagegen ältere Gestaltelemente, die aus vorindustriellen Epochen stammen. In der Übergangszone mischen sich verhältnismäßig mobile Bevölkerungsgruppen wie neu Zugezogene und Studenten mit Alteingesessenen, meist älteren Menschen unterer Einkommensschichten. Entlang des Flusses oder der Küstenlinie erstrecken sich ältere ausgedehnte Industrie- und Gewerbeflächen aus der Zeit vor 1900 bis zum Zweiten Weltkrieg. In diese ältere Gewerbezone sind verschiedentlich stark erneuerungsbedürftige Wohngebiete eingestreut. Die neueren Industrie- und Gewerbeflächen sind dagegen an die Peripherie gerückt. Sie liegen meist in enger Nachbarschaft zu großen, vielfach dicht besiedelten Zonen des Sozialen Wonungsbaus. Hier wohnen meist untere Einkommensgruppen und die Arbeiterschaft der Stadt. Nach außen hin, vielfach in Richtung sehr attraktiver Erholungsgebiete wie Forste, Wälder und Seen, haben sich die sehr locker angeordneten Villen- und Wohngebiete der oberen Einkommensschichten entwickelt. Stadteinwärts von diesen bevorzugten Wohnräumen an der Peripherie schließen sich dichter aufgesiedelte Wohngebiete der ehemaligen Vorstädte aus der Zwischenkriegszeit an. Jenseits der Stadtgrenze liegen anwachsende „Wohn- und Schlafgemeinden", in die vor allem die sozialen Aufsteiger, das heißt jüngere Bevölkerungsgruppen mittleren Einkommens, aus verschiedenen Vierteln der Kernstadt hinausgezogen sind.
7. Streben nach heimatlichen Bindungen in der Stadt nimmt zu: Mobilitätsprozesse aber auch verschiedene administrative Neuerungen haben zusammen mit dem allgemeinen gesellschaftlichen Wandel zu einer eher als negativ empfundenen Dynamik in vielen lebensräumlichen Bezügen geführt (LICHTENBERGER 1981). Auch die Neuerungen im verkehrs- und zentralörtlichen System lassen es nicht mehr zu, daß baulich gewachsene Stadtstrukturen, Wahrnehmungs- und Aktionsräume von der Bevölkerung noch als Einheit empfunden werden kön-

nen. Die Raumbeziehungen in der Stadt beginnen sich individuell und rollenspezifisch immer feinteiliger zu differenzieren. Dadurch ist es schwierig geworden, in der Viertelsbildung alter Prägung ein integrierendes Gliederungsprinzip anbieten zu können. Dennoch lebt in den Städten die Sehnsucht der Menschen nach Überschaubarkeit ihrer täglichen Lebensbeziehungen wieder auf. Die Kontakt- und Wahrnehmungsräume im Wohnumfeld, auf Plätzen und Straßen der Stadt und das Streben, sich mit den geschichtlichen Traditionen der gewachsenen Stadtteile, der sozialen Verantwortung in der Nachbarschaft, in der kirchlichen Gemeinde in den Vereinen neu zu identifizieren, sind im Lebensgefühl der Städter von heute zu einer charakteristischen Komponente geworden (TALKENBERG 1986).

8. Zunehmende Berücksichtigung ökologischer Gesichtspunkte: Wie der Städtevergleich zeigt, gibt es in der Bundesrepublik trotz rückläufiger Bevölkerungszahlen und geringer gewordener Wachstumsraten nach wie vor Zentren der ökonomischen Dynamik. Gewandelte Standortfaktorenmuster (EWERS 1985), zu denen auch der hohe Freizeitwert und günstige Umweltbedingungen eines Raumes gehören, sind für die neuen wirtschaftlichen Impulse dieser Städte mitverantwortlich. Deutlich in der Attraktivität zurückgefallen sind dagegen jene Großstädte in traditionellen Ballungs- und Verdichtungsräumen, in denen die Umweltbedingungen von der Bevölkerung in zunehmendem Maß als ungünstig empfunden werden. Es verwundert daher nicht, daß sich gerade die großen Städte mit neuen Initiativen der Verbesserung der Umweltverhältnisse zuwenden. Die ökologische Perspektive der Stadtentwicklung wird mehr und mehr zur politischen Bewährungsprobe im interkommunalen Wettbewerb (DEUTSCHER STÄDTETAG 1985).

Ökologisch orientiertes Handeln in der Stadtpolitik ist jedoch ohne entsprechendes Bewußtsein in der Bürgerschaft nicht realisierbar. Gerade in der kommunalen Boden- und Flächennutzungspolitik müssen dafür aber beweiskräftige Anwendungsmöglichkeiten gefunden werden. Bürger, Politiker und Verwaltung setzen sich dann sehr aktiv für ökologische Aufgaben der Stadtentwicklung ein, wenn sie von offenkundigen Problemen unmittelbar betroffen sind, Selbstverantwortung ausüben und die Zuständigkeit für eigene Entscheidungen besitzen (ROTHGANG 1986). Umfang und Geschwindigkeit des Flächenverbrauchs sind sehr aussagekräftige Bewertungsmaßstäbe für die Ernsthaftigkeit der Umweltpolitik in den Städten. Alle Flächenansprüche passieren die kommunale Bauleitplanung. Die Städte und Gemeinden haben es also mehr oder weniger selbst in Händen, über Bewahrung, Ausgestaltung oder Verbrauch von Freiflächen in eigener Zuständigkeit und Verantwortung gegenüber ihren Bürgern zu entscheiden.

Nicht selten ist urbane Entwicklung aber gleichbedeutend mit einer Zunahme des Flächenbedarfs für Wohnen, Gewerbe, Freizeit etc. in den Städten geworden. In noch anhaltendem Maße wird dieser Flächenbedarf aus der Kernstadt in die Region, aus den Verdichtungsräumen in die peripheren ländlichen Gebiete transferiert (BORCHERDT 1986). Trotz stagnierender oder rückläufiger Bevölkerung nimmt der Raumanspruch weiter zu, und es gibt kaum Hinweise dafür, daß die Nachfrage nach Siedlungsflächen im Verdichtungsraum und in den urbanisierten ländlichen Gebieten nachlassen würde. Vorausschätzungen

auf dem Wohnungsmarkt gehen vielfach von einem noch weiter ansteigenden Wohnflächenbedarf je Person in allgemein kleiner gewordenen Haushalten aus. Die Betriebsverlagerungen aus dem Zentrum hinaus in die Region werden nicht selten ausschließlich mit dem Flächenengpaß in der Kernstadt motiviert. Umweltgesichtspunkte müssen vielfach dafür herhalten, um den Suburbanisierungsprozeß der Wohn- und Gewerbefunktion im Umland großer Städte zu rechtfertigen.
Die ganze Zwiespältigkeit einer Bodennutzungspolitik zwischen Ökologie und zunehmendem Flächenbedarf ist kürzlich auf der Hauptversammlung des Verbandes Deutscher Städtestatistiker in treffender Weise angesprochen worden: „Um Wohnen und Arbeiten voneinander zu trennen, sind neue Flächenausweisungen notwendig. Industrieansiedlungen in ausreichendem Abstand zur nächsten Wohnbebauung verbrauchen nicht nur ein Mehrfaches an Fläche als Betriebe in Mischlagen, sondern unterliegen auch weniger strengen Umweltschutzauflagen, da ja die ungestörte Ausbreitung des Lärms und die Verdünnung der Luftbelastung gewährleistet sind. Um die neu ausgewiesenen Flächen anzubinden, sind Verkehrswege notwendig, die entsprechend aufwendig ausgebaut werden müssen, um die Erreichbarkeit trotz zunehmender Entfernungen zu verbessern. Diese Verkehrswege begünstigen die Ausweisung neuer Wohnsiedlungsflächen am Stadtrand, um den Umweltbelastungen in der Stadt zu entfliehen." (ROTHGANG 1986, S. 46). Bürger und Politiker fordern deshalb, in der städtischen Bodennutzungspolitik künftig den unbebauten Flächen einen neuen Stellenwert einzuräumen. Unbebaute Flächen haben ökologische Funktionen für Stadtklima, Grundwasser, als Lebensräume für Pflanzen und Tiere, für die Erholung der Menschen und die Wahrnehmung der Stadtlandschaft in der Natur. Natur soll auch in der bebauten Stadt in Schulgärten, Vorgärten, Kleingartenanlagen, ökologischen Ausgleichsflächen und nutzungsextensiven Biotopen am Rande der Städte neu erfahren werden. „Sparsamer Flächenverbrauch setzt das Außerkrafttreten des Funktionstrennungsprinzips voraus — soweit dies möglich ist. Der Verkehr muß stadt- und umweltverträglicher werden, statt seinen Immissionen mit Umgehungsstraßen und Lärmschutzwällen zu begegnen. Stadtverträglicher Verkehr heißt Verlangsamung des Automobilverkehrs in Wohnstraßen, heißt Vorrang für Ressourcen schonende Verkehrsmittel. Ein gewerblicher Standort inmitten der Stadt kann durchaus zukunftssicher und umweltverträglich sein, wenn auf ihm umweltfreundliche Produkte bei geringstmöglicher Umweltbelastung hergestellt werden" (ROTHGANG 1986, S. 48).

10.6 DIE RÄUMLICHE ORGANISATION DER STADT

Angesichts sehr dynamischer Veränderungen sieht sich die Stadtentwicklungspolitik heute vielfach vor das Dilemma gestellt, mit den Planungskonzeptionen von gestern für die Ansprüche der Gesellschaft von morgen handeln zu müssen (LICHTENBERGER 1981). Das kumulative Wachstum der Städte in der Gründerzeit wurde von der Anordnung der Industrie und den Bedürfnissen der arbeitsteiligen Gesellschaft in der räumlichen Struktur entscheidend geprägt. Nach dem Prinzip der besten Erreichbarkeit sind die wichtigsten Einrichtungen im Zentrum der Städte angesiedelt worden. Die hohe Standortqualität des Kerns war auch ein Spiegelbild der zentrierenden Kräfte weitgehend dominierender öffentlicher Verkehrsmittel.

Aus der Zunahme des Individualverkehrs resultierte ein System, das sich vom Muster der Arbeitsstätten mehr und mehr zu entfernen begann. Neue Lebensbedingungen und Konsumvorstellungen führten im Städtebau zu einem „separativen Konzept". Die Bereiche Arbeiten, Wohnen, Bildung, Erholung wurden als gleichwertige Komponenten voneinander räumlich getrennt und durch flächenerschließende Kommunikations- und Verkehrssysteme verknüpft. Mit zwei perfekt vermarkteten Konsumgütern, dem Automobil und dem Einfamilienhaus, begann sich vor allem in den USA im Umfeld großer Städte eine disperse Entstädterungstendenz durchzusetzen. Die Stadt als kompakter, in sich gegliederter Siedlungskörper wurde damit in Frage gestellt. Aus raumordnungspolitischen Gründen kann sich diese Entwicklung in westeuropäischen Städten wohl nicht in gleicher Weise wiederholen. Aber dennoch zeichnen sich auch hier Entmischungserscheinungen als Folgen der Stadt-Umland-Wanderung, peripher gerichteter Verlagerungstendenzen der Industrie und der Aufspaltung von Arbeits- und Freizeitwohnen ab. Der allgemein bekannte Austausch zwischen den Zentren und ihnen zugeordneten Naherholungs- und Freizeitgebieten erzeugt die rhythmisch wiederkehrende Überfüllung in den Erholungsräumen und als Pendant dazu die Entleerungstendenzen in manchen Quartieren der Stadt. Diese Aufspaltung hat Grenzen erreicht, und den Ruf nach neuen, „integrativen Konzepten" der Stadt laut werden lassen. Eine Perspektive sieht beispielsweise E. LICHTENBERGER (1981) in der neuen Verankerung der Freizeitgesellschaft im Großstadtraum selbst. Analog zum Angebot der Geschäfte und Dienste müsse für die unterschiedlichen Schichten und ihre Bedürfnisse ein entsprechendes Freizeitangebot eingeplant werden. Im „bipolaren Konzept" einer Stadt der Freizeit- und Konsumgesellschaft solle es entsprechend zum zentralörtlichen Bauplan ein vergleichbares Gefüge der verschiedensten Freizeiteinrichtungen und ihrer Raumansprüche geben. In Wirklichkeit aber deuten neue Tendenzen im Verhalten der Stadtbevölkerung bereits ähnliche Abwendungen von der fortschreitenden Entkoppelung der Funktionen in unseren Städten an. Das Streben nach neuen heimatlichen Bindungen, die Wertschätzung der Identität gewachsener Strukturen, die zunehmende Berücksichtigung ökologischer Gesichtspunkte sind Beispiele, die zu neuen räumlichen Organisationsformen der Städte führen werden.

Im sozialwissenschaftlichen Bereich wird „Organisation" mit dem Begriff der Ordnung gleichgesetzt, die bestimmten Aufgaben und Zielen dient (RISSE 1969). Räumliche Organisation läßt sich dabei in dreifacher Weise charakterisieren: als Tätigkeit der Ordnung von Raumbeziehungen; das Resultat dieses Vorganges; als raum-zeitliches Gefüge, das die inneren Wirkungszusammenhänge der Stadt als Ganzes widerspiegelt (KOSIOL 1968; GÜTTLER 1985).

Zielgerichtete Ordnungsprinzipien lassen sich auf den verschiedenen Betrachtungsebenen der Stadt erkennen. Auf der Mikroebene, von der Wohnung ausgehend, orientiert zum Beispiel der Einzelne entsprechend seiner Rolle innerhalb der Familie, im Beruf, in der sozialen Gemeinschaft seine individuellen Aktionsräume (vgl. Karten 15—17). Ähnliche Ordnungsprinzipien werden bei der Organisation von Wahrnehmungsräumen deutlich (z. B. Abb. 7). Auf der Mesoebene existiert eine charakteristische Zuordnung und Ergänzung beispielsweise der Geschäftszentren innerhalb der Hierarchie der zentralen Orte (z. B. Karte 38). Ähnliche Strukturen treten in der sozialräumlichen Gliederung der Wohnumfelder auf (z. B. Karte 24). Auf der Makroebene können entsprechende Ordnungsgefüge innerhalb des Nahverkehrsraumes (z. B. Karten 18—21), der Stadtregion (z. B. Karte 11), des Mobilitätssystems im Stadt-Umlandbereich (z. B. Karte 22) oder in der Orientierung der Einzugsbereiche oberzentraler Funktionen (z. B. Karte 30) erkannt werden.
Nicht die Stadt als Ganzes oder verschiedene Institutionen in ihr streben in den verschiedenen Formen der Raumorganisation bestimmte Aufgaben und Ziele an. Es sind vielmehr die wiederkehrenden aber auch wandelbaren raumbezogenen Aktivitäten der Bevölkerung, die sich aus den Lebensbedürfnissen der Menschen, das heißt Sinn, Zielen und Werten des sozialen Verhaltens ergeben. Auf den verschiedenen Ebenen und in den differenzierten Aufgabenbereichen der Raumorganisation der Stadt kommt die wechselseitige Vernetzung verschiedener Systeme zum Ausdruck (vgl. Abb. 20). So läßt sich beispielsweise das gesellschaftspolitische Umfeld nicht abgetrennt von den Wirkgefügen der Selbstorganisation" ökologischer Systeme betrachten und umgekehrt. Je nachdem wo die Schwerpunkte der zielgerichteten Beeinflussung städtischer Strukturen liegen — wie zum Beispiel Flächennutzungspolitik, Verkehrsplanung, Altstadtsanierung — werden in der räumlichen Organisation der Stadtentwicklung unterschiedliche Akzente gesetzt werden müssen. Die „Stadtentwicklungsplanung" hat sich in der Bundesrepublik bei einer größeren Zahl von Gemeinden seit etwa zwei Jahrzehnten konsolidiert. Sie umfaßt grundsätzlich das gesamte Aufgabenfeld des gemeindlichen Wirkungskreises und wird auch in mittleren und kleinen Städten praktiziert (DEUTSCHER STÄDTETAG 1981). Die Rezessionen in den 60er und 70er Jahren lösten jedoch sehr unterschiedliche Reaktionen aus. Einerseits verstärkten sie den Wunsch nach systematischer Aufklärung der komplizierter gewordenen Entwicklungszusammenhänge beispielsweise unter rückläufigen Bevölkerungszahlen und Steuereinnahmen. Andererseits kam es zu Verunsicherungen und enttäuschter Zurücknahme anspruchsvoller Pläne bis hin zur Planungsverdrossenheit. In den meisten Städten, wie auch in Augsburg, wurden jedoch die Entwicklungspläne überarbeitet oder neu entworfen. Offene Planungsverfahren legen weniger Wert auf rechtlich verordnete, streng festgelegte Programme. Man ist vielmehr bemüht, die großen Entwicklungstrends auf die konkrete Situation der eigenen Stadt zu übertragen. Neue Wege zu einer Stadtentwicklungspolitik durch Information und Lernprozesse werden konzipiert. Information als „Bildung durch Wissensvermittlung" über die wichtigen Angelegenheiten der kommunalen Selbstverwaltung finden mehr und mehr Eingang in die Stadtentwicklungspolitik (SAUBERZWEIG 1986). Das Handeln im kommunalen Bereich ist dabei im Vergleich zur Ebene

des Bundes und der Länder durch eine Reihe von positiven Voraussetzungen gekennzeichnet: größere Problem- und Bürgernähe, stärkere demokratische Kontrolle und Rückkoppelung, Individualität im Gegensatz zu Zentralisierungstendenzen, größere Leistungsfähigkeit durch Zusammenfassung von Planungs-, Entscheidungs- und Finanzierungskompetenz, mehr Mitwirkungsmöglichkeiten und höheres Engagement der Bürger etc.
Auch die räumliche Organisation der Stadtentwicklung kann im weitesten Sinne als zielgerichtete Beeinflussung menschlichen Handelns aufgefaßt werden. Für die kommunale Politik wird die Organisation der Stadtentwicklung zu einer Aufgabe, die beispielsweise mit den modernen Mitteln der „systemorientierten Managementlehre“ gestaltet werden kann (ULRICH 1984). Management wird danach als arbeitsteilige Führung aufgefaßt. Ihre Aktivitäten sind nicht nur auf rein wirtschaftliche Problemlösungen oder betriebliche Unternehmungen begrenzt. Führungsaufgaben weisen auch in anderen gesellschaftlichen Institutionen vergleichbare Zusammenhänge auf. Führung „zweckorientierter sozialer Systeme“ heißt Gestalten, Lenken, Entwickeln im Sinne bestimmter Aufgaben und Ziele. Gestalten kann man als das gedankliche Entwerfen eines Konzepts für handelnde Personen und Institutionen verstehen. Lenken bedeutet, daß man aus den vorhandenen Kräftefeldern ganz bestimmte soziale Verhaltensweisen, beispielsweise bei der Bevölkerung einer Stadt, fördert oder auch einschränkt. Die Aufgabe der Entwicklung bei komplexen sozialen Systemen läßt sich nicht etwa durch fertige, abgeschlossene Pläne realisieren. Entwickeln wird als wandelbarer anhaltender Lernprozeß im Verhalten aller Beteiligten verstanden. Management in diesem Sinne ist eine konzeptionelle Aufgabe für Führungskräfte im weitesten Sinne des Wortes. Dabei geht es zunächst um das Entwerfen von zielgerichteten Ordnungsvorstellungen auch für die räumliche Organisation der Entwicklung der Gemeinde. Die Verwirklichung der Gestaltungsentwürfe, ihre Umsetzung, das ausführende Handeln durch Politik und Verwaltung, der Lernprozeß bei allen Beteiligten, die Akzeptanz bei der Bevölkerung gehören zum Prozeß der Lenkung und Entwicklung im definierten Sinn (DYLLICK & PROBST 1984). Der Charakter der Managementlehre als Wissenschaft wird als Dienstleistungsfunktion, als Begleitforschung zur Praxis verstanden. Diese Forschung orientiert sich in erster Linie an der Lösung realer Probleme bei der Gestaltung, Lenkung und Entwicklung „komplexer sozialer Systeme“, wie zum Beispiel betrieblicher Institutionen oder auch politischer Gemeinden. H. ULRICH hat die Punkte, in denen sich seine Mangementlehre als angewandte Wissenschaft von der Grundlagenwissenschaft unterscheidet, in folgenden Thesen zusammengefaßt:

— Die Probleme der Forschung entstehen aus der Praxis, nicht aus dem Wissenschaftsprozeß selbst.
— Die Fragen sind „a-disziplinär“ und nicht fachdisziplinärer Art.
— Ziel der Forschung ist der Entwurf einer möglichen und zukünftigen Wirklichkeit, nicht das Erklären bestehender Zustände.
— Die Aussagen sind normativ und wertend, nicht wertfrei und allein beschreibender Art.
— Das Regulativ der Forschung ist zunächst die Nützlichkeit und nicht der Grad der Allgemeingültigkeit der Aussagen.

— Der Fortschritt bestätigt sich in der praktischen Problemlösungskraft der Konzepte, nicht im Grad der Bestätigung oder Widerlegung von Theorien.

10.7 ANGEWANDTE STADTGEOGRAPHIE ALS FOSCHUNGSKONZEPTION

In den wesentlichen Gesichtspunkten können diese Akzentsetzungen auch auf die unterschiedliche Forschungsmethodik in der Allgemeinen und Angewandten Stadtgeographie übertragen werden. Die Vorgehensweise der Grundlagenforschung führt über folgende Phasen: Raumbeobachtung — Hypothesen — Falsifizierung von Hypothesen durch empirische Untersuchungen — Theoriebildung — neue Beobachtungen etc. Dieser Vorgang wird über verschiedene Grundperspektiven und Methoden abgewandelt oder von einzelnen „Schulen" unterschiedlich akzentuiert. Die Probleme entstehen gleichsam disziplinintern, wobei von gegebenen Raumsituationen urbaner Entwicklungen ausgegangen wird.

Die Angewandte Geographie hat vielfach Fragen der Praxis aufzugreifen, für die es kein befriedigendes Wissen aus bisherigen Erfahrungen gibt. Angewandte Geographie bedeutet keineswegs ausschließlich „Transfer" oder gar „Abladen" von bereits vorhandenen „Regionalkenntnissen" auf dankbare Abnehmer, die nicht über dieses Fachwissen verfügen. Sie ist ein praxisbegleitender Forschungsprozeß, aus dem auch ein neuer Beitrag zu Methodologie und Theorie des Faches erwartet wird. Hauptziel bleibt jedoch die Entwicklung von Gestaltungskonzepten für eine meist erst zu schaffende räumliche Realität.

Das Prinzip der Falisifizierung von Hypothesen an konkreten räumlichen Strukturen kann hier nicht die Bedeutung besitzen wie in der Theoretischen Geographie. Die Umsetzung der Problemlösungskonzepte in die Praxis wird zu einer methodischen Zentralfrage. Dem Prinzip der Falsifizierung von Hypothesen in der Grundlagenforschung steht dabei jedoch ein anderes Pendant gegenüber; die Verbesserung der Praxis und die Akzeptierung von Gestaltungskonzepten seitens der betroffenen Bevölkerung. Treten die angestrebten Verbesserungen für die Praxis nicht ein, dann müssen neue Wege der Problemlösung, zum Beispiel durch Rückkoppelung und Wiederholung des Forschungsprozesses beschritten werden (vgl. Abb. 19 und 20). Die Ausrichtung an kulturellen Werten und sozialen Zwecksetzungen ist dabei sehr wichtig.

Angewandte Stadtgeographie ist ein praxisbegleitender Forschungsprozeß, der die Gestaltung zweckorientierter Raumorganisation der urbanen Entwicklungen zum Ziele hat. Im Fortgang dieses Prozesses lassen sich drei größere, aufeinander aufbauende Abschnitte mit ganz spezifischen Komponenten, Phasen und Verfahren unterscheiden: Problemanalyse — Evaluation und Konzeption von Problemlösungen — Prüfung und Erprobung der Gestaltungskonzepte durch Interaktion mit der Umwelt bis zur Anwendung.

Abbildung 19

Konzeption der Angewandten Stadtgeographie*

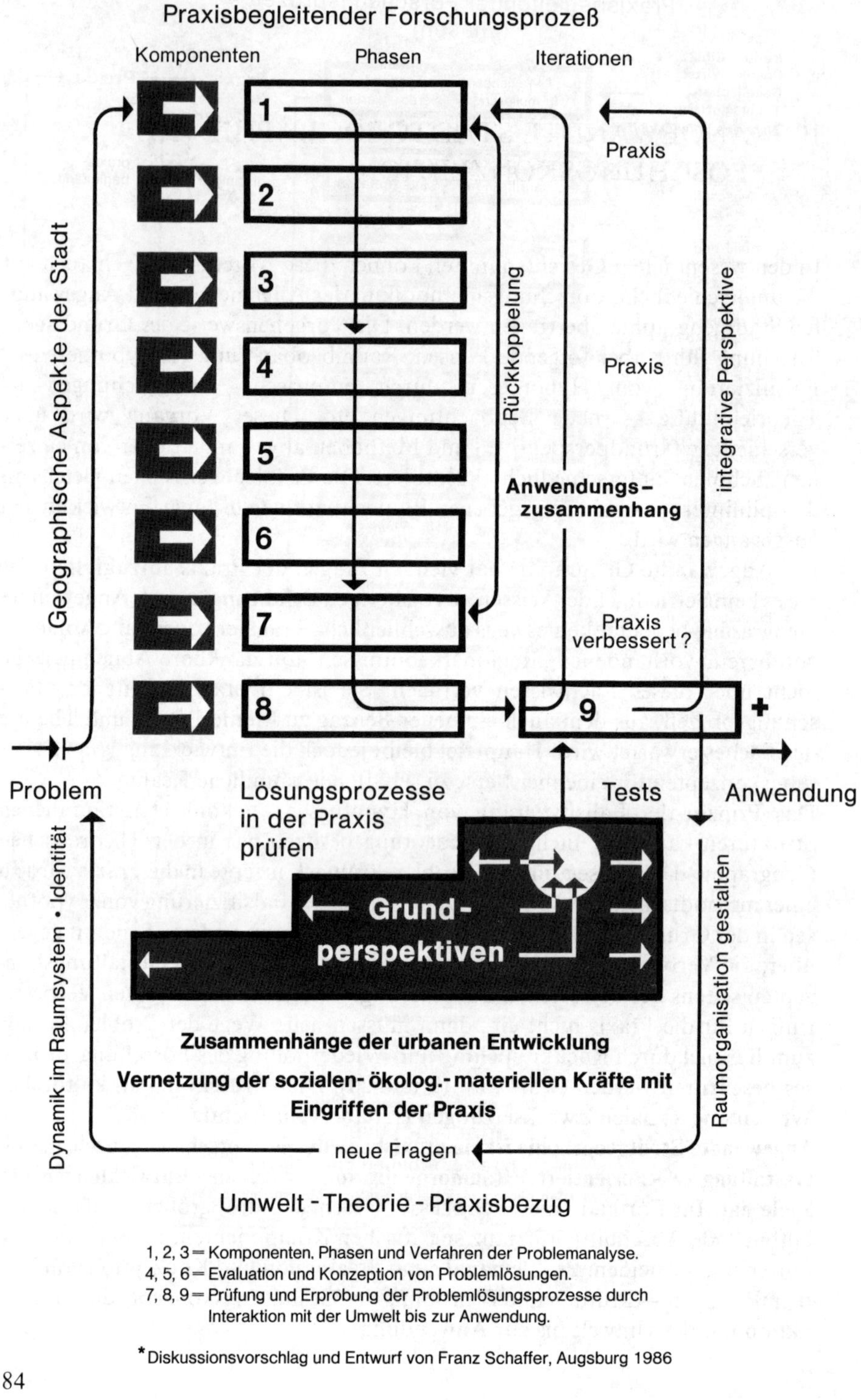

1, 2, 3 = Komponenten, Phasen und Verfahren der Problemanalyse.
4, 5, 6 = Evaluation und Konzeption von Problemlösungen.
7, 8, 9 = Prüfung und Erprobung der Problemlösungsprozesse durch Interaktion mit der Umwelt bis zur Anwendung.

*Diskussionsvorschlag und Entwurf von Franz Schaffer, Augsburg 1986

Abbildung 20

Konzeption der Angewandten Stadtgeographie*

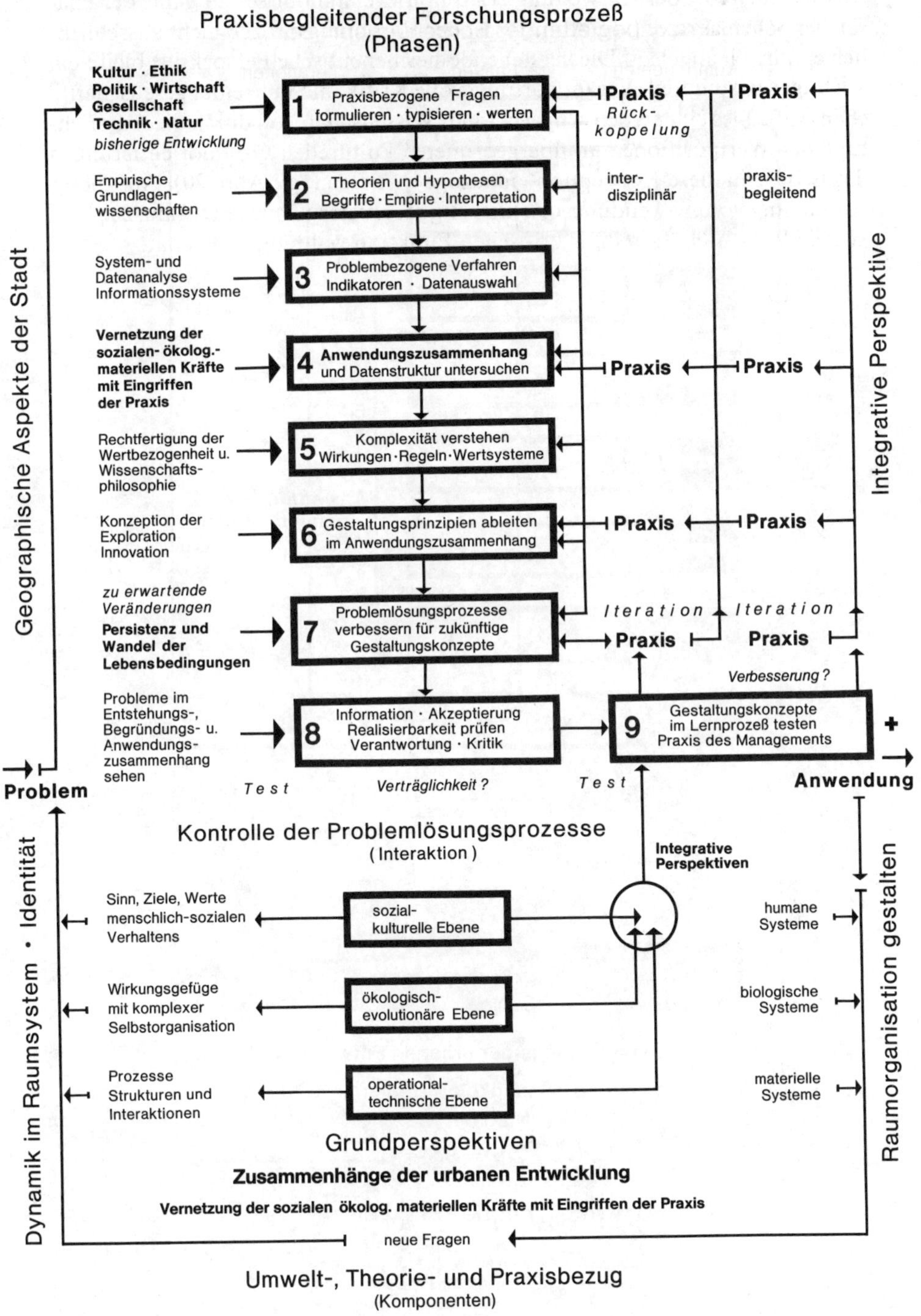

Praxisbegleitender Forschungsprozeß
(Phasen)
Kultur · Ethik
Politik · Wirtschaft
Gesellschaft
Technik · Natur
bisherige Entwicklung
1 Praxisbezogene Fragen formulieren · typisieren · werten
Praxis
Praxis
Rück-koppelung
Empirische Grundlagen-wissenschaften
2 Theorien und Hypothesen Begriffe · Empirie · Interpretation
inter-disziplinär
praxis-begleitend
System- und Datenanalyse Informationssysteme
3 Problembezogene Verfahren Indikatoren · Datenauswahl
Vernetzung der sozialen- ökolog.- materiellen Kräfte mit Eingriffen der Praxis
4 Anwendungszusammenhang und Datenstruktur untersuchen
Praxis
Praxis
Rechtfertigung der Wertbezogenheit u. Wissenschafts-philosophie
5 Komplexität verstehen Wirkungen · Regeln · Wertsysteme
Konzeption der Exploration Innovation
6 Gestaltungsprinzipien ableiten im Anwendungszusammenhang
Praxis
Praxis
zu erwartende Veränderungen
Persistenz und Wandel der Lebensbedingungen
7 Problemlösungsprozesse verbessern für zukünftige Gestaltungskonzepte
Iteration
Iteration
Praxis
Praxis
Verbesserung?
Probleme im Entstehungs-, Begründungs- u. Anwendungs-zusammenhang sehen
8 Information · Akzeptierung Realisierbarkeit prüfen Verantwortung · Kritik
9 Gestaltungskonzepte im Lernprozeß testen Praxis des Managements
+
Problem
Test
Verträglichkeit?
Test
Anwendung
Geographische Aspekte der Stadt
Integrative Perspektive
Kontrolle der Problemlösungsprozesse
(Interaktion)
Integrative Perspektiven
Sinn, Ziele, Werte menschlich-sozialen Verhaltens
sozial-kulturelle Ebene
humane Systeme
Wirkungsgefüge mit komplexer Selbstorganisation
ökologisch-evolutionäre Ebene
biologische Systeme
Prozesse Strukturen und Interaktionen
operational-technische Ebene
materielle Systeme
Grundperspektiven
Zusammenhänge der urbanen Entwicklung
Vernetzung der sozialen ökolog. materiellen Kräfte mit Eingriffen der Praxis
Dynamik im Raumsystem · Identität
Raumorganisation gestalten
neue Fragen
Umwelt-, Theorie- und Praxisbezug
(Komponenten)

* Diskussionsvorschlag und Entwurf von Franz Schaffer, Augsburg 1986.

Insbesondere für Phasen der Konzeption von Problemlösungen und für die Umweltinteraktion ist das methodische Instrumentarium weitgehend noch zu entwickeln. Trotz der Ausweitung des Empirieverständnisses im Sinne der Phasen der Schemaskizze (vgl. Abb. 19) ist der Forschungsprozeß nicht ausschließlich empirisch angelegt. Die verstehende-hermeneutische Perspektive bleibt ein wichtiger Bestandteil. Verantwortungsvolle Kritik im Sinne eines gesellschaftlichen Auftrages einer jeden Angewandten Wissenschaft soll durch die Ausrichtung der Wertpositionen an übergeordneten kulturellen Grundorientierungen des Lebens in diese Konzeption einbezogen werden (vgl. Abb. 20). Aus dieser Auffassung von Anwendungsorientierung resultiert auch jene Distanz zur Praxis, die Wissenschaft in ihrer kritischen Funktion wahrzunehmen hat.

RESÜMEE

STRUKTURPOLITISCHE WERTUNG — AUGSBURG

Innere Strukturen erfolgreich verbessert: Im Laufe eines Jahrhunderts haben sich in Augsburg die Probleme der Stadtentwicklung grundlegend gewandelt. Wachstumssteuerung und stürmische Industrialisierung gehören der Vergangenheit an. Manches Erbe aus der Gründerzeit und den Nachkriegsjahren ist heute zur besonderen Herausforderung für die Strukturpolitik geworden. Der Anpassungsdruck lastete vor allem auf den traditionsreichen Industriezweigen der Stadt. Der Strukturwandel ist hier jedoch noch nicht abgeschlossen. Der Wirtschaftsförderung kommt deshalb in der kommunalen Politik eine hohe Priorität zu. Neue Dynamik und positive Rückwirkungen auf den Arbeitsmarkt beginnen sich aber bereits abzuzeichnen. Die veränderten Tendenzen in der Entwicklung von Bevölkerung, Beschäftigung und Wirtschaft haben in Augsburg jedoch zu besonderen Maßnahmen der inneren Strukturverbesserung geführt. Vor allem mit der Revitalisierung der Altstadt aber auch auf verschiedenen anderen Gebieten konnten beachtliche Erfolge erzielt werden.
Äußere Dynamik zu wenig beachtet: Keinesweg in gleicher Weise konnten bisher jene Probleme gelöst werden, die in den letzten 25 Jahren aus den Verflechtungen der Stadt mit ihrem Umland erwachsen sind. Für die wirtschaftliche Entwicklung der Region kommt es sehr wesentlich darauf an, daß die Orientierung des Einzugsbereiches auf das Oberzentrum Augsburg erhalten und neu gefestigt wird. Entwickungsvorsprünge benachbarter Konkurrenten, vor allem aber Probleme der Erreichbarkeit in und um Augsburg, haben die Ausstrahlung der Bezirkshauptstadt deutlich eingeengt. Die zielstrebige Aktivierung der überregionalen Dynamik gehört zu jenen Aufgaben der Strukturpolitik im Großraum Augsburg, die bislang am stärksten vernachlässigt worden sind. Gewachsenes Bürgerbewußtsein und die Kräfte einer großen Stadttradition können hier wichtige neue Anstöße bringen. Das haben beispielsweise die Impulse der großartig gelungenen 2000-Jahr-Feier der Stadt gezeigt. Mit rhetorischen Hervorhebungen der großen geschichtlichen Tradition Augsburgs — bei gleichzeitig geübter Zurückhaltung im Bereich erforderlicher staatlicher Investitionen — ist dem drittgrößten Verdichtungsraum im Freistaat und damit Bayerisch-Schwaben als betroffener Bezugsregion raumordnungspolitisch jedoch nur sehr wenig geholfen. Für Augsburg gilt es hier jede Chance zu nutzen, um von Bund und Land in aller Zielstrebigkeit die erforderlichen Mittel für die Verwirklichung von Planungsobjekten einzuwerben, die gleichzeitig auch den Anliegen seines Umlandes und des gesamten Regierungsbezirkes dienen. Wegen der sehr angespannten Haushaltslage der Stadt Augsburg ist in den zurückliegenden Jahren hier allerdings der Eigenfinanzierungsanteil gelegentlich zu einem beachtlichen Problem

geworden. Solche Schwierigkeiten, die sicher nur vorübergehender Art sind, sollten in Augsburg jedoch nicht dazu führen, daß regional und überregional wirksame Kräfte in zu geringem Maße aktiviert werden. Die kleinräumige Stadtentwicklung kann für sich alleine gesehen die Ausstrahlungskräfte der Stadt nicht entscheidend genug erhöhen. Alle wichtigen Planungskonzepte für Augsburg haben in diesem Jahrhundert übrigens stets auf die äußere Dynamik der Stadt gesetzt und daraus wesentliche Impulse für die Lösung der inneren Strukturprobleme abgeleitet.

PRINZIPIEN DER ANWENDUNG — METHODIK

Interaktionsprinzip: Aus den Erfahrungen der Untersuchungen zur Stadtentwicklung von Augsburg sind in Verbindung mit wissenschaftstheoretischen Überlegungen einige grundsätzliche Fragen des Anwendungsbezugs diskutiert worden. Für den Bereich der Sozial- und Kulturwissenschaften sind dabei einige Prinzipien besonders zu beachten. Der „Anwendungszusammenhang" kann aus der Interaktion und Vernetzung von sozialen, biologischen und materiellen Kräften definiert werden. Hierbei sind zwei Aspekte besonders zu berücksichtigen: die Komplexität des Kräftespiels und die Ausweitung der Wirkungen, die von Problemlösungen der Praxis ausgehen.
Verhaltensprinzip: „Praxis" sollte deshalb nicht einschränkend mit partikulären Interessen etwa eines Auftraggebers oder einer Institution alleine gleichgesetzt werden. Es sind immer die Wirkungen von Eingriffen mit zu berücksichtigen, die beispielsweise auf das Ganze einer Stadt, einer Region, eines Landes und selbstverständlich auf die Bevölkerung ausstrahlen. Mit „Praxis" ist menschliches Handeln, im weitesten Sinne soziales Verhalten gemeint. Raumorganisation als Beeinflussung menschlichen Handelns sollte als kontinuierlicher Lernprozeß verstanden werden. Dieser Vorgang kann bis zu einem bestimmten Grad erfahrungswissenschaftlich, etwa im Sinne der Interaktions- und Lerntheorie, nach dem Versuch-Irrtum-Schema empirisch beobachtet werden. Mit Blickrichtung auf die quantitative Geographie läßt sich die komplexe soziale Wirklichkeit aber nur sehr begrenzt modellhaft analysieren. Es geht ebenso um ein „sinnhaftes Verstehen" des sozialen Verhaltens in seinen vielschichtigen kulturellen Zusammenhängen.
Wertungsprinzip: Die Probleme der Praxis sind als Ergebnisse menschlicher Wertungen und Entscheidungen zu verstehen. Natürliche Gegebenheiten und die politischen Regeln des Lebens erhalten für die Bevölkerung Bedeutung und Sinn erst dadurch, daß sich damit bestimmte Werte verbinden. Menschliches Handeln ist dann erfolgreich, wenn es bestehende soziale Regeln nicht verletzt, und im Einklang mit dem gruppenspezifischen Wertesystem steht. Selbstverständlich sind für alle vorgenommenen Wertungen genaue Kriterien anzugeben, damit die Aussagen einer kritischen Überprüfung standhalten können. Mit

anderen Worten: Das Wertesystem darf nicht dem subjektiven Ermessen einzelner Forscher überlassen bleiben. Gelgentlich beflügeln jedoch der Mangel an empirischen Untersuchungen, die „Wertbeladenheit" der politischen Mission und wenig ausformulierte Begriffe zu extremen normativen Positionen. Dieser „totale Paradigmawechsel" führt keineswegs zum „sprunghaften Fortschritt" in der Anwendung. Die Überzeugungskraft solcher „neuen normativen Konzepte" bleibt rasch auf der Strecke, wenn empirische Untersuchungen in der Beweisführung grundsätzlich als verpönt gelten. Mit der Orientierung der Wertposition an den kulturellen Grundperspektiven des Lebens ist aber immer jene Distanz zur Praxis zu wahren, die jede Wissenschaft in ihrer kritischen Funktion der Öffentlichkeit gegenüber wahrzunehmen hat.

Integrationsprinzip: Interdisziplinäre Fragestellung und die Lösung „angewandter" Probleme erfordern eine integrative Grundperspektive im Wissenschaftsverständnis. Hans ULRICH (1984) beispielsweise regt für die Managementkonzeption in der Betriebswirtschaftslehre dabei ein dreistufiges, miteinander verbundenes Vorgehen an, das auch in der Angewandten Geographie diskutiert werden sollte: Auf der operational-technischen Ebene kann das Studium der materiellen Strukturen und die Analyse von zugänglichen Interaktionen und Prozessen erfolgen. Aus der ökologisch-evolutionären Sicht können dynamische Wirkgefüge und sehr komplexe Strukturen regionaler Selbstorganisation erfaßt werden. Die sozial-kulturelle Perspektive schließlich integriert Sinn, Ziele und Werte menschlich-sozialen Verhaltens.

Identitätsprinzip: Im Kern zielt die Angewandte Forschung weniger auf die Ableitung einer allgemeinen Kräftelehre, als auf die Gestaltung konkreter sozialer Lebenswelten. Abstrakte Modelle der Regionalpolitik dienen wohl der allgemeinen Orientierung. Sie ermöglichen jedoch nicht das Eingehen auf historisch gewachsene Lebensbedingungen von Land und Leuten. Stadt- und Landesentwicklung könnte allzu leicht als ein Ordnungszustand mißverstanden werden, der sich in einem Planwerk von Rechtsverordnungen oder gar Richtzahlen modellhaft darstellen ließe. Die Berücksichtigung des geographischen Identitätsprinzips schränkt die planerischen Handlungsmöglichkeiten keineswegs ein. Im Gegenteil, sie führt eher zu einer Erweiterung der planerischen Gestaltungsspielräume. Angewandte Geographie darf jedoch nicht als eine reine „Transferaufgabe" von länderkundlichem Wissen für die Abnehmer in der Planung mißverstanden werden. Die Angewandte Geographie hat vielfach gerade jene Fragen der Praxis aufzugreifen, die mit zukünftigen räumlichen Gestaltungsaufgaben verbunden sind, für die es bisher natürlich auch keine befriedigenden regionalgeographischen Erfahrungen geben kann.

Akzeptanzprinzip: Angewandte Geographie soll deshalb als Forschungsprozeß verstanden werden, der bestimmte Problemlösungen der Praxis zum Ziele hat. Aus dieser Aufgabe heraus ist auch ein spezifischer Beitrag zur Methodologie und Theorie der Geographie zu erwarten. Eines ihrer Hauptziele aber bleibt die Verbesserung der „Praxis". Das bestätigt sich beispielsweise in der Akzeptierung der erarbeiteten Gestaltungsentwürfe seitens der Bevölkerung.

Iterationsprinzip: Treten die angestrebten Verbesserungen in der Praxis im gewünschten Umfange jedoch nicht ein, dann müssen neue Wege der Problemlösung im angewandten Forschungsprozeß gesucht werden. Rückkoppelung und/oder Wiederholung von bestimmten Phasen der Forschungsschritte, sogenannte Iterationen, werden erforderlich. Im politischen Entscheidungsprozeß behält die Ausrichtung an sozialen Werten dabei aber stets einen hohen Stellenwert.

KONZEPTION DER ANGEWANDTEN STADTGEOGRAPHIE — ERGEBNIS

Unter Berücksichtigung dieser Prinzipien kann man die **Angewandte Stadtgeographie als praxisbegleitenden Forschungsprozeß verstehen, der die Gestaltung der Raumorganisation urbaner Entwicklungen zum Ziele hat**. Im Umwelt-, Theorie- und Praxisbezug dieses Forschungsprozesses lassen sich drei größere, aufeinander folgende Abschnitte mit spezifischen Komponenten, Phasen und Verfahren unterscheiden (vgl. gelbe Faltbeilage im Anhang):

— Problemanalyse der räumlichen Strukturen und Prozesse (1 — 2 — 3)
— Bewertung und Konzeption von Problemlösungen unter besonderer Berücksichtigung ihrer Vernetzung mit den sozialen, ökologischen und materiellen Kräften (4 — 5 — 6)
— Prüfung und Erprobung der Gestaltungskonzepte durch Interaktion mit der Umwelt bis zur Anwendung (7 — 8 — 9).

Je nach Fragestellung können die Prinzipien des Anwendungsbezugs Interaktion — Verhalten — Wertung — Integration — Identität — Akzeptanz — Iteration sehr unterschiedlich akzentuiert werden. Der Forschungsprozeß beginnt und endet in der Praxis. Trotz der Ausweitung des Empirieverständnisses ist die Vorgehensweise nicht ausschließlich empirisch angelegt. Hermeneutische Komponenten können bei Wertsetzungen eine wichtige Rolle spielen.

ZUSAMMENFASSUNG
Angewandte Stadtgeographie — Projektstudie Augsburg

Zu einem der Hauptthemenkreise der Angewandten Stadtgeographie gehört die räumliche Gestaltung der Stadt. Gewachsene Strukturen und kulturelle Identität sind dabei ebenso zu berücksichtigen wie die Lebensbedingungen der Menschen. Perspektiven der Anwendung und Fragestellungen der geographisch-landeskundlichen Forschung lassen sich dabei vereinigen. Diese Anliegen sind bei den Untersuchungen von konkreten Problemen der Stadtentwicklung Augsburgs besonders beachtet worden. In Form einer praxisbezogenen Projektstudie wird hiermit die erste Stadtgeographie von Augsburg vorgelegt. Mit Blickrichtung auf die kommunalpolitischen Probleme von heute konnten darin folgende Fragen behandelt werden:
Welche Kräfte haben die seit Jahrhunderten gewachsene Unverwechselbarkeit der Stadt gestaltet? Welche Strukturen sind bei allen Erneuerungsmaßnahmen in der Augsburger Altstadt besonders zu beachten? Welche neuen Anpassungsvorgänge in Wirtschaft, Bevölkerung und Wohnungswesen bestimmen heute die kommunale Politik? Wie weit ist der industrielle Strukturwandel mit entsprechenden Rückwirkungen auf den Arbeitsmarkt vorangeschritten? Wie wirken sich die Industrialisierungsvorgänge des 19. und 20. Jahrhunderts auf das Wachstum der Region aus? Welche Faktoren beeinflussen das Heimatbewußtsein in den Wohngebieten von Stadt und Umland? Warum sollte die Planung die Vernetzung der täglichen Lebensbeziehungen zwischen Stadt und Region genauer kennen? Auf welche Zusammenhänge ist bei der Neuordnung des Nahverkehrs im Großraum besonders zu achten? Wie weit reichen die Ausstrahlungskräfte der Stadt, und welche Impulse führen dabei zu einer Steigerung ihrer Attraktivität? Werden die Entwicklungsanreize, die aus dem Städtesystem München — Augsburg erwachsen, konsequent genutzt? Kann Augsburg seine Rolle als regionalpolitisches Zentrum im Südwesten Bayerns im wünschenswerten Umfang erfüllen? Welche Anforderungen entstehen aus dieser Aufgabe für die Landesentwicklung in Bayern? Mit welchen Maßnahmen schließlich kann die Entwicklung Augsburgs innerhalb der Stadt, in der Region und darüber hinaus bis zu einem bestimmten Grad beeinflußt und gestaltet werden?
Die skizzierten Fragen konnten in enger Zusammenarbeit mit kommunalen und überregionalen Institutionen behandelt werden. Aus den Untersuchungen konnten Vorschläge für konkrete Maßnahmen der Stadtentwicklung abgeleitet und in die Praxis umgesetzt werden. Die Gestaltungsvorschläge stützen sich sowohl auf geographische Untersuchungen als auch auf Bewertungen von verschiedenen Interessengruppierungen innerhalb der Bevölkerung. Aus den dabei gewonnenen Erfahrungen und Überlegungen zur Wissenschaftstheorie konnte schließlich ein Vorschlag zur methodischen Konzeption einer Angewandten Stadtgeographie abgeleitet werden. Dabei gilt es vor allem, die Vernetzungen von sozialen, biologischen und materiellen Kräften zu berücksichtigen, die aus den Problemlösungen für die Praxis zu erwarten sind. Die angewandte Stadtgeographie kann in diesem Zusammenhang als praxisbegleitender Forschungsprozeß verstanden

werden, der die Gestaltung urbaner Entwicklungen zum Ziele hat. Bei den Untersuchungen sind verschiedene Schritte zu unterscheiden: Analyse der räumlichen Strukturen — Bewertung und Darstellung von Problemlösungen — Prüfung und Erprobung der Gestaltungsentwürfe in der Praxis. Die Umsetzung ist nur dann erfolgreich, wenn sie bestehende Normen und soziale Verhaltensregeln nicht verletzt. Die Gestaltung der Raumorganisation einer Stadt wird dadurch zu einem kontinuierlichen Lernprozeß. Die Akzeptanz der erarbeiteten Lösungskonzepte durch die Bevölkerung spielt dabei eine besondere Rolle. Tritt die bejahende oder tolerierende Einstellung der betroffenen Personen oder Gruppen nicht ein, dann müssen neue Wege einer Verbesserung der Praxis gefunden werden. Iterationen, das heißt Rückkoppelungen und Wiederholungen von bestimmten Schritten im Forschungsprozeß werden erforderlich (vgl. Abb. 19 und 20, S. 184, 185).

SUMMARY

Applied Urban Geography — The City of Augsburg

Urban spatial organization is one of the main topics in applied urban geography, with consideration to established urban structures, cultural identity as well as living conditions. Such an approach allows combining application perspectives with questions of regional geography. Research on concrete problems in the urban development of Augsburg take these aspects into careful consideration. The first urban geographical study of Augsburg is presented as an applied project study. Bearing in mind the present urban political problems, the following questions have been considered:

Which forces have shaped the city's unique structure over the past centuries? Which structures of the old urban core need careful treatment in all urban renewal projects? Which of the recent economic, demographic, and housing developments determine the present urban policy? How decisive have changes been in the industrial urban pattern bearing an impact on the labor market? What consequences has the industrial development of the nineteenth and twentieth century had on regional growth? Which factors influence the sense of belonging in urban and regional housing areas? Why is it important for planners to know the network of daily interchange between city and its metropolitan region? Which correlating factors need to be considered in reorganizing regional traffic systems? How far-reaching ist the urban influence and which impulses consequently help to boost its attractivity? Are the development stimuli offered through the urban system Munich — Augsburg effectively tapped? Is it possible for the city of Augsburg to satisfactorily fullfil its role as regional-political center of Bavaria's southwestern area? Which demands does this task make on the development plans for Bavaria at large? Finally, which measures may prove effective enough to influence and shape the development of Augsburg's city, its metropolitan region and areas beyond?

These questions have been researched in close cooperation with administrative offices at community and state levels. The studies yield proposals for urban development planning and their practical applications. The proposals are based on empirical geographic research and the critical input by various interest groups within the population. The results derived from these studies combined with the fundamental aspects of theory lead to a proposal towards a methodical concept of applied urban geography. Of importance are the cross-connections of social, biological, and material factors which surface in the process of finding practical solutions. In this context, applied urban geography can be viewed as a research tool to practical problems oriented towards shaping urban development. Several steps need to be taken: analysis of spatial structures — assessment and presentation of solutions — preliminary testing of the concepts and its solutions — preliminary testing of the concepts and ist solutions on a model scale. Applications are rated successful only when given norms and social behaviour patterns are not thereby disturbed. Shaping the urban spatial organization thus becomes a continuous learning process. The population's acceptance of solutions presented is of crucial importance. In the event of non-acceptance or intolerance on the part of those concerned, new solution stowards practical improvements have to be found. Iteration, i. e. feedback and repetition of certain steps within the research process is essential (compare fig. 19 and 20, p. 184, 185).

RÉSUMÉ

Géographie urbaine appliquée — Etude de projet

L'un des principaux sujets de la géographie urbaine appliquée est l'organisation spatiale de la ville. Elle prend en considération des structures établies depuis longtemps et l'identité culturelle, ainsi que les conditions de vie des hommes. Elle unit les perspectives d'application et les termes mêmes des problèmes que cherche à résoudre la recherche en matière de géographie régionale. Ce sont ces démarches qui ont fait l'objet d'une attention toute particulière dans l'étude des problèmes concrets que pose le développement urbain de la ville d'Augsburg. Ce livre présente la première étude de géographie urbaine faite sur Augsburg sous la forme d'une étude pratique de projet. Jetant un regard sur les problèmes actuels de la politique communale, il traite donc les questions suivantes:

Quelles forces ont façonné l'image unique en son genre de la ville, image établie depuis des siècles?

Quelles structures doit-on tout particulièrement respecter chaque fois qu'on décide de procéder à la rénovation d'une partie de la vieille ville d'Augsburg?

Quels nouveaux processus d'adaptation en économie, dans la population et dans l'habitat déterminent à l'heure actuelle la politique communale?

Quels progrès le changements de structure de l'industrie ont-ils effectués et quels en ont été les répercussions sur le marché du travail?
Quels effets les processus d'industrialisation aux XIX° et XX° siècles ont-ils produits sur la croissance de la région? Quels facteurs influencent la conscience d'une identité locale dans les zones résidentielles de la ville et de la proche région?
Sur quelles relations doit-on particulièrement faire porter son attention lors de tout nouvel aménagement de la circulation à courte distance dans les environs immédiats de l'agglomération?
Jusqu'où les forces de rayonnement de la ville se font-elles sentir et quelles impulsions renforcent alors son pouvoir d'attraction? Est-ce que les impulsions du développement, qui résultent du système urbain München — Augsburg, sont mises à profit d'une façon conséquente?
La ville d'Augsburg peut-elle, dans toute la mesure souhaitée, jouer son rôle de centre politique régional du sud-ouest de la Bavière?
Quelles nécessités résultent de cette vocation dans le cadre du développement régional du Land de Bavière?
Quelles mesures peut-on prendre, enfin, qui puissent influencer et modeler le développement d'Augsburg dans la ville même, dans la région, et au-delà jusqu'à un certain degré?
Les questions esquissées ici ont pu être traitées en collaboration étroite avec certaines institutions communales et suprarégionales. De ces études ont pu être déduites des propositions de mesures concrètes à prendre dans une perspective de développement de la ville, propositions qui ont pu être réalisées dans la pratique.
Les projets d'aménagement s'appuyent tout autant sur des études empiriques et géographiques que sur les évaluations de différents groupements d'intérêts au sein de la population. A partir des expériences faites alors sur la théorie scientifique, on déduit en fin de compte une proposition de conception méthodique concernant la géographie urbaine appliquée. Cette proposition consiste surtout à prendre en considération les réseaux de forces sociales, biologiques et matérielles, qui résulteront probablement au niveau de la pratique des solutions apportées aux problèmes. Dans ce contexte, la géographie urbaine appliquée peut être considérée comme un processus de recherche accompagnant la pratique, ayant pour but l'organisation des développements urbains. Au niveau des études, il faut distinguer différentes étapes: l'analyse des structures de l'espace étudié, l'évaluation et la représentation des solutions apportées aux problèmes posés, le contrôle et la mise à l'épreuve des projets d'aménagement dans la pratique. La mise en pratique ne peut réussir pleinement que si elle ne porte pas atteinte aux normes existantes et aux règles sociales du comportement. L'aménagement de l'organisation de l'espace urbain est un apprentissage continu. L'acceptation par la population des projets de solution joue alors un rôle particulier. Si les personnes ou les groupes concernés ne les acceptent ni ne les tolèrent, il est nécessaire de trouver de nouvelles voies pour parvenir à une amélioration de la situation. S'impose alors l'itération, c'est-à-dire le feed-back et la reprise de certaines étapes dans le processus de recherche (voir fig. 19 et 20, p. 184, 185).

français de Jacques ARNAUD

LITERATURVERZEICHNIS

ALBERS, G. (1970): Stadtentwicklungsplanung. — In: Handwörterbuch der Raumforschung und Raumordnung, S. 3202—3203, Hannover

— (1983 a): Aspekte der Stadt zur Verknüpfung der Einzelaspekte. — In: Grundriß der Stadtplanung, S. 135—141, Hannover

— (1983 b): Stadtplanung als komplexer Steuerungsvorgang. — In: Grundriß der Stadtplanung, S. 342—354, Hannover

ALONSO, W. (1964): Location and Land Use — Towards a General Theory of Land Rent. — Cambridge, Mass.

ANSBACHER, B. M. (1985): Zeugnisse jüdischer Geschichte und Kultur — Jüdisches Kulturmuseum Augsburg. — Augsburg

ANUČIN, W. A. (1960): Theoretische Probleme der Geographie. — Moskau

BACHMANN, F. (1942): Die alte deutsche Stadt — Ein Bildatlas der Städteansichten bis zum Ende des 30jährigen Krieges. — **Bd. II** (Der Südosten), Teil 1 (Bayern), Leipzig

BAER, W. (1984): Kurzgefaßte Geschichte der Stadt Augsburg, — Mosaik, **1**, S. 29—30, München

— (1985): Elias Holl und das Augsburger Rathaus. — Regensburg

BAHRENBERG, G. (1979): Anmerkungen zu E. Wirths vergeblichem Versuch einer wissenschaftstheoretischen Begründung der Länderkunde. — Geographische Zeitschrift **67**, S. 147—157.

BAKKER, L. (1984 a): Das frühkaiserliche Militärlager Augsburg-Oberhausen. — In: GOTTLIEB, G. (Hrsg.): Geschichte der Stadt Augsburg. S. 23—34, Stuttgart

— (1984 b): Die Anfänge der Zivilsiedlung Augusta Vindelicum. — In: GOTTLIEB, G. (Hrsg.): Geschichte der Stadt Augsburg, S. 34—41, Stuttgart

— (1984 c): Zur Topographie der Provinzhauptstadt Augusta Vindelicum. — GOTTLIEB, G. (Hrsg.): Geschichte der Stadt Augsburg, S. 41—50, Stuttgart

— (1984 d): Augsburg — Augusta Vindelicum der Römer. — Mosaik, **1**, S. 30 ff., München

BARTELS, D. (Hrsg. 1970): Wirtschafts- und Sozialgeographie. — Köln, Berlin

BAYERISCHER LANDTAG (1985): Antrag zum Förderprogramm „Die alten Industriestandorte Bayerns". — Augsburg-Programm der SPD-Landtagsfraktion

BAYERISCHE STAATSREGIERUNG (1980): Gesamtverkehrsplan Bayern 1980. — München

— (1986): Gesamtverkehrsplan Bayern. — München

— (1977): Richtlinie zur Nahverkehrsplanung Erläuterungen. — hrsg. v. Bayerischen Staatsministerium für Wirtschaft und Verkehr, München

BECKER, J. (1985): Junge Universität in einer traditionsreichen Stadt. — In: 2000 Jahre Augsburg, Sonderbeilage der Augsburger Allgemeinen Zeitung vom 26. 4. 1985, S. 46

BENSCH. G. (1986): Ökonomisch bedingte Antriebskräfte und Begrenzungsfaktoren der urbanen Entwicklung. — In: Verband Deutscher Städtestatistiker (Hrsg.): Neue Perspektiven der urbanen Entwicklung, S. 16—35, Hamburg

BERRY, B. J. L. (1974): Urbanization and Counterurbanization. — Urban Affairs Annual Review **II**. Beverly Hills — London

BETTGER, R. (1979): Das Handwerk in Augsburg beim Übergang der Stadt an das Königreich Bayern — Städtisches Gewerbe unter dem Einfluß politischer Veränderungen. — (= Abh. zur Geschichte der Stadt Augsburg, **25**), Augsburg

BIRCH, W. (1977): On Excellence and Problem Solving in Geography. — Trans. I. B. G., New Series, **2**, S. 417—429

BIRKENHAUER, J. (1985): Über die mögliche Wurzel der geographischen Hauptparadigmen bei Herder. — In: Mitteilungen der Geographischen Gesellschaft in München, **70**, S. 123—138

BJÖRNSEN-Gutachten (1986): Wegen Trinkwasserschutz keine neuen Baugebiete in Haunstetten-Ost. — Bericht in der Augsburger Allgemeinen Zeitung vom 18. 1. 1986

BLOTEVOGEL, H. (1983): Kulturelle Stadtfunktionen und Urbanisierung. Interdependente Beziehungen im Rahmen der Entwicklung des deutschen Städtesystems im Industriezeitalter. —In: Urbanisierung im 19. und 20. Jahrhundert. Historische und geographische Aspekte, S. 143—185, Köln-Wien

— (1984): Territorialität und räumliche Identität — Zusammenfassung und Ergebnisse der Diskussion mit Projektanzeigen. — Berichte zur deutschen Landeskunde, **58**, H. 1, S. 47—54

BOBEK, H. (1927): Grundfragen der Stadtgeographie. —Geographischer Anzeiger, H. 7, S. 213—224

— (1928): Innsbruck — eine Gebirgsstadt, ihr Lebensraum und ihre Erscheinung. — In: Forschungen zur Deutschen Landes- und Volkskunde, **25**, H. 3, Stuttgart

— (1948): Soziale Raumbildung am Beispiel des Vorderen Orients. —: Deutscher Geographentag München 1948, Landshut 1950/51, S. 193—207

BOBEK, H.; SCHMITHÜSEN, J. (1949): Die Landschaft im logischen System der Geographie. — Erdkunde, **3. Jg.**. Heft 2/3, S. 112—120

BODENSTEDT, A. (1975): Zukünftige Forschungsaufgaben im Bereich der Sozialwissenschaften. — In: ALBRECHT, H. und SCHMITT, G. (Hrsg.): Forschung und Ausbildung im Bereich der Wirtschafts- und Sozialwissenschaften des Landbaues, S. 137—148

BÖLTKEN, F. (1983): Subjektive Information für die laufende Raumbeobachtung der Bundesforschungsanstalt für Landeskunde und Raumordnung. —Informationen zur Raumforschung. **12**, S. 1007—1135

BÖVENTER v., E.; HAMPE, J.: KOLL, R. (1985): Strukturelle Veränderungen in verschiedenen europäischen Ländern — Fallstudie Augsburg. — In: Le

Brianze d' Europa. Associazione degli Industriali di Monza e della Bricanza Banco Desio e della Brianza. Monza, Oktober 1985

BORCHERDT, Ch. (1986): Der Flächenbedarfstransfer aus Verdichtungsräumen in periphere Gebiete — ein umfangreiches Betätigungsfeld der Angewandten Sozialgeographie. — In: Angewandte Sozialgeographie — Karl Ruppert zum 60. Geburtstag, Sonderband der Beiträge zur Angewandten Sozialgeographie, Universität Augsburg, S. 229—248

BRAUER, H. (1981): Drei Vorschläge für die Weiterentwicklung Augsburgs. — Augsburg

BREUER, H. (1979): Umwelterhaltung durch Stadtbildpflege und Denkmalschutz. — In: SCHAFFER, F: (Hrsg.): Geographie und Umweltgestaltung (= Augsburger Sozialgeogr. Hefte, **6**), S. 59—74

— (1985): Augsburg Stadtjubiläum 1985. — Offizielle Broschüre zur 2000-Jahr-Feier. — Amt für Öffentlichkeitsarbeit der Stadt Augsburg

— (1986): Jahresbericht 1985, Augsburg informiert. — Augsburg

BUCHNER, W. (1985): Die Region Augsburg und der große Verdichtungsraum — interne Entwicklung und überregionaler Stellenwert. — Referat gehalten vor der Verbandsversammlung des Regionalen Planungsverbandes, Augsburg

BUTTIMER, A. (1984): „Insider", „Outsider" und die Geographie regionaler Lebenswelten. — In: Ideal und Wirklichkeit in der Angewandten Geographie (= Münchner Geographische Hefte, **51**) S. 65—91, Kallmünz/Regensburg

CARTER, H. (1975): The Study of Urban Geography. — London

— (1980): Einführung in die Stadtgeographie. — Berlin-Stuttgart

CHADWICK, G. (1971): A System's View of Planning. — Oxford

CHALMERS, A. F. (1986): Wege der Wissenschaft. Einführung in die Wissenschaftstheorie. — Berlin, Heidelberg, New York, Tokio

CHAPIN jr., F. (1974): Human Activity Patterns in the City. Things People do in Time and Space. — New York

CHISHOLM, M. D. I. (1976): Academics and Government. — In: COPPOCK, J. T. und SEWELL, W. R. D.: op.cit., S. 67—85

CHRISTALLER, W. (1933): Die zentralen Orte in Süddeutschland. Eine ökonomisch-geographische Untersuchung über die Gesetzmäßigkeit der Verbreitung und Entwicklung der Siedlungen mit städtischen Funktionen. — Jena

CHRISTOFFEL, U. (1928): Augsburger Rathaus. — Augsburg

CLOUT, H. D. (1972): Rural Geography, an Introductional Survey. — Oxford

COPPOCK, J. T.; SEWELL, W. R. D. (1976): Spatial Dimension of Public Policy. — Oxford

CRAMER, H. (1965): Die Entstehung Hochzolls. — Schwäbische Blätter für Heimatpflege und Volksbildung, **16**, S. 46—72

CZYSZ, W. (1985): Alle Wege führen nach Rom. — In: PETZET, M. (Hrsg.): Die Römer in Schwaben. S.. 133—148, München

DEMMLER-MOSETTER, H. (1958): Anmerkungen zum Wirtschaftsplan der

Stadt Augsburg — Ein Bericht anläßlich der Wiedervorlage des Wirtschaftsplans 1958. — Augsburg
— (1978): Die Maximilianstraße — Entwicklung, Gestalt und Funktionswandel eines zentralen Raumes der Stadt Augsburg. — (= Augsburger Sozialgeogr. Hefte, **2**), Augsburg
— (1982): Wahrnehmung in Wohngebieten — Aktionsräumliche Erlebnisbereiche und ihre Bedeutung für die bürgernahe Bewertung von Wohngebieten in der Großstadt. — (= Beiträge zur Angewandten Sozialgeographie, **3**), Augsburg
— (1985): Die Augsburger Altstadt — Einige Determinanten städtebaulicher Raumentwicklung, eine Gestaltanalyse aus sozialgeographischer Sicht. — (= Beiträge zur Angewandten Sozialgeographie, **10**). Augsburg
DEUTSCHER STÄDTETAG (Hrsg. 1981): Probleme der Stadtentwicklung. — (= DSt-Beiträge zur Stadtentwicklung, Reihe E, H. 9) Köln
— (1985): Städte für eine bessere Umwelt. — (= DSt-Beiträge zur Stadtentwicklung und zum Umweltschutz, **13**) Köln
DICKINSON, R. E. (1964): City and Region. A Geographical Interpretation. — London
DIETRICH, A. (1984): Regionalplanentwurf der Region Augsburg. — Augsburg
DORSCH CONSULT (1985): Beschäftigungsentwicklung in den Regionen mit großen Verdichtungsräumen Bayerns seit 1974. — Bearb. v. K. Maneval, K. Herbich
DREXEL, W. (1978): Stadtsanierung Augsburg: Lech-Ulrichsviertel, Jakobinervorstadt-Süd — Vorbereitende Untersuchungen und Berichte. — Stadtplanungsamt Augsburg
— (1984): Augsburg — Rundgang durch eine Stadt. — Augsburg
DÜRR, H. (1979): Planungsbezogene Aktionsraumforschung. Theoretische Aspekte und eine empirische Pilotstudie. Beiträge der Akademie für Raumforschung und Landesplanung, **34**, Hannover
DYLLICK Th.; PROBST G. (1984): Einführung in die Konzeption der systemorientierten Managementlehre von Hans Ulrich. — In: H. ULRICH: Management, S. 9—17, Bern, Stuttgart

EBERHARDINGER, E.; HOGL, K. (1984): Blick auf Augsburg. — Augsburg
EISINGER, V.; MOSETTER, H. (1950): Auszug aus der Denkschrift zum Wirtschaftsplanentwurf 1949 der Stadt Augsburg und seiner Randgemeinden. — Augsburg
ENNEN, E. (1963): Zur Typologie des Stadt-Land-Verhältnisses im Mittelalter. — Studium Generale, **16**, S. 445—456
EWERS, H.-J. (1985): Sterben die alten Industriestädte? — Spektrum der Wissenschaft, **5**

FERGG. A. (1985): Streit um Förderungsprogramm für Standort Augsburg beigelegt. Gemeinsame Erklärung mit der SPD-Landtagsfraktion. — Augsburger Allgemeine Zeitung Nr. 286
FERGG, A.; SCHRAMM, S. (1985): Wohnen in Augsburg — Maßnahmen

des Augsburger Wohnungsprogramms. — Amt für Stadtentwicklung und Statistik der Stadt Augsburg

FERGG, A.; SPREITLER, W. (1985): Erläuterungsbericht zum Flächennutzungsplanentwurf vom Juli 1985 mit den Teilplänen Landschaftsplan, Immissionsschutz, Stadterneuerung, Stadtgestalt. — Stadt Augsburg

FINKBEINER, H. (1978): Zur Struktur und Entwicklung der Augsburger Wirtschaft — Ergebnisse der Betriebsbefragung 1977. — Beiträge zur Statistik und Stadtforschung, S. 5—66, Augsburg

FISCHER, A. (1970): 50 Jahre Siedlungsgenossenschaft Firnhaberau. — (= Denkschrift der Siedlungsgenossenschaft Firnhaberau anläßlich des 50jährigen Bestehens im Jahre 1970) Augsburg

FISCHER, I. (1977): Industrialisierung, sozialer Konflikt und politische Willensbildung in der Stadtgemeinde — Ein Beitrag zur Sozialgeschichte Augsburgs 1840—1914. S. 100 ff, Augsburg

FISCHER, Th. (1930): Denkschrift zum Generalbebauungs- und Siedlungsplan für Augsburg und Umgebung. — Augsburg

FÖRG, A. (1985): Bergheimer Festtage — Zum Geleit. — (= Festschrift zu den Veranstaltungen im Juni 1985) Augsburg

FORNER, K. (1980/82): Zwischenbericht zur Erstellung des regionalen Nahverkehrsplanes für den Nahverkehrsraum Augsburg. — Stadt Augsburg

— (1983) Bericht zur Stadtentwicklungsplanung der Stadt Augsburg. — Amt für Stadtentwicklung und Statistik, Augsburg

FRANKENBERG, R. (1966): Communities in Britain, Social Life in Town and Country — London

FRAZIER, J. W. (1982): Applied Geography — Selected Perspectives. — Englewood Cliffs

FREI, H. (1985): Schwaben grüßt Augsburg. Eine Bilderfolge vom Schwabentag des Bezirks am 30. Juni 1985. — Augsburg

FRIEDMANN, J.; WULFF, R. (1976): The Urban Transition: Comparative Studies of Newly Industrializing Cities. — Prog. in Geogr. **8**, S. 1—93

FRIEDRICHS, J. (1977): Stadtanalyse — Soziale und räumliche Organisation der Gesellschaft. — Reinbek

GANSER, K. (1971): Die Rolle der Stadtforschung in der Stadtentwicklungsplanung. — Stadtbauwelt **29**. S. 12—15

GAUBE, H.; WIRTH, E. (1984): Aleppo — Historische und geographische Beiträge zur baulichen Gestaltung, zur sozialen Organisation und zur wirtschaftlichen Dynamik einer vorderasiatischen Fernhandelsmetropole. — Wiesbaden

GEIERHOS, A. (1980): Augsburg im axialen Spannungsfeld benachbarter Oberzentren. — (= Beiträge zur Stadtentwicklung, Stadtforschung und Statistik), Augsburg

GEIPEL, R. (1984): Die neugegründeten Universitäten in Bayern — Zwischenbilanz und Ausblick. — Beiträge zur Hochschulforschung, S. 1—53, München, **1**

GEYER, M.; KLÖPSCH, A.; KOCH, F.; RÄDER, A.; STRIEDL, G. (Projektgruppe Siebenbrunn, 1975): Stellungnahme zur Lösung des Konflikts zwischen den Belangen der Trinkwasserversorgung und den Interessen der in Siebenbrunn ansässigen Bürger. — Augsburg

GLÖCKNER, H. (1980): Bevölkerungsprognose für Augsburg nach Planungsräumen 1979—1990. — (= Beiträge zur Stadtentwicklung, Stadtforschung und Statistik), Augsburg

GLÖCKNER, H.; SCHWARZENBÖCK, M. (1983): Ansätze zur Stärkung der Einzelhandelszentralität der Stadt Augsburg. — (= Stadtentwicklungsprogramm, **9**), Augsburg

GÖDERT, A. (1985): Wohnungsmodernisierung — Auswirkung auf Angebot und Nachfrage im Wohnungsmarkt der Großstadt, Beispiel Augsburg. — Diplomarbeit Universität Augsburg, Lst. für Soz.- und Wirtschaftsgeographie

GÖTZGER, H. (1947): Erläuterungen zum Wiederaufbau und Sanierungsplan für Augsburg — Maschinenschrift, Augsburg

GOLD, J. R. (1980): An Introduction to Behavioral Geography. — Oxford University Press

GOTTLIEB, G. (1981): Das römische Augsburg — Historische und methodische Probleme einer Stadtgeschichte. — (= Schriften der Philosophischen Fakultäten der Universität Augsburg, **21**), München

— (1982): Was tun mit dem Jahr 15 v. Chr.? — Zur Diskussion um das Stadtjubiläum von Augsburg. — Augsburger Allgemeine Zeitung, 16. 9. 1982, S. 22

— (1984 a): Die Eroberung der Alpenvorlandes und die Ausdehnung der römischen Herrschaft. — In: GOTTLIEB, G. (Hrsg.): Geschichte der Stadt Augsburg. S. 18—23, Stuttgart

— (1984 b): Geschichte der Stadt Augsburg von der Römerzeit bis zur Gegenwart. — Stuttgart

GOTTMANN, J. (1961): Megalopolis: The Urbanized Northeastern Seabord of the United States. — New York

GROOS, W. (1964): Über das mittelalterliche Augsburg (17. Bericht der Naturforschenden Gesellschaft Augsburg) 1964

— (1964): Augsburg im 13. Jahrhundert, 17. Bericht 1964

— (1967): Beiträge zur Topographie Alt-Augsburg, 21. Bericht 1967

— (1969): Die Entwicklung der mittelalterlichen Stadt Augsburg, Manuskript

— (1973): Augsburg zur Zeit Bischof Ulrichs, Manuskript 1973

— (1971): Zur Augsburger Stadtentwicklung. — Zeitschrift für Bayerische Landesgeschichte, **24**,

— (o. J.): Die geschichtliche Entwicklung des Augsburger Stadtplans, Manuskript

GRÜNER, M. (1977): Zur Kritik der traditionellen Agrarsoziologie in der Bundesrepublik Deutschland. — Saarbrücken

GÜTTLER, H. (1977): Die Stadt-Umland-Beziehungen Augsburgs. — Diplomarbeit an der Friedrich-Alexander-Universität Erlangen-Nürnberg

— (1985): Aktionsraum und Stadtstruktur — Raumorganisation und Bevölkerungsverhalten am Großstadtrand, Fallstudie Friedberg, Bayern. — (= Beiträge zur Angewandten Sozialgeographie, **11**), Augsburg

HÄGERSTRAND, T. (1970): What about People in Regional Science? Regional Science Assoc. Papers **Vol. XXIV**, S. 7—21
— (1976): The Geographer's Contribution to Regional Policy.— In: COPPOCK, J. T. und SEWELL, W. R. D.: op.cit., S. 243—262
HÄUSSLER, F. (1986): Kriegshaber — Seit 70 Jahren bei Augsburg. Verlagssonderveröffentlichung vom 8./9. 5. 86, Augsburger Allgemeine Zeitung
HÄUSSLER, F.; KLUGER, M. (1986a): Oberhauser Jubiläumsausgabe — 75 Jahre bei Augsburg. Verlagssonderveröffentlichung der Augsburger Allgemeinen vom 18. 4. 1986
— (1986b): Ein Jubiläum für Pfersee — 75 Jahre bei Augsburg. Verlags-Sonderveröffentlichung vom 24. April 1986. Augsburger Allgemeine
HALL, P. (1977): The World Cities. London
HAMM, B. (1977): Die Organisation der städtischen Umwelt — Ein Beitrag zur sozialökologischen Theorie der Stadt. — Frauenfeld-Stuttgart
HANUSCH, H.; RAUSCHER, G. (1984): Entwicklung der Wirtschafts- und Steuerkraft der Stadt Augsburg — Eine Strukturuntersuchung für die Jahre 1960—1980. — (= Beiträge zur Stadtentwicklung, Stadtforschung und Statistik) Augsburg
HARE, F. K. (1976): Geography and Publicy in Canada. — In: COPPOCK, J. T. und SEWELL, W. R. D.: op. cit., S. 42—49
HARNIER, L. (1984): Einzugsgebiete der Universitäten in Bayern. — Bay. Inst. f. Hochschulforschung und Hochschulplanung, München
HARTKE, W. (1967): Das statgeographische Forschungsprogramm des Geographischen Instituts der Technischen Hochschule München. — In: 36. Deutscher Geographentag 1967 in Bad Godesberg, Tagungsbericht und wissenschaftliche Abhandlungen, S. 121—127, Wiesbaden
— (1970): Die Grundprinzipien der sozialgeographischen Forschung. In: Geographical Papers, **1**, S. 105—112, Zagreb
HATZ, W. (1982): Darstellung der Wanderungen und Umzüge im Großraum Augsburg. Zulassungsarbeit für das Lehramt an Grund- und Hauptschulen. — Augsburg
HAUSER, P. M.; SCHNORE, L. F. (196 5): The Study of Urbanization. — New York
HEIDER, M. (1985): Die wirtschaftlichen Raumstrukturen der Stadt Augsburg — Diplomarbeit am Lst. für Soz.- und Wirtschaftsgeographie der Universität Augsburg
HEINEBERG, H. (1983): Geographische Aspekte der Urbanisierung — Forschungsstand und Probleme. — In: Urbanisierung des 19. und 20. Jahrhunderts, S. 35 ff, — Köln-Wien
HEINRITZ, G. (1982): Nach 100 Jahren noch immer am Leben? Deutsche Landeskunde 1981. — Berichte zur deutschen Landeskunde, **58**, (1), S. 55—95
HEINRITZ, G.; LICHTENBERGER, E. (1984): Wien und München. Ein stadtgeographischer Vergleich. — Berichte zur deutschen Landeskunde, **58**, (1), S. 55—95

HEROLD, A. (1965): Würzburg, Analyse einer Stadtlandschaft. — Berichte zur deutschen Landeskunde, **35**, S. 185—229

HERZOG, E. (1955): Werden und Form der mittelalterlichen Stadt. — In: RINN, H. (Hrsg.): Augusta 955—1955, S. 83—105, Augsburg

— (1964): Die ottonische Stadt — Die Anfänge der mittelalterlichen Stadtbaukunst in Deutschland. — Berlin

HOFMEISTER, B. (1980): Die Stadtstruktur. — Darmstadt

— (1984): Der Stadtbegriff des 20. Jahrhunderts aus der Sicht der Geographie. — Die Alte Stadt, H. **3**, S. 197—213

HOLLIHN, F.; ZINGG, W.; ZIPP, G. (1978): Sozialwissenschaftliches Gutachten zur Entwicklungsmaßnahme „Alter Flugplatz". — ASEPArbeitsgemeinschaft für Sozial- und Entwicklungsplanung, Augsburg

HOLZER, O. (1918): Denkschrift über die Verhältnisse auf dem Wohnungsmarkt der Stadt Augsburg im Kriegsjahre 1928 nebst Vorschlägen zu einer rechtzeitigen Bekämpfung der drohenden Wohnungsknappheit. — Augsburg

HORTON, F. E.; REYNOLDS, D. R. (1971): Effects of Urban Spatial Structure on Individual Behavior. — Econ. Geogr. **Vol. 47**. S- 36—48

HÜBENER, W. (1958): Zum römischen und frühmittelalterlichen Augsburg. — Jahrbuch des römisch-germanischen Zentralmuseums Mainz, **5**, S. 154—238

HÜBSCHMANN, E. W. (1952): Die Zeil — Sozialgeographische Studie über eine Straße. — (= Frankfurter Geographische Hefte, **26**), Frankfurt

HUMMELL, H. J. (1969): Psychologische Ansätze zu einer Theorie sozialen Verhaltens. In: R.KÖNIG (Hrsg.): Handbuch der empirischen Sozialforschung, 2. Aufl., S. 1158 — Stuttgart

HUNDHAMMER, F. (1978): Analyse des ruhenden Verkehrs im Lech-/Ulrichsviertel, Jakobervorstadt-Süd. — In: DREXEL, W.: Stadtsanierung Augsburg; S. 17—22, Augsburg

HURLER, P.; BUSS, H. (1983): Regionaler Arbeitsmarkt Augsburg — Niveau und Struktur der Arbeitslosigkeit im Wirtschaftsraum Augsburg. — Amt für Wirtschaftsförderung der Stadt Augsburg

HURLER, P.; PFAFF, M. (1984): Gestaltungsspielräume der Arbeitsmarktpolitik auf regionalen Arbeitsmärkten. — Berlin, München

ILLNER, G.; BERGER, M.; DEBOLD-v.KRITTER, A. (1983): Flächennutzungsplan mit Beiplan Stadterneuerung, Immissionsschutz, Stadtgestalt. — Bauverwaltung der Stadt Augsburg

ILLNER, G.; BERGER, M. (1983): Beiplan Stadterneuerung zum Flächennutzungsplan der Stadt Augsburg. — Stadtplanungsamt der Stadt Augsburg

INSTITUTE FOR SCIENTIFIC CO-OPERATION (1973): Applied Sciences and Development. — Tübingen

ISBARY, G. et al. (1969): Gebiete mit gesunden Strukturen und Lebensbedingungen. — Hannover

KARIEL, G. H.; KARIEL, P. E. (1972): Exploration in Social Geography. — Manlo Park, London, Don Mils

KELLER, R.; SEIFFERT, C.; SCHMIDT, K. R. (1985): Landesgartenschau Augsburg 1985, 19. 4.—6. 10. — Augsburg

KESSEL, P. (1971): Beitrag zur Beschreibung des werktäglichen Personenverkehrs von Städten und Kreisen durch beobachtete Verhaltensmuster und deren mögliche Entwicklung. — Aachen

KIESSLING, H. (1975): Der Durchbruch der Bgm.-Fischer-Straße in Augsburg. — Augsburg

— (1977): Das Augsburger Zeughaus. — Baureferat der Stadt Augsburg

— (1983): Die Sanierung des Rathauses und Perlachturms — Die Rekonstruktion des Goldenen Saales. — Hochbauamt der Stadt Augsburg

— (1985): Die Sanierung des Augsburger Rathauses und des Perlachtums — Die Rekontruktion des Goldenen Saales. Eine Dokumentation. — Baureferat der Stadt Augsburg

KLINGBEIL, D. (1978): Aktionsräume im Verdichtungsraum. Zeitpotentiale und ihre räumliche Nutzung. (= Münchner Geographische Hefte, **41**), Kallmünz/Regensburg

KNÖPFLE, F. (1979): Ausbauzustand und Entwicklungsziele der Universität Augsburg. — (= Beiträge zur Stadtentwicklung, Stadtforschung und Statistik, **2**), S. 11—16, Augsburg

KOCH, F. (1979): Augsburg — Flächennutzungsplan und Stadtentwicklung 1918—1978. — Stadt Augsburg

— (1982): Stadtteilzentren in Theorie und kommunaler Planungspraxis — Wirtschafts- und sozialgeographische Untersuchungen am Beispiel der Stadt Augsburg mit Empfehlungen für eine stadtteilbezogene Zentrenplanung. — (= Beiträge zur Angewandten Sozialgeographie, **1**), Augsburg

KÖNIG, K. (1966): Die Bevölkerungs- und Wirtschaftsstruktur in den Augsburger Stadtbezirken. — (= Augsburg in Zahlen, Sonderbeiträge), Augsburg

— (1971): Die Struktur der Bevölkerung in den Augsburger Stadtbezirken. — (= Augsburg in Zahlen, Sonderbeiträge), Augsburg

— (1979): die Bevölkerungsentwicklung im Raum Augsburg seit 1970. — (= Beiträge zur Stadtentwicklung, Stadtforschung und Statistik), S. 77—87, Augsburg

KOMMISSION FÜR STADTENTWICKLUNG (1980): Konzept der räumlichen Entwicklung der Stadt Augsburg — KREA. — Augsburg

— (1983): Fachprogramm Wohnen der Stadt Augsburg. — Augsburg

— (1984): Bericht zur Stadtentwicklungsplanung der Stadt Augsburg. — Augsburg

KOSIOL, E. (1968): Grundlagen und Methoden der Organisationsforschung. — Berlin

KREUZER, G. (1966): Beitrag zur Geographie einer City in Augsburg. — Mitteilungen der Geogr. Gesellschaft München. S. 41—57, München

KÜHN, A. (1962): Geographie, Angewandte Geographie und Raumforschung. — Die Erde, **93**, S. 170—186

— (1970): Angewandte Geographie. — In: Handwörterbuch der Raumforschung und Raumordnung, S. 963—978

KUHN, Th. S. (1973): Die Struktur wissenschaftlicher Revolutionen. — Frankfurt

LAMPERT, H. (1979): Wachstum und Konjunktur in der Wirtschaftsregion Augsburg. — (= Volkswirtschaftliche Diskussionsreihe, **11**), Augsburg

LANDGRAF, F.; STOLL, C. (1986): Das historische Bürgerfest in Augsburg. — Augsburg

LAUSCHMANN, E. (1973): Grundlagen einer Theorie der Regionalpolitik. — Hannover

LENORT, N. J. (1960): Strukturforschung und Gemeindeplanung. Zur Methodenlehre der Kommunalpolitik. — Köln, Opladen

LEWIS, G. J.; MAUND, D. J. (1976): The Urbanization of the Countryside: A Framework for Analysis. — Geografiska Annaler, **58**, B, S. 17—27

LICHTENBERGER, E. (1980): Die Stellung der Zweitwohnung im städtischen System. — Berichte zum Raumforschung und Raumplanung **24/1**. S. 3—14

— (1980): Perspektiven der Stadtgeographie. — 42. Deutscher Geographentag 1979 in Göttingen, Tagungsbericht und wissenschaftliche Abhandlungen, S. 103—128, Wiesbaden

— (1981): Perspektiven der Stadtentwicklung. — Geographischer Jahresbericht aus Österreich, **XL**, S. 7—49

— (1984): Gastarbeiter — Leben in zwei Gesellschaften. — Wien, Köln, Graz

— (1986): Stadtgeographie **1**. — Stuttgart

LYNCH, K. (1960):The Image of the City. — MIT-Press/Harvard Univ. Press Cambridge-Mass. (Deutsche Übersetzung, Bertelsmann Bauwelt Fundamente 1968)

— (1972): What Time is This Place? — Cambridge, Mass., MIT Press

MACKENROTH, G. (1953): Bevölkerungslehre, Theorie, Soziologie und Statistik der Bevölkerung — Heidelberg

MAHNKOPF, W.; OHREM, G.; KÖNIG, H.; SCHWARZENBÖCK, M. (1984): Entwicklungskonzept für den Stadtbezirk 10, Am Schäfflerbach. — (= Stadtentwicklungsprogramm Augsburg, **10**,) Augsburg

MAIER, J.; PAESLER, R.; RUPPERT, K.; SCHAFFER, F. (1977): Sozialgeographie. — Braunschweig

MEESSEN, K. M. (1980): Medizinische Fakultät Augsburg. Denkschrift der Universität

METZGER, O. H. (1985): Industriestadt im Strukturwandel — Auf dem Wege zu neuen Branchen und Technologien. — In: 2000 Jahre Augsburg, Sonderbeilage der Augsburger Allgemeinen Zeitung vom 25. 4. 1985, S. 41—42.

MEYER, P. W. (1978): Struktur und Entwicklungsmöglichkeiten des Einzelhandels in Augsburg. — Universität Augsburg. GFK Nürnberg, Manuskriptdruck

MONHEIM, R. (1980): Fußgängerbereiche in Stadtzentren in der Bundesrepublik Deutschland. (= Bonner Geographische Abhandlungen, **64**), Bonn

— (1984): Umfrage zur Angewandten Stadtgeschichte, Briefbefragung der Abteilung Angewandte Stadtgeographie der Universität Bayreuth. — o. O.
MÜLLER, G. (1974): Gutachten zur Stadtentwicklung von Augsburg. — Techn. Universität München
MÜLLER, H. (1983): Methoden zur regionalen Analyse und Prognose. — Hannover
MÜLLER, N.; HUTTER, S. (1983): Zur naturräumlichen Gliederung der Augsburger Stadtlandschaft. — In: Erläuterungsbericht zum Flächennutzungsplan, S. 150, Stadt Augsburg
MÜLLER, R. A. (1985): Unternehmer — Arbeitnehmer — Lebensbilder aus der Frühzeit der Industrialisierung in Bayern. — München

NEEF, E. (1967): Anwendung und Theorie in der Geographie. — Petermanns Geographische Mitteilungen, **III**, S. 200—206
NEUBECK, K. (1971): Stadtforschung und Stadtentwicklung: Politische Perspektiven. — Stadtbauwelt **29**, S. 16—19

PAESLER, R. (1976): Urbanisierung als sozialgeographischer Prozeß. — (= Münchner Studien zur Sozial- und Wirtschaftsgeographie, 12), München
PAHL, R. E. (1966): The Rural-urban Continuum. — Social Review **6**, S. 299—329
PARKES, G.; THRIFT, N. (1980): Times, Spaces and Places: A Chronogeographic Perspective. — Chichester, New York, Brisbane, Toronto
PASSARGE, R. (Hrsg., 1930): Stadtlandschaften der Erde. — Hamburg
PETZET, M. (1985): Die Römer in Schwaben. — Jubiläumsausstellung 2000 Jahre Augsburg, Arbeitsheft **27**, München
PEYKE, G. (1985): EDV-gestützte Informationssysteme in der Angewandten Stadt- und Regionalforschung. — Habilitationsschrift an der Naturwissenschaftlichen Fakultät der Universität Augsburg.
PFAUD, R. (1976): Das Bürgerhaus in Augsburg. — Tübingen
PHILIPPONNEAU, M. (1960): Géographie et action, introduction à la géographie appliquée. — Paris
POSCHWATTA, W. (1977): Wohnen in der Innenstadt — Strukturen, neue Entwicklungen, Verhaltensweisen, dargestellt am Beispiel der Stadt Augsburg. — (=Augsburger Sozialgeographische Hefte, **1**), Augsburg
— (1983): Sozialtopographie der Großstadt — Karte zur Sozialstruktur der Stadt Augsburg. — (= Beiträge zur Angewandten Sozialgeographie, **6**), Augsburg
— (1985): Augsburg, die Schwabenstadt — eine kritische Bestandsaufnahme. — In: 2000 Jahre Augsburg, Sonderbeilage der Augsburger Allgemeinen Zeitung vom 25. 4. 1985, S. 10—14

RAUCH, M. (1985): Handwerk in Augsburg, Chronik einer großen Leistung. — Handwerkskammer für Schwaben — Augsburg
REGIONALER PLANUNGSVERBAND AUGSBURG (1975): Regionalbericht 1974, Region Augsburg. — München

RIEHL v., W. H. (1857): Augsburger Studien. — In: Culturstudien aus drei Jahrhunderten, S. 261—330, Stuttgart
RHODE-JÜCHTERN, T. (1975): Geographie und Planung — eine Analyse des sozial- und politikwissenschaftlichen Zusammenhangs. (= Marburger Geographische Schriften, **65**), Marburg
RISSE, W. (1969): Begriff der Organisation. In: GROCHLA, E. (Hrsg.): Handbuch der Organisation, Sp. 1091—1094, Stuttgart
RÖMER: G.; RÖMER, E. (1983): Der Leidensweg der Juden in Schwaben — Schicksale von 1933—1945 in Berichten, Dokumenten und Zahlen. — Augsburg
RÖMER, G. (1984): Für die Vergessenen — KZ-Außenlager in Schwaben — Schwaben in Konzentrationslagern. — Augsburg
ROTHGANG, E. (1986): Ökologisch bedingte urbane Entwicklungsperspektiven. — In: Neue Perspektiven der urbanen Entwicklung, Verb. Deutscher Städtestatistiker. S. 36—51, Hamburg
RUCKDESCHEL, W. (1984): Technische Denkmale in Augsburg. — Augsburg
RUILE, A. (1979): Räumliche Unterschiede in der Modernisierung bei Wohnungen, Beispiel Augsburg. — Diplomarbeit an der Techn. Universität München
— (1984): Ausländer in der Großstadt — Zum Problem der kommunalen Integration der türkischen Bevölkerung. — (= Beiträge zur Angewandten Sozialgeographie, **7**), Augsburg
RUPPERT, K. (1984): The Concept of Social Geography. — Geo Journal, **Vol. 9**, no. 3, S. 255—260
— (1985): Freizeitverhalten als Flächennutzung. In: Lichtenberger-Festschrift (= Klagenfurter Geographische Schriften, **6**) S. 93—106, Klagenfurt
RUPPERT, K,; SCHAFFER, F. (1969): Zur Konzeption der Sozialgeographie. — Geographische Rundschau, **21**., H. 6, S. 205—214
— (1973): Sozialgeographische Aspekte urbanisierter Lebensformen. — Hannover

SAMETSCHEK, G. (1939): Die bauliche Neugestaltung von Augsburg. — Stadtarchiv Augsburg
SAUSKIN, J. G. (1966): Die Entwicklungsperspektiven der sowjetischen Geographie. Aus der Praxis der sowjetischen Geographie. — Gotha
SANT, M. (1982): Applied Geography: Practice, Problems and Prospects. — London, New York
SAUBERZWEIG, D. (1986): Wege zu einer informierten Stadtentwicklungspolitik in Bund, Ländern und Gemeinden. — Verb. Deutscher Städtestatistik, Hamburg
SCHÄFER, H.-P. (1982): Verkehr und Raum im Königreich Bayern. — Habil.-Schrift, Würzburg
— (1985): Bayerns Verkehrswesen im frühen 19. Jahrhundert. — In: Aufbruch ins Industriezeitalter, **2**, S. 308—322. München
SCHAEFER, J. (1956): Geologische Karte von Augsburg und Umgebung 1:50 000 mit Erläuterungen. — München

SCHAFFER, F. (1968): Untersuchungen zur sozialgeographischen Situation und regionalen Mobilität in neuen Großwohngebieten am Beispiel Ulm-Eselsberg. (= Münchner Geographische Hefte, **32**), Kallmünz, Regensburg

— (1972): Tendenzen städtischer Wanderungen. — Mitteilung der Geogr. Gesellschaft in München, **57**, S. 127—158

— (1980): Vorlesungen zur Stadtgeographie. Manuskriptdruck des Lst. für Soz.- und Wirtschaftsgeographie der Universität Augsburg, 2. Aufl.

— (1982): Thesen zur Angewandten Sozialgeographie. In: KOCH, F.: Stadtteilzentren in Theorie und kommunaler Planungspraxis — wirtschafts- und sozialgeographische Untersuchungen am Beispiel der Stadt Augsburg mit Empfehlungen für eine stadtteilbezogene Zentrenplanung. (= Beiträge zur Angewandten Sozialgeographie, **1**), S. 9—15. Augsburg

— (1983): Die Stadtentwicklung von Augsburg — Baustrukturen, Wirtschaftsfragen und Raumbewußtsein. — Arbeitsmaterial der Akademie für Raumforschung und Landesplanung, **66**, S. 83—99. Hannover

— (1984): Zur Stadtgeographie von Augsburg. — Mitteilungen der Geogr. Gesellschaft in München, **69**, S. 5—37

— (1985): Die Sozialgeographie des Aktionsraums. In: GÜTTLER, H.: Aktionsraum und Stadtstruktur. — (= Beiträge zur Angewandten Sozilageographie, **11**), S. I—IX. Augsburg

— (1986): Zur Konzeption der Angewandten Sozialgeographie. In: Angewandte Sozialgeographie, Sonderband der Beiträge zur Angewandten Sozialgeographie, Lehrstuhl für Sozial- und Wirtschaftsgeographie, Universität Augsburg, S. 461—499

SCHAFFER, F.; PÖHLMANN, W. (1975): Besucherverhalten in Fußgängerzonen. — Mitteilungen der Geogr. Gesellschaft in München, **60**, S. 37—54

SCHAFFER, F.; PEYKE, G.; SCHIFFLER, J. (1979): Streckenstillegung in Verdichtungsräumen? — Argumente für eine Reaktivierung der Bahnlinie Augsburg—Welden. — (= Augsburger Sozialgeographische Hefte, **3**)

— (1980): Ergänzende Untersuchungen zur Erstelllung des Regionalen Nahverkehrsplans für den Nahverkehrsraum Augsburg. — Universität Augsburg

SCHAFFER, F.; PEYKE, G.; SCHLICKUM, P. (1985 a): Nahverkehrskonzepte für den Verdichtungsraum — empirische Grundlagen der Gestaltung eines integrierten ÖPNV, Beispiel Augsburg. — (= Beiträge zur Angewandten Sozialgeographie, **9**), Augsburg

— (1985 b): Verkehrsuntersuchung Bereich Augsburg—Welden. Manuskriptdruck des Lst. für Soz.- und Wirtschaftsgeographie, Universität Augsburg

SCHIFFLER, J. (1979): Sozialgeographische Untersuchungen zum Problem der Streckenstillegung von Nebenbahnen im Verdichtungsraum Augsburg. Diplomarbeit Universität Augsburg, Lst. für Soz.- und Wirtschaftsgeographie

SCHIFFLER, J.; ENGEL; HANSJAKOB; PFISTER (1976): Fußgängerbereiche Augsburg — Gestaltung Königsplatz. — Augsburg

SCHLICKUM, P. (1985): Nahverkehrsplanung — Grundlagen, Konzeptionen,

Fallstudien einer Angewandten Verkehrsgeographie. — Diplomarbeit Universität Augsburg, Lst. für Soz.- und Wirtschaftsgeographie
SCHMIDT, W. (1956): Ost-West-Straßendurchbruch in Augsburg im Rahmen der Versuchs- und Vergleichsarbeiten. —Hektographiertes Manuskript, Augsburg.
— (1955): Aufbau nach der Zerstörung. — In: RINN, H. (Hrsg.): Augusta 955—1955, S. 435—448. Augsburg
SCHMITT, G. (1980): Schwaben. Ein Regierungsbezirk stellt sich vor. — Möglingen
SCHNEIDER, O. (1969): Vor- und Frühgeschichte. In: SCHNEIDER, O. u. a. (Hrsg.): Göggingen — Beiträge zur Geschichte der Stadt, S. 2—43. Göggingen
SCHNEIDER, O.; ZELZER, M.; STOLL, S.; MÜLLER, H. (1969): Göggingen — Beiträge zur Geschichte der Stadt. — Göggingen
SCHÖLLER, P. (1953): Aufgaben und Probleme der Stadtgeographie. — Erdkunde, **7**, S. 161—184
— (Hrsg. 1969): Allgemeine Stadtgeographie. — Darmstadt
— (1973): Tendenzen in der stadtgeographischen Forschung in der Bundesrepublik Deutschland. — Erdkunde, **27/1**, S. 26—34
SCHÖLLER, P.; BLOTEVOGEL, H. H.; BUCHHOLZ, H. J.; HOMMEL, M. (1973): Bibliographie zur Stadtgeographie. Deutschsprachige Literatur 1952—1970. In: Bochumer Geographische Arbeiten **14**, Paderborn
SCHRÖDER, D. (1975): Stadt Augsburg. — (Historischer Atlas von Bayern, Teil Schwaben, H. **10**), München
SCHULER, G. (1982): Grundwasserkarte der Stadt Augsburg 1:25 000. — Tiefbauamt Stadt Augsburg
SCHWAGER, B. & THIEME, H. (Hrsg. 1985): Hochzoll, Geschichte eines Augsburger Stadtteils. — Augsburg
SEDLACEK, P. (Hrsg. 1982): Kultur-/Sozialgeographie. — Paderborn
— (1982): Kulturgeographie als normative Handlungswissenschaft. In: SEDLACEK, P. (Hrsg.):op.cit., S. 187—216
SETTELE, W.; REIPRICH, G.; FEIGL, L. (1983): Haunstetten — Geschichte, Episoden, Bilder. — Augsburg
SEYBOLD, H. (o.J.): Augsburg — Kleines Buch einer großen Stadt. — Augsburg
SHEVKY, E.; BELL, W. (1955): Social Area Analysis. — Stanford
SIMNACHER, G. (1985): (Noch) nicht alle Wege führen nach Augsburg. — Augsburger Allgemeine Zeitung vom 29. 6. 1985
SOROKIN, P.A.; ZIMMERMAN, C.C. (1929): Principles of Rural-urban Sociology. — New York
SPIEGEL, E. (1983): Die Stadt als soziales Gefüge. — In: Grundriß der Stadtplanung, S. 83—97, Hannover
STADT AUGSBURG (1978): Endbericht zum Gesamtverkehrsplan Augsburg. — Stadt Augsburg
— (1983): Bestandsaufnahme Stadtgestalt — Augsburg-Karte im Maßstab 1:50 000, Beilage zum Erläuterungsbericht des Flächennutzungsplans der Stadt Augsburg, — Bauverwaltung der Stadt Augsburg

STEWIG, R. (1971): Kiel — Einführung in die Stadtlandschaft. — Kiel
STOLL, S. (1969): Die Landgemeinde im Einflußbereich der benachbarten Industriestadt. In: SCHNEIDER, O. u.a. (Hrsg.): Göggingen — Beiträge zur Geschichte der Stadt, S. 156—279. Göggingen

TALKENBERG, D. (1986): Gesellschaftlich bedingte Entwicklungsperspektiven. In: Verband Deutscher Städtestatistiker. Neue Perspektiven der urbanen Entwicklung, S. 5—15. Hamburg
TEUTEBERG, H. J. (Hrsg. 1983): Urbanisierung im 19. und 20. Jahrhundert. Historische und geographische Aspekte. — Köln, Wien
THIEME, K. (1984): Wohnungsbestand und Stadtentwicklung — Verwendung der Clusteranalyse zur Beurteilung der Wohnungssituation in Augsburg. — (= Beiträge zur Angewandten Sozialgeographie, **8**), Augsburg
THOMALE, E. (1984): Social Geographical Research in Germany — A Balance Sheet for the Years 1950—1980. — Geo Journal, **Vol. 9**, no. 3, S. 223—230
TIMMS, D.W. (1971): The Urban Mosaic. Towards a Theory of Residential Differentiation. — Cambridge
TZSCHENTKE, W. (1976): Bodenmobilität und Nutzungswandel in der Augsburger Innenstadt. — Diplomarbeit betreut von F. Schaffer, Augsburg

UENZE, H. P. (1984): Die vorrömische Zeit — Augsburg und Umgebung. — In: GOTTLIEB, G. (Hrsg.): Geschichte der Stadt Augsburg, S. 3—11. Stuttgart
ULRICH, H.(1984): Management. Bern, Stuttgart

VETTER, F. (Hrsg. 1980): Einführung in die Stadtgeographie. — Übersetzung der englischen Originalausgabe von H. CARTER, 1975, Berlin, Stuttgart
VIERBACHER, A. (Hrsg. 1985): Lechhausen — Lebensbilder aus Vergangenheit und Gegenwart. — Augsburg
VOLKMANN, R. (1985): Verkehrsberuhigung. — Diplomarbeit Universität Augsburg, Lst. für Soz.- und Wirtschaftsgeographie
VORLAUFER, K.; KADE, G. (1974): Grundstücksmobilität und Bauaktivität im Prozeß des Strukturwandels citynaher Wohngebiete. — (= Wirtschafts- und Sozialgeographische Schriften, **16**), Frankfurt

WALTER, J. (1983): Tiefgarage Maximilianstraße — Ein Projekt der WTB-Bau-AG in Augsburg. — Prospekt
WEBER, M. (1985): Gewerbehöfe. — Diplomarbeit Universität Augsburg, Lst. für Soz.- und Wirtschaftsgeographie
WEIGT, E. (Hrsg. 1966): Angewandte Geographie. — Festschrift für E. Scheu. — (= Nürnberger Wirtschafts- und Sozialgeographische Arbeiten, **5**), Nürnberg
— (1966): Angewandte Geographie — Begriff und Entwicklungsstand im Lichte des Schriftums. — In: WEIGT, E. (Hrsg.): op.cit., S. 15—26
WHITE, P. (1984): The West European City — A Social Geography. — New York
WIENKE, H. M. (1964): Die Isochronen um das Stadtzentrum in ihrer Bedeu-

tung für die zentralen Orte. — Zeitschrift für Wirtschaftsgeographie, **13**, S. 16
WILHELMY, H. (1970): Deutsche Geographische Forschung in der Welt von heute. — Festschrift für Erwin Gentz. — Kiel
WIRTH, E. (1977): Die deutsche Sozialgeographie in ihrer theoretischen Konzeption und in ihrem Verhältnis zur Soziologie und Geographie des Menschen. — Geographische Zeitschrift, **65**, S. 161—187
— (1978): Zur wissenschaftstheoretischen Problematik der Länderkunde. — Geographische Rundschau **66**, S. 241—261
— (1979): Theoretische Geographie — Grundzüge einer Theoretischen Kulturgeographie. — Stuttgart
WIRTH, L. (1938): Urbanism as a Way of Life. — The American Journal of Sociology, **Vol. 44**, No. 1, S. 1—24
WOLF, K. (1971): Geschäftszentren — Nutzung und Intensität als Maß städtischer Größenordnung. — (= Rhein-Mainische Forschungen, **72**), Frankfurt
WURZER, R. (1983): Ein Stadtentwicklungsplan für Wien. — Berichte zur Raumforschung und Raumplanung, H. **2—3**

ZELZER, M. (1969): Von der alemanischen Sippensiedlung zur bayerischen Ruralgemeinde. — In: SCHNEIDER, O. u. a. (Hrsg.): Göggingen — Beiträge zur Geschichte der Stadt. S. 45—153. Göggingen
ZILK, H.; HOFMANN, F.; KOTYZA, G. (1985): Stadtentwicklungsplan Wien. — Magistrat der Stadt Wien
ZORN, W. (1972): Augsburg — Geschichte einer deutschen Stadt. — Augsburg
— (1981): Vor 175 Jahren wurde Augsburg bayerisch. — Vortrag im Augsburger Rathaus, gehalten am 31. 3. 1981